二战浪漫曲 WORLD WAR II ROMANCE

二战中的谍海之花

◎李乡状／编著

WAR II FLOWERS OF SPY SEA

UNITY PRESS 团结出版社

图书在版编目（CIP）数据

二战中的谍海之花 / 李乡状编著. —— 北京：团结
出版社, 2014.1（2022.11重印）

ISBN 978-7-5126-2366-8

Ⅰ.①二… Ⅱ.①李… Ⅲ.①第二次世界大战—女性
—间谍—情报活动—史料 Ⅳ.①D526

中国版本图书馆CIP数据核字(2013)第308041号

出　　版：团结出版社
　　　　　（北京市东城区东皇城根南街84号　邮编：100006）
电　　话：（010）65228880　　65244790（出版社）
　　　　　（010）65238766　　85113874　　65133603（发行部）
　　　　　（010）65133603（邮购）
网　　址：http://www.tjpress.com
E-mail：zb65244790@163.com（出版社）
　　　　　fx65133603@163.com（发行部邮购）
经　　销：全国新华书店
印　　刷：三河市华晨印务有限公司

开　　本：710毫米×1000毫米　　16开
印　　张：15
字　　数：170千字
版　　次：2014 年 1 月　第 1 版
印　　次：2022 年 11 月　第 4 次印刷

书　　号：978-7-5126-2366-8
定　　价：68.00 元

前言
QIANYAN

在第二次世界大战中,世界反法西斯斗争的舞台上留下了许多可歌可泣的动人故事。从元帅到士兵,人们同仇敌忾,为着民族和人民的利益和正义的事业,不惜抛头颅、洒热血,与敌人奋战到底。他们当中有隐秘战线的无畏英雄,有在正面战场上奋勇搏杀的热血男儿,有统帅千军万马的睿智将领,也有策动局势的领袖元首。那些发生在他们身上种种带有传奇色彩的事件至今仍然广为人们所传颂,战争的铁血和历史的壮阔更是为这些曾经的故事增添了一份令人回味无穷的浪漫。

客观来说,"二战"的发生是人类历史上的一场浩劫,它使全世界大多数地区的国家都遭受到了战火的洗礼,令无数军民饱尝了它所带来的磨难;然而,"二战"的胜利却又无疑是人们一次无可比拟的伟大成就,是它将全世界人民团结战斗打败法西斯军国主义的胜利与和平的丰碑,永远树立在了历史的漫漫长路上,父辈的血汗与呐喊凝聚在这里,为我们这些后人留下了一处值得永远敬仰和继承的精神——在亚洲、在非洲、在欧洲,世界各国人民团结在反法西斯同盟的旗帜下展开了对德、意、日法西斯轴心国的殊死战斗。从1933年到1945年,世界范围内的反对法西斯斗争此起彼伏。终于,正义战胜了邪恶,向往和平与正义的人们赢得了最后的胜利。

在二十一世纪的今天,那段历史已然离我们远去了,曾经高呼的口号被淹没在平淡的生活当中,战火的痕迹被新建起的楼房与街道所掩盖。战争的记忆从我们身边消失已久,然而,即便如此,今天的我们也仍然能够不时从书籍、报刊和人们的口耳相传中听到那些似乎已经远去的名字与词语：敦刻尔克大撤退、不列颠空战、斯大林格勒保卫战、解放波兰、攻陷柏林……这些泛着陈旧之色的字眼或许被提及的时候给人的感觉或许已经不能像几十年前那样容易引起热血的激荡和讨论的兴味。但是当我们翻开书本，重新咀嚼起它们身后的那些故事，胸中却还是无法抑制地会泛起对历史那份无尽浩荡与雄浑奥壮的回味悠长。

是否还记得，莫斯科郊外以血肉之躯抵挡坦克的最后呐喊；敦刻尔克海岸上为同袍撤离而顶着炮火与炸弹袭击的顽强阻击；在伦敦上空对敌人如黑云般压来的轰炸机群从飞机炮口中喷出的怒火；昔日北非名将隆美尔与蒙哥马利率领部队殊死作战的阿拉曼战场上，如今伴着双方遗留下来无数地雷形成的"魔鬼花园"的，只有在沙漠公路两旁绵延久远的无名战士墓……

麦克阿瑟曾经说，老兵不死，他们只会渐渐湮没（在人群中）。当战争离我们远去之后，那些与战争有关的人们和他们的事迹也被生活中更加贴近我们的种种信息所渐渐掩去。而事实上，无论辉煌抑或黑暗，这些值得了解的过往都不应该在我们的记忆中以一个毫无内容的名词的形式一直蒙尘，直到死去。从这些故事当中，我们能够学习和获得许多生活中可能永远无法接触到的智慧，以及情感。

本书通过对历史史实的详细阐述，从战争的过程当中甄选出一系列不同身份的角色。通过从不同的角度，不同的立场和不同的身份进行讲述和介绍，使一大批鲜活的人物跃然纸上，他们的事业，生活，伴侣，友人，仇敌以及经历都以一种更加贴近人性的视角被展现出来，便于读者们更好地带入到角色的感受当中去，更贴切地去解读和掌握书中所介绍的这些活跃于那个特殊年代的人们。

本套丛书当中不仅介绍了我们时常听闻的那些在第二次世界大战中声名在外的著名将领和领导人的事迹和经历，也包含了对那些工作在隐秘战线，工作在敌人心藏中的无名英雄的描写，让我们能够从更全面的角度来对二战时代的局势与当时不同阵营和国家人们的世界观进行了解，相辅相成地为每一位相关的人物在印象中描绘出一个更加贴近现实的生活与境遇背景，还原出一个个与历史百科介绍中那些冰冷文字构筑下不一样的人物形象。

　　本书力求以历史原貌真实再现历史史实，呈现在读者面前。如果存在某些描写过甚或与真实历史出入之处，敬请各位读者朋友批评指正。

2013.12.26

目录
MULU

玛琳娜·李

玛琳娜·李

1902 年春天的圣彼得堡，一场精彩的芭蕾舞剧正在剧场中演出，然而所有人都没有想到的是，一位前来观看表演的怀孕少妇突然腹痛，就在这个剧场当中，一个如芭比娃娃般的孩子诞生了，她就是玛琳娜·李。

玛琳娜童年的生活是在富足的家庭当中度过的。从小就活泼好动的她在几岁的时候就被母亲发现了舞蹈天赋，并将她送去接受正规的舞蹈训练。自从开始学习芭蕾舞以后，玛琳娜每天几乎有三分之二的时间都要在练功房里度过。在玛琳娜的记忆中，每天不是在妈妈的练功房里练习，就是在学习班的教室里练习。

正在活泼爱玩的年纪，喜欢自由不愿意受到规矩约束的玛琳娜很不情愿被整天困在教室里。玛琳娜的母亲在平时是非常宠爱自己的女儿的，但唯独在芭蕾舞训练上，她完全不理会女儿的撒娇要赖，坚持让她一直勤奋练习。

经过辛勤地锻炼和努力地学习，玛琳娜顺利地考上了芭蕾舞学校。这让玛琳娜的母亲感到很是骄傲，并且说："乖女儿，凭着你的扎实舞蹈功底和良好的外在条件，将来一定会成为一名出色的舞蹈家。"就这样，伴着芭蕾舞的音符年复一年的飘扬，玛琳娜渐渐地长成了一位美丽而秀气的大姑娘。

某一年的春天，她和几位同学来到涅瓦河边踏青，同样前来游玩的人很多，有三五成群的男人站在那里，聊着天喝着酒，高兴了还会唱起一些当下流行的曲子。

"丹尼尔，你知道我曾经的梦想是什么吗？"走到海军部大厦前的花园里，玛琳娜兴致勃勃地问着身旁的男孩，他叫丹尼尔，是玛琳娜的舞蹈搭档。

"你是要当一名出类拔萃的芭蕾舞职业演员吧？"丹尼尔歪着头想了想，答道。看着海军士兵用特制的竹耙，把花园里的草坪刮扫得干干净净，玛琳娜兴致勃勃地说道："我要当一名优秀的海军。这是我儿时的梦想，如果有机会，我一定会去实现自己的梦想。当然，我也非常喜欢芭蕾舞，芭蕾舞是我的第二生命，也是我的精神财富。""你会有那个机会的，玛琳娜。"丹尼尔眯着眼睛，诚实地回答了她。

玛琳娜欣赏着这里的春光，开始浮想起来：家乡小黑河的水也一定在荡漾着粼粼的春光，一群群海鸟在水上不断地盘旋掠过，河上的野鸭在水中戏水，似乎有一副优美的圣彼得堡家乡的画面正展现在玛琳娜的眼前。直到这时为止，玛琳娜还过着无忧无虑的生活。然而她却不知道，打破这份平静美好的灾厄很快就要到来了。

沙皇的封建专制统治到了 1917 年时，已经不能够适应当时俄国的发展了。俄国的经济、政治以及社会秩序都处在崩溃的边缘。大批破产的商人再也无法维系以前正常的社会生活体系和秩序，工人失业，深受统治者剥削的贫苦百姓只能以乞讨或者是流浪度日。

随着第一次世界大战的爆发，许多列强国家都纷纷加入到这场浩劫当中。有战争就会有消耗，深受压榨的俄国民众纷纷拿起了武器，为捍卫自己的权利而战斗，自此，俄国爆发了民主革命。玛琳娜的父亲和母亲也积极地、勇敢地加入了革命队伍当中。1917 年初的前一天清晨，上千名全副武装的革命军民闯进了元老院广场，与正规军发生了激烈的冲突。在当天的战斗中，玛琳娜的父亲没有回来。在此期间，玛琳娜离开学校，回到了阔别数年的家中。见到了女儿的母亲非常高兴，为她张罗了一顿并不丰盛却温暖可口的晚餐。面对女儿对父亲为何没有在家的询问，玛琳娜的母亲告知了她在广场上发生的事情。

她惊讶于母亲会这样平静地对她讲述当前的社会现状以及他们为此所做出的举动。此时，玛琳娜很是担心一直未归的父亲，在忐忑不安中回到了自己的房间睡下了，但一种不祥的预感始终围绕着她。第二天早上，早早起来的玛琳娜发现母亲也不见了，客厅的桌子上，只留下了这样一封信：

玛琳娜，我亲爱的女儿：

你还太年轻，也许你还没有深刻地认识到，我们的国家正在发生着什么，越来越多的人们在战争中死去，越来越多的人们流离失所，沙皇统治越来越黑暗残暴，"民主、自由、和平"这些字眼儿也离我们越来越遥远。我们想获得一些最基本的权利和自由，就必须将旧的专制制度推翻，将沙皇的黑暗统治推翻，建立新的政权。虽然正义和真理在我们这里，但无情的炮火和枪弹并不会怜惜每一副血肉之躯。所以，当你看到这封信的时候，战争已经结束了，你的父母很可能已经不在这个世界了。很抱歉，我的女儿，妈妈欺骗了你，在给你写这封信之前妈妈就知道你的爸爸已经牺牲了。他躺在元老院冰冷的广场上，再也感受不到每天升起的温暖的太阳，再也听不到鸟儿的歌唱。我们的国家已经没有一寸乐土，这里只有绝望和冰冷。所以，在新的世界来临之前，离开这里，去你想去的任何地方吧！爸爸妈妈会在另一个世界里为你祈福。

母亲绝笔

二战浪漫曲

大惊失色的玛琳娜一时跌坐在地，等到身体有了力气，她赶向母亲所提到过的起义现场，找到的却只有双亲和起义群众血肉模糊的尸体。

　　乍然失去了所有亲人，悲痛欲绝的玛琳娜请人帮忙处理好了自己父母的后事。在与同学们简短的告别以后，玛琳娜只身一人踏上了去往北欧的一艘豪华轮船，她希望尽快离开这里，离开这片给她带来无限绝望、无限悲伤的土地。

　　玛琳娜来到了有着"万岛之国"美誉的挪威，虽然此时她还没有完全从悲伤中解脱出来，但心情毕竟好了很多，仿佛一部分悲伤被留在了俄国，一部分被途中的海水所吞噬。抵达挪威之后，玛琳娜很快加入了当地一家芭蕾舞剧团工作，为了方便上班，她在距离剧团不远的地方租了一所公寓的套间。

　　在玛琳娜住进这所公寓没多久，人们便注意到了这位经常出入公寓的单身美貌女子。经过房东的热情介绍，时间长了，人们都知道玛琳娜是一个芭蕾舞演员，父母都已去世，他们甚至知道了玛琳娜什么时候进出公寓，什么时候下班。附近男人讨论的焦点，都围绕在这个美丽的异国姑娘身上。

　　"快看看，快看看，亲爱的，多漂亮的花篮啊！"一天，房东伊塔亚一路小跑着来到玛琳娜的房间，她的手里还提着一个精致漂亮的大花篮。

　　"要是有人天天给我送花啊、水果啊，各种礼物什么的，我一定以身相许。"伊塔亚将花篮放在玛琳娜的梳妆台上，双手交叉在胸前，陶醉似的说道，伊塔亚已人到中年却依然如此沉于幻想。

　　"你收了他不少钱吧，要不怎么这么替他说话。"玛琳娜已经画好了眉毛，对着梳妆镜，变换着角度端详着。

　　"哎呀，你可太冤枉我了。"伊塔亚又将嘴巴张成"大圆饼"，夸张地叫道，"我是看你独自一人，连父母也没有，而他对你又实在是出于真心，才这样说的。"

"他的心，难道你看到过？"玛琳娜揶揄道，脸上带着无奈的表情。

"你想想，平常人，又哪里会有这样的耐心，一连两个多月天天给你送东西，更难得的是每次都这么别出心裁。"

"有信吗，这次？""有，我差点儿忘了。"伊塔亚说着从围裙的口袋里摸了半天，掏出一张卡片递给玛琳娜。

那是一张对折的粉红色卡片，上面有清秀而工整的字体：

樱桃是刚刚采下来的，

鲜花上还带着露珠儿，

它们几乎等待了一整个春天，

才能盛放在你的面前。

玛琳娜望着卡片出神，她有些被这样质朴的语言打动，这个体贴而神秘的人会是谁呢？思绪既明晰又混乱，玛琳娜想了很久也没有想出答案，索性就不再想了。但是在心中，她却牢牢记住了这段美丽的诗句。

不过，尽管从玛琳娜这里没有得到回应，寄送花篮的人却没有罢休，这位真名叫做莱克特维的小伙子一直追随着玛琳娜演出的剧团，终于有一天闯到了后台找到玛琳娜，对她吐露了自己的爱慕之情，玛琳娜羞涩之余，又为在父母去世之后第一次感到了被人所喜爱和牵挂的温暖而高兴。加上他的相貌也很英俊，两个人渐渐开始了交往。

这年的寒冬过去，悄然装点大地的又是一派春红柳绿，草长莺飞，山花烂漫。春天给人以希望，给人以憧憬，一切都显得那么温馨而美好。而这一天，玛琳娜的心情和天气一样好。

玛琳娜望着那些自由自在游戏花间的蝴蝶，觉得自己仿佛回到了无忧无虑的童年。正当玛琳娜神思遨游的时候，一大捧黑色的玫瑰花突然出现在她的面前，玛琳娜先是吓了一大跳，反应过来后，脸上写满抑制不住的惊喜，使她几乎叫出声来。

"亲爱的玛琳娜，我爱你，嫁给我好吗?"花束往旁边一歪，露出莱克特维的脸，他诚挚地说道。对玛琳娜而言，眼前的一切似乎有些太突然了，莱克特维和那一大束玫瑰仿佛从天而降。她完全没有做好心理准备去面对眼前的一切，玛琳娜呆呆地望着那一大束黑玫瑰似乎傻掉了。

再娇艳美丽的花朵也有凋零的一天，望着莱克特维诚挚的笑脸，玛琳娜相信他这一刻的言行一定是出自真心，这使她很感动，但又转念想到如果自己有一天容老色衰，莱克特维还会像现在这样爱她吗?世上男儿多得是只知悦色不知钟情之辈，到那时，她是否也像枯萎凋零的花朵一样被随手丢弃呢?

"可是亲爱的，你能保证永远爱我吗?"想到此，玛琳娜忐忑地问道。"在我心里，你就像这束玫瑰一样美丽，散发着独特而神秘的魅力，你像一只天鹅，一个纯洁的天使，自从遇到你，我就变成了一阵风，无法后退。我发誓，我会一辈子爱你，一辈子照顾你。"莱克特维含情脉脉地说道。

此时，莱克特维捧着一大束玫瑰像一个诗人一样，向他心爱的人儿倾诉着。玛琳娜忽闪忽闪地眨动着她那双蓝灰色的大眼睛，眼睛里逐渐蒙上了一层水汽。

玛琳娜被莱克特维的真情所感动，但她不知道自己心中是否也同样埋下了爱情的种子，还是仅仅是到了该结婚的年龄，遇到了合适的真心待自己的人。要是父母还在就好了，他们就可以帮她拿主意，可是现实生活永远没有如果。

在那一瞬间，玛琳娜为自己做了一个决定，这也是她人生中重要的决定——嫁给莱克特维。虽然玛琳娜感受不到自己对他强烈的爱，但是找到一个可以对自己好的人不也是很好的选择吗？

一个月后，莱克特维和玛琳娜举行了婚礼。婚礼虽然谈不上奢华，却也足够的隆重和正式。葡萄美酒郁金香，玉碗盛来琥珀光。婚宴十分热闹，玛琳娜在芭蕾舞剧团的同事，还有莱克特维的亲朋好友全都赶来为他们祝贺。

很快到了交换婚戒的一刻，莱克特维拿出一枚精美细小的钻戒，拉过玛琳娜的手指，小心翼翼地为她戴上。音乐响起，在众人的祝福中，一对人人艳羡的新人拥吻在一起。那一刻，玛琳娜那颗飘零异邦的心如同尘埃落定，她终于在挪威有了自己的家庭，不再感到孤独无依。

时光飞快地流逝，玛琳娜和莱克特维的婚后生活平静而幸福。玛琳娜在那方小小的阳台上摆了许多盆栽，翠绿的叶子在阳光下舒展着。闲暇时间，玛琳娜就在阳台前练习芭蕾舞的高难度动作，以防技艺生疏或腰肢变硬。她也会对着食谱研究美食，下班后常常一头扎进厨房，忙得不亦乐乎。然而这些莱克特维一点也帮不上忙，他甚至不会洗菜。唯一做的事，是在玛琳娜低头在水龙头下冲洗青菜时，将双臂吊在她的脖子上，他的整个人几乎贴在玛琳娜的后背上，说着绵绵的情话。

天气好的时候，他们也经常会去喜欢的地方随便逛逛。莱克特维是挪威当地的一名军官，经常带着玛琳娜出入各种社交场合，她因此能接触到许多处于社会上层的人士，从中也了解到了许多发生在世界各地的大事。其中有很多事是玛琳娜的想像力无法企及的，譬如战争。

纳粹德国于 1939 年 9 月 1 日向波兰发动了战争，从而引发了第二次世界大战的全面爆发。紧接它又在 1940 年对中立国挪威发动了战争，海陆空三军联合出动，由空军先抢占轰炸目标，然后空降伞兵抢占机场，机场占领后，空军运输机继续输送后续伞兵和陆军。海军抢占制海权，炮击海岸目标，然后掩护陆军强行抢滩。

挪威人民奋起反抗，有很多士兵在战争中牺牲，损失极其惨重。丈夫莱克特维也加入了战斗，幸福平静的生活被打破了，玛琳娜每天都陷入恐慌之中，为莱克特维的安危而担忧。她已经失去了父母，莱克特维几乎是她在这个世界上唯一的亲人，她不能再失去他。但不过短短几天时间，挪威便被德国占领，并成立了以吉斯林为首的法西斯政权。从此，挪威人民陷入了水深火热之中。

战争夺去了很多人的生命，战场更是充满血腥的地方。非常幸运的是，莱克特维并没有牺牲在战场上，而是在战争结束后，作为战俘被关进了监狱，岂不知折磨才刚刚开始。玛琳娜为这件事忧心如焚，却没有一点儿办法。

对于战争，玛琳娜一点也不感兴趣，她只知道她在这个世界上最亲近的亲人，此时正被关在冰冷的监狱里，她期盼可以庇护自己一辈子的人，此刻正在忍受着怎样的磨难？

对于上层社会而言，战争并不能给他们带来太多的影响，他们照常过着纸醉金迷的奢靡生活。但这也不是绝对的，也有极少一部分人不是这样的。他们隐藏在这些人之间，和别人一起举杯畅饮笑谈轻敌，心中却在谋划着其他的事情，就像鹰犬在寻找着目标。

在这样的场合，玛琳娜以往总是挽着莱克特维的手臂，游走在那些高官显贵之间，和他们互相敬酒，或说着寒暄的话。如今，却只剩下玛琳娜一个人。

玛琳娜坐在一张桌子前，手持一只高脚杯，轻轻晃动着杯子，似乎在想着什么心事。

"有什么需要我帮忙的吗？夫人，您看起来好像有些不开心。"一名穿着考究的德国男人一边说着一边走到玛琳娜的身边，将玛琳娜从漫无边际的思绪中拉回到现实世界。玛琳娜不由轻轻抬起头。

男人举杯示意，玛琳娜也将酒杯举起，两只杯子碰在一起，发出"叮"的一声脆响，然后两人一起仰头将酒杯送到嘴边，放下时玛琳娜酒杯已经空了，而那个男人似乎只抿了一小口。此时，他正一只手持杯，很自然地放在胸部以下，另一只手插在口袋里，眼里带着意味深长的笑容望着玛琳娜。

"您看起来似乎遇到什么难处了，有什么我可以帮您的，非常乐意效劳。"

"呵！"玛琳娜嘲讽地笑了一下，又给自己倒了一杯酒，很平静地说道："你们德国人都该死。"

"我想，也许我知道是什么原因使你对德国人这么仇恨。"那人似乎一点也不生气，脸上依然带着微笑，这在玛琳娜看来不是礼貌也不是一种绅士风度，而是一种厚颜无耻。

"我没兴趣跟你说话，走开，你这德国人。"在此时，玛琳娜对德国人充满了怨恨，如果没有他们，自己的父母也就不会死去，自己的丈夫也不用被关在监狱，而自己更不会只身一人来到挪威，还要承受失去亲人的折磨。

男人并没有走开，反而更近了一步，不顾玛琳娜的反感，用一只手托起玛琳娜的手在上面轻轻吻了一下说："很高兴认识您，尊贵的女士，我叫布劳恩，我想您会有兴趣和我说话的，关于您的丈夫莱克特维。"

听到此处，玛琳娜不由吃了一惊，抬头望着眼前自称为布劳恩的男人。他大约40多岁，头发一丝不苟的向脑后梳去，鬓角分明、眉目炯炯，眼里依然带着意味深长的笑容望着玛琳娜。

这个男人究竟有什么目的，他到底是谁，为什么又忽然提到了自己的丈夫莱克特维。一连串的问题充斥着玛琳娜的内心，一时间，她竟没想好到底要问这个男人点儿什么。

将酒杯放在桌子上，布劳恩俯身向玛琳娜的耳边，压低声音道："这里说话不方便，晚上8点，我在豪威斯酒店等你"。

玛琳娜的心里充满了疑惑，丈夫到底怎么了？是在狱中遇到什么问题了吗？还是这个人有丈夫近期的消息？玛琳娜在脑中展开了很多种设想，但让她没想到的是，这件事情的发展依然出乎她的预料。

和预想的一样，玛琳娜没有放过这样的好机会。她赴约了，她想看一看这个男人究竟要和她谈些什么。在侍者的引领下，玛琳娜来到布劳恩的包房。侍者侧身轻轻替玛琳娜打开房门，布劳恩望着走进来的玛琳娜时，眼里闪现出一抹不加掩饰的欣喜。

"我就知道您一定会来的，夫人，因为我很理解您的心情，我也有家人，我的妻子和一双可爱的儿女，她们都在离这里很远的德国，我无时无刻不在挂念她们。如果她们有一天被关进监狱，我想，我会发狂的，所以您的承受能力很强。"布劳恩一边说一边露出很同情的样子。

"那你们要怎样才肯放了我丈夫？"玛琳娜没有想过绕什么弯子，而直奔主题。

"好吧，夫人，既然您这么爽快那我也就直说了吧。"布劳恩顿了一下，然后才继续说道："眼下我们虽然占领了挪威，并建立了政府，但那不过是一个傀儡政府，事实上我们要一边镇压挪威的抵抗分子，又要时刻提防英国和法国的骚扰，就显得有些力不从心。所以，我们需要培养一批特工，这样我们就能轻易知道敌人的动向和作战计划，从而减少

二战中的谍海之花

很多不必要的损失，也能最大限度的减少我们的士兵的伤亡。"布劳恩一口气说完，然后望着玛琳娜，观察着她的反应。

"所以您的意思是，我给你们做间谍，你们就放了我丈夫，对吗?"玛琳娜很平静地说道。

"是的，夫人，您非常聪明。"布劳恩从来不会放过任何一个恭维别人的时机。

"事实上，我已经注意您很久了，夫人，您有着慵懒而迷人的姿态，能像磁石一样吸引很多人。更重要的是，您有着非同一般的机智。美貌与智慧并存，您正是我们所苦苦寻觅的女间谍的最佳人选。"布劳恩一边说，一边望着玛琳娜，眼里发出炽热的光芒。

"我是一个芭蕾舞演员，在我很小的时候就开始学习芭蕾舞，这是我最大的爱好，也是我这一生最想做的事。"玛琳娜抿了一口杯里的朗姆酒。

"其实，间谍和芭蕾舞一样也是一门艺术，艺术都是相通的，因为您没有从事过，所以让您领会这一点会有一些困难，但我敢保证，等您真正成为一名间谍之后，您会发现这是一个非常有魅力的行业。"布劳恩越说越兴奋。"并且，间谍的概念非常宽泛，可以说是集演员、魔术师、技师等等职业于一体，是极个别的人才才能从事的高端行业，它可以在不暴露目标的情况下，不动声色地将需要的情报刺探到手，而这些情报本身的价值不可估量。"

"可是，我对间谍这一行业缺少了解和全面的认识，因此，我不能保证胜任，况且我还要保证自己的安全。"

"这一点您不用担心，夫人，我们驻挪威情报机构有很多了不起的情报专家，尤其是我们的奥古斯特先生，他在这方面非常专业，他会对您进行为期一个月的培训，让您掌握相关的知识和技巧。"布劳恩说道。

"那你们打算什么时候放了我丈夫?"这才是玛琳娜最关心的。

"别担心,夫人,我们一定会履行诺言,您的丈夫很快就会和您团聚。"奥古斯特说道。

"在此之前,我能见见他吗?拜托您。"玛琳娜的语气里带着几分恳求。

奥古斯特一怔,脸上一丝迟疑的神色一闪而过,然后很爽快地说:"当然可以,不过我们得等几天。"

为了自己唯一的亲人可以和自己团聚,远离监狱的悲苦生活,玛琳娜很快就做出了选择,她决定走上这条间谍之路,虽然前路未知、凶险万分。

这是一个重大的决定,但就像当初的婚姻一样,玛琳娜很快做出了选择。人生就是这样,有时候容不得选择,很多条件制约你只能走那条路,就像现在的玛琳娜,她无权选择,只能一步步地走下去。

过了没几天,玛琳娜便在奥古斯特的陪同下来到关押战俘的监狱,他们履行了诺言。

监狱里的环境和玛琳娜想象的一样阴冷潮湿,不见阳光。

"夫人,到了,就是这里。"不知走了多久,奥古斯特终于说道。

玛琳娜停下来,隔着铁栏望去,看见她的丈夫莱克特维无声无息地蜷在角落里,不知是睡着了还是昏迷了。

"很抱歉,夫人,他的情绪不太稳定。昨天晚上我们给他打了镇静剂,只有这个能让他平静一会儿。"

"你们还对他做过什么?你们给他上过很重的刑是不是?"玛琳娜有些激动地叫道。看着自己的丈夫受到折磨,玛琳娜的心里感到很心疼。

"您误会了,夫人,事实上他是因为自己许多战友的牺牲才变成这样的，和您比起来，他的承受能力太差了，太不坚强了，我敢打赌，这一定是他第一次参加战斗。"

"够了，我很感谢您给我们一次见面的机会，但请您不要再诋毁我丈夫。"玛琳娜在铁栅栏前蹲下身，轻轻地喊着莱克特维的名字。但任凭她怎么叫，莱克特维都没有反应，他背倚墙角坐在那里，脑袋耷拉下来枕在膝盖上。这样的情况，让玛琳娜看在眼里很是担心。

从阴暗潮湿的监狱里走出来，外面的阳光显得格外刺眼，玛琳娜望着蓝蓝的天空和漂浮着的云朵，深深吸了一口气，第一次感受到自由是那么重要。

"我们什么时候开始？"监狱前甬道两侧长满高大的树木，玛琳娜迎着茂密的树叶间筛下来的阳光，向前走着一边问道。她心中明白，自己尽早表示出诚意，或许莱克特维就能尽快出狱。

"随时都可以开始，夫人。"奥古斯特很快回答到。

"我可以教你一些基本的间谍必备的技巧，然后会把你引荐给我们的迪特尔将军，他被称为"北欧之狼"，是德国最英勇最优秀的军人，以后的具体事宜他会告诉你。"

"首先，为了打入敌人内部，你需要精通他们的语言。"

"除了芭蕾舞以外，我最具天赋的就是外语，我能说 5 国语言。"玛琳娜轻轻甩了一下头发，骄傲地说道。

"足够了。"奥古斯特微笑着点了点头。

"除此之外，你还要学会间谍必备的技巧，如怎样开锁、怎样破坏电闸等等。前者可以让你顺利地打开那些令人头疼的密室和保险柜，而后者可以将敌人置于明处，而你永远在他们看不见的暗处。"

"对我来说，要学会这些东西似乎有些难度。"玛琳娜说道，两弯漂亮的眉毛微微皱在一起。

"事实上，世界上有成百甚至上千种锁，我也没有办法逐个教你怎样打开它们，你只需要掌握大致的原理和它们的构造，具体的就要靠你自己去领悟了。"

"当然，你也可以避免去正面接触这些东西，前提是你需要扶植间谍代理人，找到他们的弱点，加以利诱，让他们帮你搞到有价值的情报，这就涉及到心理学方面知识了。"奥古斯特感叹着说道。

"想不到间谍这一行业如此的博大精深。"玛琳娜用自嘲的语气说道。

"所以说，并不是每一个人都具备成为间谍的素质和潜力，这样的人才在人群中所占的比例不到千分之一。同时我要提醒你的是，既然选择间谍这一行业，就要使自己成为最优秀的间谍，否则你不仅拿不到情报，很可能连自己的性命也要搭进去。"

"那什么样的间谍才算是最优秀的间谍呢？"

"最优秀的间谍可以不依赖各种高科技的设备，因为他们明白，最有力的武器永远是他们的眼睛和耳朵。"奥古斯特的目光似乎望着远处，若有所思地说道。

不知不觉，半个月的时间过去了，在这半个月里，玛琳娜有幸见识了世界各地的各式各样的锁。直到她对开锁这项技术已经十分娴熟，能够轻而易举对付各种锁，再也无法产生成就感，她的思绪才回到现实世界，意识到她的丈夫，她在这个世界唯一的亲人，至今还在冰冷的监狱里。

前后不过相隔 20 天的时间，玛琳娜再见到莱克特维的时候，发现他比以前更加憔悴了。长期见不到阳光，使他的面容更加苍白，清晰可见皮肤下的淡青色血脉。他的衣裤松松垮垮地挂在身上，难以想象他已经瘦到了什么程度。玛琳娜不由鼻子一酸，泪水差点滚落下来。

莱克特维那空洞而迷茫的眼神，使玛琳娜感到陌生，他的眼睛看着她，却似乎没看见她一样，眼睛里没有任何悲喜，没有任何感情色彩。

玛琳娜把他带回了家，进行精心地照料，莱克特维的身体状况渐渐开始好转，面色一天天红润起来。奥古斯特说，等莱克特维的情况再好些，就要带她去见迪特尔将军，安排她的第一次任务。

此时，玛琳娜的心情是极其矛盾和复杂的，一方面对自己所要面对的未知的一切感到一种神秘的诱惑，一方面又对莱克特维的身心状况担忧，担心自己离开他，他又会逐渐变成从前的样子，同时，她也想一睹这位被称为"北欧之狼"的德国将军的风采。

每天的生活都充满了无奈，唯一值得让她高兴的是，莱克特维开始有所好转，偶尔会和玛琳娜聊一些知心话。但是，与以前不同的是，他似乎更需要她的照顾了。

德国占领挪威后，挪威人民不断组织武装反抗。德国占领挪威的行为侵犯了英法的利益，英军和法军开赴挪威，德军与盟军之间的一场大战蓄势待发。

莱克特维的身体状况已经有了明显的好转，在奥古斯特的安排下，玛琳娜收拾妥当，告别了莱克特维前往德军驻地。那一刻，纵然有不舍，有悲伤，有恐惧，都改变不了这个事实。也就是在这个时候，玛琳娜的间谍生涯才真正拉开了序幕。

很快，他们便来到德军驻地。玛琳娜远远地就看见了德军旗帜在半空中飘扬，驻地宽阔平坦像一个巨大的广场，若非如此，也不可能容纳三千多人，四周有高墙围着，戒备森严不容侵犯。

奥古斯特大步走在前面，玛琳娜踩着高跟鞋，面色从容地走在身后，眼睛四处观察着。不一会儿，已经被奥古斯特落下有一段距离。

德军驻地看起来有些凌乱，随处可见士兵平时练习的沙包，还有拼刺刀练习用的靶子。在玛琳娜看来，那些沙包像一个个被吊起来的赤身裸体的人，而那些拼刺刀练习用的靶子更奇怪，像一个个张开双臂的稻草人，玛琳娜不由在心中发笑。突然，一排黑洞洞的炮口映入眼帘，玛琳娜不由吓了一跳。等她再抬起头时，正好迎上一个男人带着笑意的目光。

玛琳娜的眼神愣住了，她一眼就断定眼前的人就是迪特尔。两人相距大约几米远，玛琳娜感觉到那目光极具穿透力，仿佛直看进她心里。迪特尔身材偏瘦，戎装笔挺，下巴尖而翘，眼中显示出军人所特有的睿智，还有几分孩子般的邪气。两人的见面并不怎么愉快，但可以看得来奥古斯特很是欣赏玛琳娜。之后，奥古斯特和玛琳娜道别后便离开德军驻地。

早晨的寒意正在逐渐退去，阳光暖暖的。玛琳娜站在阳光里似乎有一种冥冥之中的感知，父母的去世，离开日久相处的同学和朋友，离开让她伤心绝望的祖国，与莱克特维从相遇到结婚。所有的一切似乎只是一个过渡，为了这一天的到来，为了使自己完成由一个芭蕾舞演员向女间谍的蜕变，她感到自己的生命从这一刻才真正开始。

意识到这一切之后，玛琳娜绽放出一个舒心的笑容，心情前所未有的轻松起来。

"你看起来心情不错，可是经常溜号却不是好习惯。"迪特尔双臂交叉抱在胸前，脸上带着严肃的表情对玛琳娜说道。

"当然，你也应该感到高兴，我在这一刻才真正从心理上接受并且乐于成为一个间谍。关于溜号，我想说的是，凡是在我认为比较安全的情况下，我都是不设防的，没必要总是那么紧张，不是吗？"玛琳娜笑着回应道。

"那么从现在开始，你要改变你的习惯了。作为一名间谍，你要时刻提高警惕，这不是在你家里，也不是在芭蕾舞舞台上，也许危险就在你身边，你要随时准备好面对突发的未知的一切。"

"我从理论上同意你所说的，但让我真正做到这一点很难。"玛琳娜说到。

"如果你愿意拿自己的生命开玩笑，那么谁都没有一丁点儿办法。"迪特尔耸了耸肩。

"天呐！我想我会尝试着去改变的，既然你说的这么严重。"玛琳娜不由吐了吐舌头。

"接着！"迪特尔急促地地命令道。

话音方落，一个小巧的不明物体在空中划出一道优美的曲线，向玛琳娜抛过来，玛琳娜本能地伸出手接住了。她定睛一看，迪特尔扔过来的竟然是一把手枪，虽然小巧精致，却有些沉甸甸的，在阳光下闪烁着金属的光泽。

"试试你的枪法，看见那边了吗？瞄准靶心。"迪特尔一边用手指着远处，一边简洁地说道。

"我，我不会用枪。"玛琳娜有些发窘。

"什么？你说什么？"这一次轮到迪特尔瞪大了眼睛，他望着玛琳娜，仿佛听见她告诉他鸟儿不吃虫，青蛙不会跳一样，仿佛她说的是一件极其荒唐可笑的事情。

"该死，你都会什么？奥古斯特都教你什么了？我早说过他那一套都过时了，他该退休了。"迪特尔看起来有些焦躁。连自己的安全都保证不了，还要怎么去完成任务。

"来，拿好枪，伸出手臂。"迪特尔说道："对，就是这样，然后闭上一只眼睛，集中精力瞄准目标。"迪特尔站在玛琳娜身后，教她正确的持枪姿势，并在她还没有反应过来的时候，帮她扣动了扳机。

"嘭!"的一声枪响。"啊——"玛琳娜也不由惊叫出声，闭上眼睛，头部一缩，差点将手枪扔在地上。

"对你而言，可能确实有些夸张了，以后会给你安装消音器的，否则真用起来，不用说枪声，就你那一声尖叫，起码就能惊动一个营的兵力。"迪特尔说道。

"这样最好不过了，这个声音把我的耳膜都要震破了。"玛琳娜惊魂未定，抚着胸口有些夸张地说道。

"你的心理素质实在是有些差，我现在真有些怀疑，你能否真正胜任这份工作，早知道你的表现这么糟糕，刚才就应该让奥古斯特把你带走。"迪特尔笑着摇头，半真半假地说道。

"你真的这么想吗？如果你后悔了的话，现在换人还来得及，或者你一枪把我打死，我就能非常镇定并且永远镇定了。"玛琳娜笑道。

"有些事情可以开玩笑，有些事情却是儿戏不得的。比如这场战争，英军的指挥官是克劳德·奥辛莱克，你这次行动的任务就是想办法打入奥辛莱克的指挥部，取得他们的信任，再伺机弄到他们的作战计划。"迪特尔走到玛琳娜的面前，双手搭在她的肩上，语气郑重而认真。"以盟军和德军双方的兵力来看，只能智取，否则无异于以卵击石。所有的希望就寄托在你身上了，这场战争德国绝不能失败。"玛琳娜第一次意识到自己是这么重要，关乎迪特尔和他那三千多名士兵的存亡。

春阳暖暖，春光已然浓艳如血。不知不觉间，玛琳娜在德军驻地已经呆了几天了，对周围陌生的一切渐渐了解，也习惯了每天早晨被士兵晨练时响亮的号子声吵醒。

训练间歇，德军士兵们三五成群地聚在一起，一边吸着烟，一边谈笑着。德军会定期给士兵们发一些烟草，帮助他们打发无聊的时光，舒缓紧张的神经。在战场上，若不幸受伤，他们还可以用这些烟草来止血，因为烟草里面含有的尼古丁有收缩血管的作用，必要时，会把整支烟草直接摁在伤口上。

无论在沉思的时候，还是在放松的时候，迪特尔都是离不开烟草的。他习惯点一支烟，悠然地喷云吐雾，而这天，他又点燃了一支香烟，向玛琳娜所在的窗前走来。玛琳娜嗅到他身上特有的烟草的味道，微微侧过头含笑望着他："早上好，今天的天气真不错。""比天气更美好的是你，你简直有些让我的士兵们无法集中注意力，该死！"迪特尔说着话，突然将夹在手指间的香烟摁进玛琳娜嘴里。

这突如其来的举动让玛琳娜吓了一跳，在她还没来得及反应就感觉到一股难以忍受辛辣呛人的味道在嘴里弥漫开来，顺着咽喉直冲入气管，似乎正在向五脏六腑蔓延。该死的家伙，他想干什么？玛琳娜一边在心中暗骂，一边忍住几欲作呕的冲动，想伸手将嘴里的香烟拿出来。但一接触到迪特尔冷峻的目光，她不由停止了动作。

"懂得吸烟的女人最具有风情。"迪特尔俯过身来向怔在那里的玛琳娜轻轻说道，然后又换成一种很认真的语气说道："不过你得换一种牌子。"你的枪法还是太差，真遇上劲敌你会吃亏，我教你一招毙命的打法。"迪特尔一边说着一边就势把玛琳娜拉到了自己的近前。

"该死，你又在溜号！"迪特尔扳过玛琳娜的头："我这一早上的好心情几乎都被你破坏了，你能告诉我你在想什么吗？"迪特尔看起来很生气，他还是第一次遇到这样不听话的队员，当然，她也是最漂亮的队员。

"我请求你不要再对我说'该死'这两个字，你就不能戒掉你的口头禅吗？如果你希望自己活得更长久一些的话。这一早上，你都快说了8

遍了。"玛琳娜丝毫不顾及迪特尔的心情已经开始变坏。

"很抱歉，女士，你要知道，很多东西是会上瘾的。我无法戒掉我的口头禅，就像我无法戒掉烟草，就像我无法'戒掉'你。"迪特尔情绪有些激动一口气说道，说完最后一句发觉自己似乎有些说错话，脸上一丝尴尬一闪而过。

天哪！他都在说些什么乱七八糟的？玛琳娜眼神中有一丝慌乱，顿时觉得自己的心脏跳动的速度加快了。

"好了，现在我来教你怎样一招制敌。我发誓，你要是再溜号，我一定打爆你的头。"迪特尔挥舞着手中的枪恐吓道。

"所谓的一招制敌，便是你开枪时要瞄准敌人的要害部位，例如心脏或者咽喉都可以。"迪特尔说。

"心脏太隐蔽，但是目标够大；咽喉倒是暴露在外面，但是目标太小，容易射偏。"玛琳娜一边沉思着一边谨慎地说道。

"就心脏吧！你只需掌握人的心脏都长在什么位置，大致占多大的范围。"

"一弹穿心？"玛琳娜望着迪特尔笑着说道。"没错，事实上在你的子弹洞穿之前，他们的心可能就已经为你而破碎了。"迪特尔开玩笑地说道。"除了枪法，我还会教你一些必要的防身术，当然都是实用性非常强的。你知道吗？如果是奥古斯特来训练你的话，那可就惨了，他会让你每天做上千个俯卧撑、仰卧起坐、引体向上还有5公里越野什么的。显然，这些已经不能适应现代战场了。因为你从小就跳芭蕾，身体的协调性和柔韧性都非常好，所以，我打算因材施教，直接略过基本训练而直奔主题。"

"我们现在就开始吗？"玛琳娜显得有些迫切。

"盟军正在伺机对我们进行围攻，所以我们已经没有太多时间了。刚才说过，我教你的都是实用性非常强的，也就是没有任何花架子的防身术，一切以杀敌、伤敌、逃跑为最终目的，没有规则、没有固定的招式。要使用所有可以使用的手段，对敌人造成最大限度的伤害。为达到这一目的，你可以随意使用身上的各个器官，主要考验的是你的临场应变能力和身体协调能力。"迪特尔最后说道："正所谓法无定法，我们要的只是结果。"

玛琳娜专心地听着，而且认为很有道理。迪特尔说完靠在一边点燃了一支香烟，仿佛身心彻底放松了下来，接下来就是一段长久的沉默。一直等待下一步的玛琳娜终于忍不住大声叫道："这就是你所谓的实用性很强的防身术吗？自大的家伙！还整天说别人该退休了！"

迪特尔不由停止了喷云吐雾，粲然一笑道："这么说可能有些抽象，以你的智商理解起来会有些困难，那我们就来直观的。同时我要提醒你，不要乱发脾气，你应该时刻注意保持优雅的形象。"对于迪特尔的这些话，玛琳娜并不屑一顾。

两人在一番彼此诋毁之后，迪特尔又开始了他的传授："对付那些盟军，不可力敌，你要冲着他们的要害部位例如脚部、裆部，还有双眼，下手要快、狠、准。用高跟鞋往他们的脚上狠狠地踩，让他们跳着脚尖叫起来，你才有逃跑的机会，或者用你的手指插他们的眼睛，这样他们就看不见你了。"

"可是，这未免有些太残忍了。"玛琳娜听着迪特尔教她的这些阴险的招术，身体几乎战栗起来。"听着，在战场上，不是你死就是我亡，所以你必须按我说的去做，下手一定不要留情。"迪特尔说道。玛琳娜点了点头。

"如若当时的情形不方便你使出这些动作，比如说敌人从后面抱住了你，那么你一定要设法让他到你的前面来，无论是骗还是哄，然后你再踩他的脚，插他的眼睛，明白吗？"

"明白！"这是玛琳娜唯一一次没有说一些不相干的废话，干净利落的回答，他笑着看了她一眼，然后将手伸进军裤的口袋里，摸出一把削铅笔的小刀。

"这是给你的秘密武器！"玛琳娜望着那把轻薄短小的铅笔刀，几乎哑然失笑。他在开什么玩笑？这和让自己的士兵抢着板凳上战场有何分别？所以，她迟迟不肯伸手去接。

"拿着！"迪特尔似乎看出玛琳娜的心思："关键不在武器，而在使用武器的人，你没听说过寸铁皆可杀人吗？"

"就因为它足够的轻薄短小，所以更便于随身携带。你可以将它插在靴子里，或者放在化妆包里，就算被人看见，也不会引起太大的注意。遇到危险的情况，你就用它往敌人身上狠狠地划。你知道划哪里吗？"

望着闪着寒光的刀锋，又望望迪特尔，玛琳娜不解地摇了摇头。

"往手腕的动脉处划，这样他们就没时间顾及你了，因为5分钟之内，如果不赶紧找医生止血，就会很快没命的。"迪特尔说道："你也可以往他们的大腿内侧划，这里是身体的敏感区，即使铁骨铮铮的汉子也会疼得哇哇大叫的，这样你就有机会逃跑了。"

玛琳娜听着，若有所思地点着头，心里十分佩服迪特尔的聪明。同时，她也明白迪特尔已经把自己所知道的都倾囊相授了，自己在此处的培训结束了，接下来她该离开德军驻地，去那看不见的枪林弹雨中的隐蔽战场检验自己的能力了。但很奇怪，自己在培训之前的那种跃跃欲试的兴奋感消失了，心中竟有几分失落。

为了尽快进入迪特尔设定的角色，玛琳娜开始了从穿着打扮到心态上的转变，打算彻底颠覆以往的自己。她进入另一家芭蕾舞剧团，舞台上，她还是那个优雅的芭蕾舞演员；舞台下，她换上低胸的长裙，下摆的开衩极高，胸前和大腿间一片春光若隐若现，天然的金黄色卷发盈肩，使她看上去更添一种旖旎风情。她开始频繁出入酒吧、舞厅等娱乐场所。在这里，不仅可以接触到盟军军官，更可以掩人耳目，让别人产生错觉，以为她是一个奢靡堕落的女人。

她已经在酒吧守候两三天了，竟然一个盟军军官都没有遇到，虽然那个法军中尉曾对她发出邀请，并说军人俱乐部的大门永远向她敞开，但这种场面话真真假假。如果她真的冒冒失失去了，他们必定会觉得她有所图，所以她觉得这件事必须先有个过渡。

玛琳娜点了一杯"血腥玛丽"，坐在酒吧的正中间。这个位置使她能被所有人看到，也方便她看清周围的一切。玛琳娜一侧的头发掖在耳后，她的耳垂儿十分漂亮，另一侧的头发披散下来，修长白皙的手指夹着一支烟，秀美的红唇间徐徐吐出烟雾。正应了迪特尔的一句话，"抽烟的女人最是风情"，此时的玛琳娜看上去既神秘又充满野性。可惜的是，她这样卖力地在大庭广众之下免费演出，却没有任何结果，一直没有守候到猎物。玛琳娜寂寥地坐在那里，独自浅斟那份怅然。

这时，一个高大的灰色身影来到玛琳娜面前。玛琳娜抬起头，原来是奥古斯特。自从上次奥古斯特将她送到德军驻地，他们就没再见过面。奥古斯特没有说话，就那样静静地站在玛琳娜面前，用一种审视和打量的目光看着她。玛琳娜也抬头微笑着迎着奥古斯特的目光，她当然明白他心中所想。

"我凭烙印识别骏马，从姑娘的眼睛中看出她有了情人。"奥古斯特终于高深莫测地开口，脸上带着意味深长的笑容。"但我不得不提醒你，夫人，这是一个非常危险的信号，无论对工作还是对你本人都是不利的。"奥古斯特不甘心地继续说道。

"眼下对我而言，你才是最危险的信号，你就不怕被盟军看见我和一个德国佬在一起？"玛琳娜不客气地讥讽道。

"我这是为你好，你若相信我就离开他。"奥古斯特一边说着一边四下扫了一眼，然后俯在玛琳娜耳边继续说道："他只会给你带来痛苦，无穷无尽的痛苦。"说完转身向门口走去。

推开门的时候，正巧两个盟军军官走了进来。这两个人和玛琳娜有着很大的溯源。因为在她所在的芭蕾舞剧场发生枪击案的时候，玛琳娜很不幸地被牵扯进来，而负责审讯她的就是这两位盟军军官。他们一走进酒吧就看见了玛琳娜。"下午好！"威廉和弗朗索瓦一边轻佻地和玛琳娜打着招呼，一边径直踅到她的位置前。他们已经没有了在刑讯室里的残暴专横的神情，看上去更像吊儿郎当的纨绔子弟。

"我想我应该为上次的事情向您道歉，但当时的情况您也看到了，要不是还有其他几名长官在场，我们一定不会为难您的，这么漂亮的女士怎么可能是凶手的同谋呢？"威廉抢先说道，他虽然不如弗朗索瓦聪明残暴，却比他更会说话，更会讨女人欢心。

"事实上，你们既没有拿酒瓶砸我的头，也没有真的朝我开枪，对我已经算是格外开恩了，我是不会介意的。"玛琳娜红唇轻启，又吸了一口烟，然后嘴巴撮成"O"型，将烟雾向威廉和弗朗索瓦脸上吐去，袅袅升腾的淡淡烟雾中，玛琳娜的神情令人十分迷醉。

"下午的阳光好极了，我们一起喝一杯吧？"弗朗索瓦脸上带着灿烂的笑容说道。

蛋糕虽然美味，但决不能一次尝个够，那样才会让人觉得回味无穷，才会期待下一次。玛琳娜觉得自己该离开了，她不会愚蠢到真的陪他们喝酒。她的终极目标是奥辛莱克的指挥部，而他们不过是通向终极目标的两块敲门砖，她已经成功地将他们的情绪撩拨起来。如果她猜得没错的话，他们会在她起身离开前再一次真心实意地向她发出诚挚的邀请，这才是她想要的。

想到此，玛琳娜修长的手指微微用力，随手将香烟摁熄在一只精致透明的烟灰缸里，然后优雅地站起身，穿上大衣。威廉和弗朗索瓦看着她这一连串的动作，预感到她要离开了，脸上流露出惋惜和不舍的神情，威廉张了张口，却没有说出什么。

"真是抱歉，我还有一些别的事情需要处理，下次吧，下次我请你们。"玛琳娜脸上露出一个歉意的微笑，然后迈步向门口走去，一边走一边警惕身后的动静，心中焦急的期待着，等着这两条他守候了许久才钓到的鱼儿开口。一步，两步，五步……

直到玛琳娜款摆腰肢走到门口，身后也没有任何动静。该死！玛琳娜心中暗骂一句，看来是自己太高估自己的预知能力了。"嗨！等等，女士！"玛琳娜终于听到身后的威廉叫了起来，她不由回眸一笑，脸上带着矜持而恰到好处的微笑静静等待着威廉继续说下去。

"我说，您不觉得您这样有些不礼貌吗？"威廉虽然这样说，但他的语气和带笑的神情丝毫没有质问的意思："还记得上次吗？我们的弗朗索瓦中尉亲口对你说，军人俱乐部的大门永远为你敞开，但你一次也没有来，今天正巧在这里遇到，你又这么快将我们打发了。"

"对此，我感到十分的抱歉，虽然我没有答应你们的邀请，也没有陪你们喝酒，但我丝毫没有不尊重你们的意思，从我个人角度而言，我很

二战浪漫曲

愿意和你们交个朋友。"玛琳娜真诚地说道。

"下个星期一军人俱乐部里有一场舞会，到时您可一定要来呀。"弗朗索瓦说道，这句话正中玛琳娜下怀，并且她觉得自己已经没有再假意推辞的必要了。

"嗯！"玛琳娜爽快的答应着，望着吊儿郎当站在那里的威廉和弗朗索瓦，又郑重地点了点头，"一定！"

自从她选择做一名间谍，简单而平静的生活便被彻底打破了，仿佛一切未知的神秘和危险都如潮水般向她漫过来。这一天，她的寓所来了一个神秘的客人。

这个人不是别人，正是莱克特维曾经的长官拉赫曼。拉赫曼是挪威人，初次拜访沿用挪威人的习俗带了一束鲜花和一盒精致的糖果。

打开房门时，玛琳娜望着站在面前有些局促的拉赫曼非常惊讶。虽然那次在审讯的时候，因为她的一番谎话，拉赫曼才被洗脱嫌疑。但玛琳娜断定拉赫曼肯定不是特意来登门道谢，而是有别的事情。

"太美妙了！"拉赫曼搓着手装出一副很激动的的样子。"想不到你不光芭蕾舞跳得好，房间也布置的这么有品位。"

"谢谢，其实我对装潢没什么研究，这些都是随便弄的。"玛琳娜脸上带着愉悦的表情，很谦虚地说道，同时心中暗暗思忖着拉赫曼此番前来的目的。

他们曾有过一刻的生死相依，曾有过一瞬间的心有灵犀。想到此，玛琳娜不由略微放松了心中的戒备，甚至觉得两人之间的关系也亲近起来了。其实，她原本也不需要那样紧张，拉赫曼只是一个很普通、很平庸的军官。

"竟然能找到这里，您真是神通广大。"玛琳娜说道。她从德军驻地搬出来之后，就一直住在这个迪特尔专门为她安排的寓所里。

"我去过你家里，保姆说你已经很多天没有回家了，我就在你演出结束后，一路尾随才找到这里。"拉赫曼一口气说完，发觉自己的话有些不妥，什么叫"一路尾随"？说白了就是跟踪，这是一种非常不礼貌的行为。

"挪威一到冬天，就冰天雪地，冷得要命，春天是难得的季节，眼下更是很难得的好天气。"拉赫曼望着玛琳娜，心不在焉地说着这一大堆没什么意义的话。

终于绕开关于房间的话题，却回到了谈论天气上。玛琳娜蓝灰色的眼睛一眨不眨地望着拉赫曼。这次她没有附和他，而是抿紧了双唇，就这样过了几秒钟，拉赫曼也意识到自己应该直奔主题了。

"其实我这次来的真正目的是……"说道此处拉赫曼又有些欲言又止。"你不必这样为难，拉赫曼先生。我们是一起经历过生死的人，您有什么话不妨直说。"玛琳娜真诚地劝慰道。

"上次你说你靠跳芭蕾维持生活开销，作为你丈夫的领导，这让我感到很不安，所以我想，我可以帮你再找一份工作。"拉赫曼虽然有些犹豫但还是谨慎地说道。事实上，自从他走进玛琳娜奢华的房间，他就开始动摇了，她的生活看起来并不像她所说的那样困难，也许她并不需要这份工作。

"谢谢您的好意，但我曾经说过芭蕾舞是我的第二生命，我不会离开舞台的。"还没等拉赫曼说完，玛琳娜便打断他。

"等一下，不要这么早下结论，你没听明白我的意思，你不需要告别芭蕾舞舞台，我保证这份工作不会占用您太多时间的。"

"哦？是什么工作？"玛琳娜虽然想到芭蕾舞演员和间谍这两个身份已经够她忙活的了，哪还有精力再从事另外一份工作。但毕竟每个人都会有好奇心，因此玛琳娜还是忍不住地问道。

"眼下就有一个能赚到很多钱的机会，盟军那边正需要一个能够翻译和起草文件的秘书，凭你的聪明才智足可以胜任这个工作，况且他们之前还见过你。"

玛琳娜听完拉赫曼的话不由心中一阵狂喜，但她按捺住心中的激动，表面上全然一副云淡风轻的神色。

"怎么样？你要没意见的话，我马上就将你推荐过去。"拉赫曼试探着问道，玛琳娜不置可否的神情让他摸不准她的真实想法。

"那么，你需要我怎样回报您？或者说需要我做些什么呢？"有些话还是要直说的，玛琳娜有些艰难地开口问道。

"很简单，这其实是一件我们三方共赢各取所需的事情。盟军那里，找到了非常优秀的秘书；对于你，你可以获得很大一笔酬金，虽然我现在还不能确定具体的数目，但我敢保证，一定超出你的想象。"拉赫曼有些眉飞色舞的说道。

"那么您呢？"玛琳娜心想拉赫曼做这件事一定不会只是为了讨好盟军这么简单。

"我可以付给你双倍的酬金，"拉赫曼身体微微前倾，望着玛琳娜的眼睛低声说道："我只需要能随时掌握盟军的动向和他们的计划。要知道，盟军和我们的同盟关系只是暂时的，只要德军一被击退，他们就会在挪威作威作福，谁也不知道他们在想什么。对于他们将来的行动，我们必须要有心理准备。"拉赫曼绕来绕去说了大半天，玛琳娜才算明白他的最终目的。

玛琳娜这边，似乎一切都在朝着既定的轨道平稳发展，但迪特尔那边的情况却不容乐观。占领挪威后，迪特尔所率领的德军一直驻守在纳尔维克。当然，盟军和挪威抵抗军队也没有闲着，不断伺机对德军发动进攻，并且势头一次比一次强烈。德军面对兵力占绝对优势的盟军，越来越力不从心。

海军部队被消灭后，德军的情况变得更加岌岌可危。驻扎在纳尔维克北面和南面的挪威抵抗军队，切断了德军在海上和陆上的交通补给线，目前只能靠空军运输补给。在距纳尔维克最近，在650公里以外的挪威中部港口特隆赫姆上有一支不到两千人的部队，面对盟军的强大攻势，他们也无暇顾及迪特尔所部，而迪特尔所在的防守阵地也面临着失守的危险。

在这种情况下，迪特尔和他士兵们的日子很不好过，好在纳尔维克地势险要，易守难攻，迪特尔凭借地理位置上的优势，以及多年来指挥作战的经验，一次次勉强击退了敌人的进攻，尽量拖延时间的同时筹划着破敌之计。

"你要尽量快一些，我们已经没有更多的时间了。"再次和玛琳娜碰头时，一向沉稳干练的奥古斯特也变得焦躁起来。

"我已经快得不能再快了，什么事情都要有一个过程，不是吗？"面对奥古斯特的催促，玛琳娜有些不悦。

"我并不是在危言耸听，现在我军面临的情况万分紧急，除非拿到有价值的情报，战事或许还能有一线转机。"奥古斯特说着往前凑近一步。"你也不希望上次的见面就是你和迪特尔将军的永诀吧？"奥古斯特知道，说再多也没有用，这才是玛琳娜的软肋。

正如奥古斯特所想象的那样，玛琳娜听到这话神色一变，夹着香烟的手微微颤抖了一下，长长的烟灰落在桌面上，一提到迪特尔她的眼里马上充满了柔情和忧虑。

"他怎么样了？"玛琳娜将香烟放在嘴里，轻轻吸了一口，故作平静地问道。"我和他接触的机会不多，他看起来还好，在这样的情况下依然不失一个将军的风范，只是在没人的时候脾气会变得非常暴躁。"奥古斯特如实说道。

"你放心，我会尽快完成任务的。下次见到迪特尔将军的时候带我问好。"玛琳娜说着熄灭了手里的香烟，然后站起身。

"我一定转达你的问候，你也要小心，盟军诡计多端，别中了他们的圈套。"奥古斯特关切地说着，随手抓起桌上黑色的宽沿帽子，轻轻扣在头上，然后很绅士地向玛琳娜略一躬身，先她一步走了出去。和以往一样，他们这次的会面就这样很简短的结束了。

深蓝色的天幕下，华灯初上、霓虹璀璨，往来车辆穿梭如织。此时，军人俱乐部里一片欢声笑语。宽阔的大厅里，亮着红、橙、绿、蓝四色彩灯，灯光略有些暗，将气氛衬托得分外迷离。这时，悠扬的交响曲奏了起来，人们都纷纷拿出面具带在脸上。

这是一场假面舞会，可是威廉和弗朗索瓦·马丹邀请玛琳娜的时候并没有告诉她，他们不是有意要捉弄她，而是确实漏掉了这一细节，所以当玛琳娜盛装前来时，她并没有准备面具。站在大厅的门口，玛琳娜往里看了一眼，迅速将头缩了回来。她看见沉浸在舞曲中的人们迈着优美的华尔兹舞步，还有一个个蓬松的裙摆，一对对舞伴轻盈的旋转着，无一例外的，他们的脸上都带着面具，谁也看不见谁，使舞会增添了一份神秘和刺激。

糟糕，玛琳娜心下叫道，自己这副样子进去的话，恐怕只能当看客了，就在玛琳娜急得一筹莫展的时候，一个托着水果拼盘的年轻人走过来。

"晚上好，女士，有什么需要我帮忙的吗？"年轻人望着一脸焦急的玛琳娜热情地开口问道。他和玛琳娜所见到的其他盟军军官不同，他的脸上没有猥琐的神情，也没有腾腾的杀气，玛琳娜在他的眼里看到了真诚和善良，因此断定他不是像威廉他们那样因为她的美貌才对她大献殷勤的。

"呃，我忘记戴面具了。"玛琳娜望着眼前的年轻人心里生出好感，有些踌躇不安地说道。

"等一下，等我把水果送进去，我来帮你想办法。"年轻人说着快步走进了大厅。

过了好一会儿，年轻人的身影再次出现在玛琳娜面前，他手上拿着一个绘着漂亮图案的面具，上面是一朵朵粉色的欧石楠。玛琳娜心中一喜。

"他们不喜欢我戴这个，威廉少尉说这个太阴柔了是女人戴的，我想送给你应该很合适。"

"那你呢，你不参加舞会了吗？"玛琳娜有些惋惜地说。

"其实我跳舞跳得很好，但枪法和击剑一类的比起他们要差很远，所以他们都有些排斥我，他们都觉得我不是一个合格的军人，我知道威廉少尉对面具的挑剔不过是个借口，他是不想让我参加。"年轻人坦率地说道，他的眼睑垂下来，眼睫毛很长。

"真漂亮！"玛琳娜接过年轻人手里的面具，称赞了一句："我叫玛琳娜，你叫什么名字？"

"你可以直接叫我艾伦，"艾伦脸上带着纯净的笑容："快进去吧，一会儿舞会要结束了。"

和艾伦道别后，玛琳娜走进舞厅，因为带着面具，人们看不到她美丽的容貌，她的加入并没有引起众人过多的关注，舞会照常进行着，每一个舞者的脸上都带着面具，各式各样的图案七彩斑斓妙趣横生，简直超出玛琳娜的想象。

不一会儿的功夫，玛琳娜已经分别和两个戴着面具的人跳过舞了。玛琳娜现在的舞伴是一位身材颀长的男士。他脸上带着的面具的图案是一只张着血盆大口的狼头，他的手掌很大、很凉。因为个头比较高的缘故，他的身体有些佝偻着。刚一接触，玛琳娜就明显感到他与其他舞伴不同。他不会去刻意迎合和照顾玛琳娜的动作，虽然握着玛琳娜的手，但与其说他跳的是双人舞，不如说是在独舞。可见，他经常被别人迎合。他略显佝偻的上半身微微压过来，有一种想掌控一切的气势。玛琳娜从他的气质断定，他绝不是威廉和弗朗索瓦·马丹那样的小角色，他一定是一名盟军的高级军官。

想到此，玛琳娜的心一阵狂跳，并不是由于紧张的缘故，而是她几乎抑制不住心中的激动，这是千载难逢的好机会。

舞会逐渐达到高潮，人们的心态完全放松下来，尽情地跳着，随着欢快的舞步，女士们飘逸的裙摆如同风中摇曳的紫罗兰，活泼、清逸；犹如被风吹散的云朵，缥缈、静谧，幻化出童话般的感觉。

正在苦寻接近此人的方法的玛琳娜偶然一抬头，不由吓了她一大跳，此时的他也正低着头，一双鹰隼般的眼睛在狼头面具后注视着她，眼里带着几分探索的意味，似乎在问玛琳娜在想什么。玛琳娜不由心中一喜，这正是自己的长处所在，她那双蓝灰色的眼睛天生就会说话。

通常女人在仰头的时候，表情看上去都会很天真。玛琳娜迎着男人的目光，眼睛调皮地眨了两下，又长又浓密的睫毛跳动着，她的眼波透彻如一汪儿春水。男人的兴致被勾起，用一抹惊奇的眼光看向玛琳娜。

"你一定是舞会上最美丽的姑娘！"男人用充满柔情的声音轻轻说道。

望着他的眼睛，玛琳娜知道自己成功了，她又一次成功的突破了自己，她甚至不费一兵一卒，没有说一句话，就将他俘获了。

女士们都跳得香汗淋漓，军官们也有些疲惫了，悠扬的舞曲才渐渐停息，换上了另一种曼妙的若有似无的轻音乐，人们也都停下来休息。

"现在，我可以看看你的样子了。"男人一边说着，不等玛琳娜反应过来，他已经伸手除掉了她脸上欧石楠图案的面具。

随着面具被摘下来，人群中发出一片轻微的唏嘘声。玛琳娜穿着一袭宝石蓝色随体收腰的长裙，剪裁大方而得体，裙摆下露出雪白修长的美腿，那一抹明亮的宝石蓝使她显得高贵而典雅，再配上高挑的身材，玲珑有致的身段，尤其那一头金黄色的卷发，使她看上去就像神话中的智慧女神雅典娜一样明艳照人。在场的只有极少数经常光顾芭蕾舞剧院的人认出了她，而更多的人纷纷猜测她的身份和背景。

"女士们，先生们，容我介绍，"拉赫曼浑厚的男高音响起，人们纷纷除掉了脸上的面具。"这位女士便是目前挪威最负盛名的芭蕾舞演员玛琳娜女士。"拉赫曼说完，玛琳娜便用她那双漂亮的会说话的大眼睛向不同方向的人们微笑致意。

"现在，在场的还有一位非常了不起，并且你们意想不到的人物。"拉赫曼就像一个成功的演说家，一句话就吊起了全场人的胃口，连玛琳娜也不由在心中猜测，这个了不起的神秘人物是谁呢？拉赫曼见自己已经成功地激起所有人的好奇心，感到十分满意，故意顿了一下才开口说道："那便是我们最英明神勇的克劳德·奥辛莱克指挥官。"

拉赫曼话音方落，玛琳娜便非常惊讶的看到自己的身旁，刚才和自己一起跳舞的男人摘下面具，脸上带着矜持而高傲的笑容向全场扫视了一下，并微微颔首。与此同时，人们都纷纷投来敬佩的目光。

在这之前，玛琳娜虽然就已经猜出他的身份不一般，但她从没想过这位便是英军指挥官奥辛莱克本人。

除去面具的奥辛莱克看上去并不是很英俊，但他的精神状态很好，人长得很精神，只是脸型有些略长。让玛琳娜感到有一丝担忧的是，他浑身散发出骄矜的贵族气息，这一切说明他有着良好的家世和教育背景。他看上去并不像一个酒色之徒，这就说明他绝不会像威廉他们那样好对付。想要收服他，不能单凭自己最擅长的美人计，恐怕要颇费一番脑筋。

舞会早已恢复了之前欢声笑语的热闹，缓缓流淌的音乐声已经被人们的谈话声和笑声淹没了。玛琳娜品着红酒应酬着威廉和弗朗索瓦。玛琳娜有些心不在焉，她在猜测身后不远处拉赫曼和奥辛莱克在谈些什么。

"你说的人，就是刚才和我跳舞的那个芭蕾舞演员？"奥辛莱克问道。

"没错，我认为她是最合适的人选，您身边正缺少一个这样的人才。她精通五国语言，可以帮您翻译和起草文件。"拉赫曼滔滔不绝地说道："并且她很漂亮，不是吗？又会应酬，能给您带来很多乐趣。"

"除此之外，她还有一双会说话的眼睛。"奥辛莱克夸赞道，冷峻的脸上露出笑容，"这听起来是个不错的主意。"拉赫曼很畅快地将杯中酒一饮而尽，他的心情很好，因为从奥辛莱克的话语和反应上，他看出他对这一安排非常满意。

转过身时，拉赫曼看见和威廉他们谈笑的玛琳娜，玛琳娜也看见了他。拉赫曼一只手插在西裤的口袋里，隔着人群，另一只手向玛琳娜一举杯，脸上带着得意的神情示意了一下，玛琳娜露出喜悦的笑容，微微点头回应。玛琳娜知道他已经成功将她推荐给了奥辛莱克。自从上次共患难后，两人之间似乎有了心照不宣的默契。

推着餐车，穿着白衬衣的艾伦从玛琳娜的身边经过的时候，她及时地叫住了他，并且在看到餐车上他亲手雕塑的水果盘时，惊叹不已。但这种和谐的氛围很快便被威廉和弗朗索瓦两人打破了。玛琳娜望着艾伦离去的背影，感觉他仿佛是水做的，每次都给她一种清新灵动的感觉。

随着时间的推移，玛琳娜对艾伦有了更多的了解。艾伦懦弱而善良，盟军并不指望他上战场杀敌立功，因为艾伦父亲的缘故，他还是被留了下来。同时也是因为艾伦身上有他人不可替代的长处，艾伦的动手能力特别强，纤长的手指比女孩子的手还要秀美和灵巧。他会雕刻舞会上的拼盘，还有假面舞会的面具也大多出自他的手。此外，他还负责军人俱乐部里花草的修剪，他每天定时给他们浇水。尤其是奥辛莱克书房里的三盆花，更是不容许有丝毫马虎，因为这三盆花对奥辛莱克有着特殊的意义。

明媚的阳光从窗口洒进来，奥辛莱克的书房里暖暖的，他的书房在向阳的一面，非常适合花草生长，那三盆花分别是郁金香、紫罗兰和鸢尾。它们并排摆在奥辛莱克大大的书桌上。此时，奥辛莱克不在书房，玛琳娜埋头整理着桌子上一堆无关紧要的文件，艾伦进来给花浇水。

"把它们搬到阳台上去吧，摆在这里会和人争氧气的。"玛琳娜头也不抬地说道。

"千万不能动，"艾伦说道："这可是将军的宝贝，谁都不能轻易挪动。有一次，我在浇水的时候，改变了一下它们排列的顺序，将军看到后大发雷霆。"

"不过是几盆花而已，有这么重要吗？"玛琳娜听了艾伦的话，不由好奇地抬头向那三盆花望去。左边是一盆郁金香，已经有要开败的迹象，但看上去依然很美。中间一盆是紫罗兰，一株是稍微矮些的粉红色，另一株高的是紫红色，偎依着开得正盛，如同一对伉俪情深的情侣，虽然不比郁金香更有气质，倒也有趣。但最右边的一盆就比较惨淡了，虽也绿叶葱茏，却连一个花骨朵也没有，甚至没有一点儿开花的迹象。

舞厅里昏昧的灯光闪烁着，忽明忽暗，玛琳娜的耳朵里充斥着靡靡之音，这里是挪威最奢华最糜烂的场所。长时间以来，在挪威老百姓的眼里，来这里的只有两种人，无非妓女与嫖客。玛琳娜坐在一个比较显眼的位置，点了一杯威士忌加冰，放在眼前一口也没有碰过，不时有人色迷迷地上前搭讪，她不想和他们跳舞，也不想和闲杂人等闲聊，只一个人静静地坐在那里，不时地嘟起红唇，看似悠闲地轻轻吐出淡淡的烟雾。

一连三四天过去了，玛琳娜一直没有见过奥古斯特。她知道现在战事正紧，他不可能不与她联系，除非是遇到了特殊的问题。玛琳娜点燃了一支香烟，缭绕的烟雾很快将她思索的神情笼罩了。她想起上次在盟军的监狱里，奥辛莱克说过，弗朗索瓦拍到她和德国人接触的照片，难道是奥古斯特已经遭遇了不测？想到此，玛琳娜心中不由一阵紧张，她和奥古斯特接触了这么长时间，她早把他当成了朋友，因此不可能不担心他的安危，但转念又一想，不太可能，如果奥古斯特已经暴露了，势必她现在也不会这么悠闲地坐在这里，她们可是"一条绳上的蚂蚱"。

热闹都是别人的，周遭的喧哗和欢笑仿佛是另一个世界。玛琳娜端起酒杯，放在唇边轻轻地啜了一口，一股甘洌辛辣的感觉顺着喉咙缓缓地滑了下去，落到胃里，冰凉的感觉渐渐转为灼热。

拉赫曼不时找她打探一些事情，这是他们之前就约定好了的；自从上次艾伦向她袒露心迹后，就总是有意无意地避着他，她看得出他心中很痛苦；还有弗朗索瓦，她不得不时刻提防他，以免被他抓到什么把柄；演出的间隙，她还要抽时间回家看莱克特维，自从玛琳娜从家里搬出去之后，他的情况就一直没有进一步的好转；军人俱乐部里她要应付更多的人，事实上，冷血而又琢磨不定的奥辛莱克一个人就够让她头疼的了。杯里的威士忌已经喝掉了大半，借酒浇愁愁更愁，玛琳娜的心情丝毫没有变得轻松和愉快起来。

"我凭烙印识别骏马，从姑娘的眼睛中看出她有了情人。"正当玛琳娜胡思乱想之际，富有磁性的声音在身旁响起，声音虽然陌生，但这句话玛琳娜一点儿都不陌生。仿佛山穷水尽后的柳暗花明，玛琳娜内心的欢喜很快取代了焦虑，本能地站起身抬眼望去。

在玛琳娜还没有看清眼前的人时，她的身体已经被对方紧紧地抱在了怀中，不明状况的玛琳娜挣扎着，可能对方料到她会有这样的举动，一双手紧紧的箍住玛琳娜纤弱的腰身，玛琳娜丝毫挣脱不开，想再用力时，那个男人在她的耳边压低了声音说了一番话，玛琳娜便停止了挣扎。

"冯·芬肯斯坦，供职于德国驻挪威情报局，我奉迪特尔将军之命前来协助你完成任务。"玛琳娜虽然身体不再挣扎，心中却暗暗思忖起来，她不能轻易相信任何人，他虽然一开始就说出奥古斯特曾经说过的一句"台词"，以此作为他们接头的暗语，但玛琳娜还是丝毫不敢掉以轻心，眼前的人很有可能是盟军反间谍行动小组派来试探她的，自己千万不能中了圈套。这样想着玛琳娜半晌无语，她不知道说什么，只有以不变应万变。

"怎么，你不相信？"芬肯斯坦用有些轻佻的语气轻声反问道，不等玛琳娜作答，又笑着说："迪特尔将军说你是他的情人。"玛琳娜闻言，心中一动，仿佛触到最柔软的部位，忍不住脱口道："他还说了什么？"

"他说你是他今生唯一的情人。"芬肯斯坦轻轻笑着说道，这一句柔肠百结的话终于使玛琳娜打消了心中对芬肯斯坦的怀疑。芬肯斯坦的脸上一直带着笑容，再加上他与玛琳娜搂抱在一起的姿势，使他们看起来就像一对亲密恋人。"怎么换成了你，奥古斯特呢？"玛琳娜脸上是一贯的慵懒的笑容，同时装出一副痴情而沉醉的样子。

"他被英国人盯上了，不过没什么危险。为了安全起见，暂时由我来接替他的工作。"芬肯斯坦说道，配合脸上的表情，在旁人看来还以为他们在说着绵绵的情话。

"这里人这么多，你敢来这里找我，胆子可真够大的，就不怕你也被他们盯上？"玛琳娜语气里有一丝嗔怪的意味。

"间谍这一行我比你经验多，事实证明越是危险的地方越容易掩人耳目，况且现在事情已经到了非常紧急的程度。"芬肯斯坦玩世不恭的语气逐渐转为凝重。

"盟军不断增援兵力，据不完全统计，现在盟军兵力共计二万五千人。他们的目的很明显，即将德军一举歼灭。"芬肯斯坦一口气说道，可见他对战事很了解。"如果，如果这次战役失败的话，那迪特尔将军……"

芬肯斯坦的一番话使玛琳娜异常紧张起来，当然她最紧张的还是迪特尔的安危。

"这个是我们都很关注的问题，陆军总司令布劳希奇曾经向元首恳请，鉴于迪特尔将军的特殊地位和在军界的影响，我们是不可能让他置身于危险中的。"玛琳娜听到这里，稍微松了一口气，对她而言，只要他活着，其他的一切并不重要。但紧接着芬肯斯坦话锋一转："但迪特尔将军的脾气和秉性你应该是了解的，他拒绝了这一特殊待遇，迪特尔将军说他将誓死守住纳尔维克，与手下的将士们共存亡。"芬肯斯坦的一番话使玛琳娜心中一震，继而鼻子一酸，眼泪几乎流下来。

"我们已经没有时间了，10小时之内你必须拿到盟军的作战计划。"芬肯斯坦说着，双手终于从玛琳娜的腰部移开，扳着她的肩头说道：

"几乎所有的希望都在你身上了。"他的眼睛里发出灼热而期待的光芒。

走出舞厅，玛琳娜火速往军人俱乐部赶去。此时此刻玛琳娜的心中异常紧张，十个小时，似乎太短暂，太仓促了，她不确定自己能否在这么短的时间内弄到盟军的作战计划。她的注意力前所未有地高度集中来，每次都是到了万分紧急的生死关头，她的潜能才能被全部激发出来。

玛琳娜赶到军人俱乐部时，离芬肯斯坦说的时间已经过去了一个多小时，也就是说她只有八个多小时的时间了。此时，军人俱乐部里只有警卫人员，还有个别文职人员，现在正是两军交战的紧要关头，大多数军官都已赶赴前线指挥作战。

这无疑是最好的时机。玛琳娜一边走着，一边思索着应该从哪里入手，待理清思路后，她便直奔奥辛莱克的书房。她有书房的钥匙，可以自由出入奥辛莱克的书房，这为她省去了开锁的麻烦。玛琳娜熟练地打开房门走进书房。根据以往的经验，玛琳娜判断军事机密一定被安放在保险箱里，现在最关键的是先找到它。她环视着无比熟悉的书房，看看还有没有什么漏过的地方，最后，她的目光定格在墙上的一张画上。吸引玛琳娜的并不是这幅画的内容，而是她猜想保险箱会不会隐藏在画的后面，因为这里是整个书房最为隐秘的地方了。

玛琳娜为自己的这一想法兴奋不已。为了证实自己的猜想，她走到画前，伸出手指用关节处在画上敲了敲，传出来的声音略显空旷。玛琳娜心中不由一阵狂喜，这一点足以证明这幅画后面肯定大有文章。

玛琳娜踮起脚跟，举起双臂，将画框从墙上摘了下来，然后她惊喜地看到镶嵌在墙壁中的保险柜，它看上去做工精致而十分坚固。玛琳娜对着保险柜研究了片刻，觉得要将它强行撬开恐怕不那么容易。再一看保险柜上的密码锁和它的构造，玛琳娜不由倒吸一口凉气，这是一种带有自毁装置的保险柜，一套自毁系统和按键相连接，如果输入错误的密码，自毁系统将发出强大的电流，产生短路而起火，将箱子里存放的东西烧毁。除非知道开启的密码，否则任何人都没有办法。

好不容易才看到一丝希望的曙光，没想到转瞬就消逝了，玛琳娜感到自己再次沉入一片黑暗而绝望的深渊中。她在心中焦急的念着：密码，密码。但是即使她绞尽脑汁也想不出密码是多少，恐怕除了奥辛莱克本人，世界上再没有第二个人知道答案。情急之下，玛琳娜甚至冒出荒唐的念头，随便找 6 位数碰下运气，但她又很快否定了自己的想法，这种做法成功的几率渺茫到可以忽略不计。

就在玛琳娜一筹莫展时，走廊里传来脚步声，因为此时军人俱乐部里人很少的缘故，那脚步声显得格外清晰。玛琳娜不由心中一阵紧张，屏息听了一会儿，分辨出正是奥辛莱克的脚步声。脚步声越来越近，玛琳娜连忙将画挂回原处，跑到书桌前低头装作整理文件。

"下午好！"奥辛莱克一只脚已经迈进书房，和玛琳娜打着招呼，他的脸上洋溢着很少出现的笑容。根据玛琳娜以往的经验，他常常阴沉着脸瞥进来，并且一语不发，今天他却一反常态。"下午好，你看起来心情好极了。"玛琳娜还是那副慵懒而迷人的表情。

"麻烦给我倒一杯葡萄酒，谢谢！"奥辛莱克懒洋洋地说道。玛琳娜微笑着转身走到一个柜子前，拿出一个干净透明的杯子和一瓶葡萄酒，将酒红色的液体缓缓注入杯中。

"一起喝一杯吧，"奥辛莱克依然保持刚才的姿势说道："这场战役马上就要结束了，两三天之后，我就要回英国了，也许我们以后不会再相见了。"玛琳娜闻言一愣，随后又拿出一只杯子倒上葡萄酒，一只手拿一杯，转身向奥辛莱克走过来。

"这么突然，你不打算带上我一起走吗？"玛琳娜笑着在奥辛莱克身旁坐下来，将手里的一杯葡萄酒递过去。奥辛莱克并没有马上接过来，他一动不动地仰靠在沙发上，只是在听了玛琳娜的问话后将视线转移到天花板上，似乎在思索她的问题。

"我只是带领一小部分人先回英国，我们的军队会暂时驻扎在挪威，因此这里依然需要你，况且——"奥辛莱克转过头来面对着玛琳娜继续说道："你在挪威有自己的家庭，有最喜爱的芭蕾舞事业，我就是打算将你带走，你也未必能抛下这一切。"奥辛莱克说着接过玛琳娜手里的葡萄酒仰头一饮而尽。

"其实有很多事情，我都不明白，就像我不明白你为什么要养这么一盆光长叶子不开花的花？"玛琳娜说着调皮地伸出手指去抚弄那盆鸢尾的叶子。

"别动！"奥辛莱克神色微变轻声叱道。

玛琳娜本能地缩回了手，其实她现在早已心急如焚，根本没兴趣和他闲聊这些无关痛痒的话题。只是不知为什么，心底里竟不知不觉的想将话题往这几盆花上引。

"谁说它不开花？"奥辛莱克轻声反问道，他的情绪已经平复下来，在葡萄酒的作用下，他的脸上现出潮红，他一向不胜酒力。

"这种花叫鸢尾，"奥辛莱克闭着眼睛说道："你相信吗？在我还从来没有见过它们的时候，我就在梦里看见过它们，那是一种非常柔媚而纯粹的蓝紫色，是的，我在梦里见过它们。"

"仿佛冥冥中的某种暗示，这个梦境我一直没有忘记过，直到我遇到碧姬·巴铎，那时正是 5 月份，鸢尾盛开的季节，我见到她怀中抱着的蓝紫色花朵，一眼就认出那正是我梦里梦见的花，我激动得几乎流下泪来，她也是我这一生唯一爱过的女人。"

"可惜鸢尾的花期很短暂，每年只在五六月份盛开，我们的感情也像这花期一样短暂。"奥辛莱克伤感地说着，眼角似乎有清亮亮的液体流出。

此时的玛琳娜也被这些伤感的语句感染着，但现在对于她来说却不是多愁善感的时候，一项艰巨的任务还等待着她来完成。可是究竟应该怎么做呢？奥辛莱克坐在那里，她就没办法接近保险箱，想要从他嘴里套出密码似乎不太可能，况且他现在满脑子都是他的初恋情人，都是那几盆莫名其妙的花。

花？玛琳娜再次回到这个问题上，忽然脑海里一个念头电光火石般划过，她开始在心中念叨起来，鸢尾、郁金香、紫罗兰，她刚刚听奥辛莱克说过鸢尾五六月份开放，其他两种花她很熟悉，也知道它们开放的时间，郁金香三四月份盛开，紫罗兰的花期是在四五月份……

这样一想，玛琳娜发现这三盆花的花期刚好能组成一个六位数，会不会这就是保险箱的密码呢？

这一灵光乍现般的发现令玛琳娜激动不已，她虽然没有十足的把握，但这三盆花对奥辛莱克有着非同一般的意义。以奥辛莱克对这几盆花的重视程度来看，他很有可能用它们来设定保险箱的密码。现在，玛琳娜需要弄清楚的是这三组数字的排列顺序，是"454356"还是"435645"，或者又都不是呢？

根据排列组合原理，这三组数据可以组成 6 组不同的数字，范围虽然缩到了最小，但答案只有一个，她不可能把它们挨个试一遍，她只有一次机会，并且只能成功。玛琳娜眉头皱在一起，双手的掌心微微出汗，满脑子都是那三组混乱的数字，时间一分一秒地过去，可是她仍旧一点头绪都没有。

"这可是将军的宝贝，谁都不能轻易挪动，有一次，我在浇水的时候，稍微改变了一下它们排列的顺序，将军看到后大发雷霆……"

　　忽然，玛琳娜头脑中闪过艾伦曾经说过的这番话，思路顿时豁然开朗，原来这三盆花不是随意摆放，而是有着固定的顺序的，那么现在就可以排除掉四个答案，密码应该是"454356"或者是"564345"，不管怎么排列代表紫罗兰的43都应该是在最中间的，可是究竟代表郁金香的"45"在前，还是代表鸢尾的"56"在前呢？

　　似乎离正确答案只有一步之遥了，但玛琳娜觉得自己又陷入了一筹莫展的境地，不由心头越发焦急起来。她又看了一眼挂钟，仅剩下四个小时的时间了。此时玛琳娜清晰的感受到自己的心跳，焦灼万分的想着，到底是哪一组数据呢？越想越着急，越着急越没有头绪，玛琳娜很快意识到不能任由自己的思维这样恶性循环下去了，必须冷静下来，重新整理一下思路，她相信自己一定能理出有价值的线索。

　　此时，玛琳娜的头脑变得异常冷静，仔细搜索着储存在大脑里的关于这几盆花的所有信息，希望能找到一些线索，慢慢地，她想到了奥辛莱克刚才向他讲述的，如果这几盆花真的像她所猜测的，它们的花期代表奥辛莱克恋爱中的三个时间段，那么如他所述，他在鸢尾盛开时见到与碧姬·巴铎，这盆花应该代表着"相遇"，那么另外两盆有可能是纪念他们"深爱"或者"分离"。

　　这种微妙的联系使玛琳娜心中豁然开朗，眉头一下子舒展开来，此时她确信密码就是"564345"。

　　终于找到了答案，玛琳娜心头一阵狂喜，可是奥辛莱克就在身旁，她怎样才能接近保险柜呢？想着想着，玛琳娜不由会心一笑，当然，她有更巧妙的办法，并且几乎不需要耗费任何体力。

"再来一杯葡萄酒吗?"玛琳娜身体微微前倾,轻柔地问道,仿佛怕自己的突然出声惊到他。

"你怎么知道我没睡着?"玛琳娜极尽温柔体贴的话语使奥辛莱克很受用,他抿起嘴角,脸上带着一丝若有似无的笑反问道。

"我来这里这么长时间,对你的作息习惯早已了解,你就像猫头鹰一样,睡眠很少。"玛琳娜幽默的比喻使奥辛莱克不置可否地笑了一下,玛琳娜便自作主张地拿起小茶几上的酒杯,向放葡萄酒的柜子走去。待玛琳娜盈盈转过身时,透明酒杯里盛满了红色的葡萄酒,散发出甘冽的气息。

"5、4、3、2……"玛琳娜观察着奥辛莱克的反应在心中默念着,数到"1"的时候,奥辛莱克头一歪,靠在沙发上陷入了昏迷状态。

"芬肯斯坦的药真是厉害,说5秒钟就5秒钟,1秒都不会差。"玛琳娜自言自语道,脸上的笑容格外慵懒而迷人。这种可以藏在指甲里的粉末状迷药,是上次在舞厅分别时芬肯斯坦给她的,必要的时候将手指在酒杯里轻轻蘸一下,便可即刻溶解在酒水里,能使人不知不觉间陷入昏迷。这种迷药胜在无色无味,无论多么敏锐的视觉和味觉都发现不了。

机会终于来了,玛琳娜站起身快步走到那幅画近前,踮起脚将画框从墙上拿下来,精致而坚固的保险柜便呈现在她面前。玛琳娜屏住呼吸,按下柜门上的数字键:5、6、4、3、4、5。她小心翼翼地将这几个数输入,过了一两秒钟,传来一声轻微的"咔哒"声。仿佛开启了命运之门,玛琳娜知道自己成功了,差点儿欢呼起来。

不过片刻工夫,玛琳娜用微型照相机将保险柜里盟军的作战计划,还有其他一些重要的文件都拍了个遍。当时连她自己也没有预料到,这些情报将给盟军和德军造成怎样的影响。

做完这一切,玛琳娜心头如释重负,深深吸了口气,然后将保险柜和画框恢复原样，看也没看奥辛莱克一眼，就向门口走去。迪特尔现在急需这份情报，她必须抓紧时间，一分钟都不能耽搁。

不经意地一抬头，玛琳娜不由吓了一大跳。虽然知道他是不用上战场的，但在这个时候这种情境下见到他，她还是感到非常意外。脸色苍白身体瘦弱的艾伦静静地站在门口，用那双明亮的眼睛望着她，平静的脸上却看不出任何表情，看得出，他在极力控制自己的情绪。玛琳娜不知道他站在那里多久了，她望着他不知该说什么。

"把你手里的相机放下！"艾伦终于很艰难地开口说道，然而语气却异常坚决。玛琳娜没有作声，艾伦又重复道："把你手里的相机放下，你就可以走了。"

放下？玛琳娜想到自己为这份情报做了多少准备工作？她甚至几次险些死在盟军手里。想到此，玛琳娜握紧手里的相机，这是她千辛万苦得来的，她为此付出了太多，以至于某一瞬间，她甚至觉得这是她应得的报偿，仿佛这份情报理所当然就该属于她。况且，这份情报对迪特尔至关重要。念及此，玛琳娜觉得握在手里的不是情报，是她今生最爱的人的生死。她怎能轻易放下？

"你不会说出去的，艾伦，对吗？"玛琳娜一边轻声说道，一边慢慢地向门口走去。艾伦手足无措地看着玛琳娜向自己走过来，那么熟悉的，她的身体特有的气息，近了，更近了。

仿佛天地间一切都静止了，艾伦感到自己的心跳像战鼓一样铿锵有力，怀里是玛琳娜温香软玉般的身体，她的头搭在他的左肩，他看不清她的表情，嗅到她金黄色的头发散发出来的芬芳。玛琳娜的手在艾伦的胸口摩挲着，艾伦的喘息逐渐变得粗重，他真有些担心自己狂乱跳动的心脏会突然蹦出来吓到她。

温热黏稠的鲜血从艾伦的胸前涌出，在白衬衣上洇开，如灼灼的桃花，异常醒目，艾伦的脸上写满不可置信和惊恐，瞳孔逐渐张大，显得异常的清澈明亮。一把精致小巧的无声手枪握在玛琳娜手里，依然抵在艾伦的身体上，它发出的声响就像用木棍抽打空气，就像轻轻撕破一张纸，不会惊动任何人。

来不及多想，玛琳娜将艾伦尚有余温的身体拖到沙发上，让他像奥辛莱克一样仰靠在沙发上，又拿起奥辛莱克的军大衣轻轻披在艾伦身上，遮住了他胸前的血迹，等他们被人发现或者奥辛莱克醒来的时候，将大势已去，一切已成定局。玛琳娜最后看了艾伦一眼，又看了一眼挂钟，仅剩三个多小时的时间，于是，快步走出书房。

快走到军人俱乐部大门口的时候，玛琳娜远远地看见站在那里守卫的两个士兵，一个微胖一些的是哈里，另一个瘦高的是艾伯特。玛琳娜认识他们，他们的职责不光是看守大门，还要对出入盟军俱乐部的人进行搜查，以防军事机密被泄露，或者有人意图不轨将炸弹类杀伤性极强的武器带进去。

"下午好啊，两位，俱乐部里的葡萄酒真不错，下次我拿给你们。"玛琳娜微笑着袅袅婷婷的向哈里和艾伯特走过去。站在那里大半天了，他们已经无精打采，此时望着走过来的玛琳娜，不由眼前一亮来了精神头。

"怎么，将军刚回来，你这么快就要出去啊？"艾伯特说道。

"将军正在休息，我的工作也做完了。"玛琳娜很轻松地说道。又敷衍了几句，玛琳娜觉得差不多了，她已经没有太多时间了，和他们又聊了几句，便作势要往出走，同时心中暗暗庆幸，也许他们已经将检查的事忘记了。

哈里像忽然想起什么似的在身后叫道："等一下，小姐，我们差点儿忘了对你进行检查。"玛琳娜心中一惊，不得不停下脚步转回身，脸上出现一丝愠怒的笑容。

"现在是非常时期，刚才将军经过的时候还特意叮嘱我们对出入者要严加检查，我们也没有办法。"艾伯特有些无奈地说道。

"我怎么会不配合你们的工作呢，没关系，搜吧!"玛琳娜很大方地说道，既然躲不过，索性就让他们搜好了，她将手中的挎包交给守卫，点燃了一支烟悠然地吸着，其实她的心中已经紧张万分。

"咦，这支铅笔很别致，你还带铅笔?"玛琳娜望着哈里手里拿着的那支铅笔，心中掠过一丝不安，因为那不是普通的铅笔，在铅笔一端的橡皮帽里隐藏着能让人瞬间毙命的毒药。玛琳娜担心哈里再研究把玩下去会发现其中的玄机，一把将铅笔夺了过来。哈里一愣。"喜欢就送给你了，"玛琳娜说着将铅笔插进哈里上装的口袋里。"我说你们能不能快点，我还要赶时间。"玛琳娜不耐烦地说道，但显然那两名守卫对她包里各式各样的女士用品很感兴趣，这也是他们以往不大好意思仔细查看的。

一个女人的很多小秘密也就在那只精致的包包中。这两名守卫不像是例行公事的检查，而是满心满眼的好奇。艾伯特拿起玛琳娜挎包中的一管口红。那支口红的外观做得很精美，当然它也绝非一支普通口红。玛琳娜见状轻轻将口红从他手中抽出来，"我想这个对你更有用。"说着将嘴里吸了一半的香烟放到艾伯特的嘴里，艾伯特果然转移了注意力，又随便翻检了一通，见玛琳娜有些焦急且不耐烦的样子，便放行让她走了。

对了，胶卷就藏在那管口红里。微型照相机毕竟太显眼，在军人俱乐部里时，玛琳娜就秘密地将里面的胶卷取出，将微型照相机处理掉了。那管口红其实是一个特制的储藏器，做成口红的样子是为了掩人耳目，如果将底部轻轻旋开，就会发现它的内部是中空的，玛琳娜将胶卷藏在

二战浪漫曲

里面。两名门卫见玛琳娜却实有些焦急，便没有再进行过多的盘问。事情就这样地结束了。至此，她的任务就算完成了。

此时的迪特尔濒临穷途末路了，而玛琳娜窃取的盟军作战计划终于在最为关键的时候派上了用场。转送到迪特尔手中的情报使他及时的做出了战略调整，战争的时局也因此被扭转。

迪特尔因纳尔维克一战成为了民众眼中的传奇人物。他以一支不到2000人的队伍，成功击退了盟军，成就了军界史上不朽的神话。

这些荣誉的背后，还有一个人的功劳不可忽略，那就是玛琳娜，如果没有她的机智和勇敢，就不会打开那个保险箱，也就不会得到那份重要的情报。虽然当时，很少人知道这是玛琳娜作为一个间谍的出色表现，但是历史记录下了这一时刻。若干年后，人们不难在脑海中勾画出玛琳娜作为一名优秀间谍的色彩。

玛琳娜频繁出入各种纸醉金迷的娱乐场所，周旋在各个目标人物之间，美人计屡试不爽。同时，玛琳娜的间谍技巧及各方面能力也不断娴熟和完善，她凭借自己无与伦比的容貌和深藏不露的智慧屡建奇功，由最初的谍场新人很快成长为一名经验丰富的女间谍。

事实上，在纳尔维克战役结束后，英国情报机构就对玛琳娜起了疑心，他们暗中对她展开调查，但玛琳娜以度假为名，很快离开挪威前往西班牙。英国情报机构没有玛琳娜的照片，他们只能通过其他被捕并见过玛琳娜的德国特工的描述中捕捉有关马琳娜的各种信息。后来，芬肯斯坦被捕，只有他有玛琳娜的照片，但非常幸运的是，芬肯斯坦在被捕前将玛琳娜的照片连同自己的护照一起扔进了大海。

得知芬肯斯坦被捕，玛琳娜并不感到吃惊和意外，仿佛这是迟早的事情，连她自己也是时刻处在危险中。然而这种危险像她喜欢飙车一样，带给她的是一种异常新鲜而有趣的刺激，她并不为此忧虑，反而很享受这样的感觉。

她喜欢和敌人斗智斗勇，沉溺于这种猫捉老鼠般的游戏，这一切使她的大脑始终处在一种高度亢奋和警觉的状态。她依然住在皇宫酒店，开一辆红色轿车。为躲开英国军事情报局的追捕，玛琳娜开始频繁地改名换姓，并学会了很高明的化妆术。同时，玛琳娜广泛拓展自己的社交圈，结识了很多头面人物。

英国军事情报局在找到确凿的证据前，惮于玛琳娜身边那些大人物一直不敢轻举妄动。虽然英方在第二次世界大战结束后也没有对玛琳娜采取任何行动，但是，为了避免她的间谍活动危害到本国的利益，所以，依然把她视为潜在的威胁，如果玛琳娜一旦进入到英国的领土，英国警方和边防人员必须立即向军情五处汇报。

第二次世界大战期间，出于战事的需要，德国情报机构在很多国家建立谍报网，麾下有一千多名间谍，他们成为了希特勒向外扩张的得力助手。战时以及战后，有很多德国间谍被揪了出来，但玛琳娜却一直得以保全。战后她一直生活在马德里，过着挥霍无度的生活。

无论怎样绝世的容颜，无论多么曼妙的腰身，也抵不过无情岁月的摧残，随着时光的流逝，玛琳娜已经不再年轻。

第二次世界大战结束后，她的价值也随之大大削减，渐渐地，苏联方面也不再需要她了。唯有英国情报机构还在对她进行锲而不舍的调查。他们截获玛琳娜的信件和电报，希望从其中发现有关她罪证的片言只语，却最终一无所获。

玛琳娜曾凭借自己的美貌和智慧赢得金钱无数，但因她的挥霍无度，这些轻易得来的钱财很快所剩无几，她也不得不从皇宫酒店搬了出来，

二战浪漫曲

二战
浪漫曲

身边的热闹和浮华也一点点烟逝云去。她不是没有想到自己一朝会年老色衰，但她没有想到的是昔日那些追捧他的男人们会走得这么快，他们一个个消失的无影无踪，再没与她联系过，如同曲终人散、人走茶凉，徒留她一人独自喟叹感伤。

无限的寂寞和无助中，玛琳娜一天天衰老下去，此时，唯有莱克特维是她唯一的安慰。年轻时的生活是如此的糜烂堕落，年老时终究要自尝苦果。玛琳娜躺在病床上，望着窗外灰蒙蒙的一角天空发呆，她的血液已经不再像年轻时那样充满不安分的因子，心潮也不再汹涌澎湃，她像一座休眠火山一样静下来，开始静静地反思。

在卡拉提亚那大街上，人们常常可以看到一个年纪很老的女人，手中拖着一个蛇皮袋踽踽独行，风烛残年的玛琳娜晚景十分凄凉，疾病和贫穷时时折磨着她，她不得不靠捡垃圾度日。

在西班牙，几乎已经没有人认识她，很多人在玛琳娜的身后指指点点，虽然已经很老了，但她走路的姿态，她的一举一动都依稀透露出年轻时风姿绰约的影子。

她老了，并且生了很重的病，但她没有钱医治，这是命运对她年轻时挥霍无度的惩罚。英国情报机构早已经停止了对她的追查，但玛琳娜已习惯了一次次搬家，这样她才会有安全感。她每隔一段时间就将一只只的大纸箱从一处搬到另一处，那里装着她的一些散碎的日常用品，和曾经穿过的做工精美考究的晚礼服。尽管她再也穿不到它们，但玛琳娜还是很细致的将这些衣裙保存下来，常常用那双布满了老年斑的手细细摩挲，那上面承载着曾经逝去的青春和年华。

病情日渐加重，玛琳娜已经无法出去捡垃圾了。每日剧烈的咳嗽，干瘪的身体缩成一团，她的肺病已经到了很严重的程度，咳出的秽物由最初的痰变成血丝又变成血块。

年事已高的玛琳娜记忆力也严重减退了，很多过往的人和事儿都已不再记得了。他们在她的生命中或多或少的停留过，曾和她有着牵扯，但现在对于这些回忆如同坐看云起云落，实在没有什么值得唏嘘和感慨，而她唯一没有完全忘记的就是迪特尔。

犹记得最后分别时，迪特尔将外衣披在她的身上，转身离开，玛琳娜望着他的背影，看见他的军裤上折起的波浪般细小的褶皱，它们看上去充满了极尽温柔的情意，而他离去的脚步却是那样决绝，心中被离别之痛撕扯的无以复加。她爱他，玛琳娜从未像此刻这样坚定和确信无疑。

冬天终于过去，马德里迎来了蓬勃的春天。树木吐出新绿微黄的嫩芽，大地变得松软，小草钻出头来，好奇地探看着。在这个万物复苏的季节里，暖曛的阳光透明如醇酒，为马德里的摩天建筑镶上淡金色的光晕。春天的来临并没有使玛琳娜的病情减轻，反而日益加重了。白天，玛琳娜剧烈地咳嗽，夜晚整晚整晚的失眠盗汗，并且产生幻觉。

一切都是那么熟悉，所有的记忆都清晰如昨，不曾被岁月封存，不曾因时间而阻隔，几十年来，她在马德里过着醉生梦死挥霍无度的生活，借以麻痹自己哀伤的灵魂，内心深处从来不曾有片刻忘记。原来，爱一个人可以这样的让人欲生欲死。

在玛琳娜的心中，爱人的姿影宛如春天的月夜不灭的花灯，而她是在那繁华璀璨里走了一遭的赏灯人。片时欢娱后，从此她只有寂寂的人生，只有绵绵不绝的惆怅。

生命的最后一刻，玛琳娜的身边一个亲戚朋友也没有，她将独自走完生命的最后一段路程，独自面对残酷而冰冷的死亡。此时，玛琳娜的心中没有恐惧，没有绝望，只有平静，麻木的平静。现在她最想做的是到外面最后感受一次温暖的阳光，闻一闻花草的芬芳，或许还能看到几个顽皮而快乐的孩子，然而她的体力已经无法支撑她完成这些最简单的事情了。

玛琳娜艰难地将头转向窗口，然而除了一片灰蒙蒙的白和远处的建筑楼群，她什么也看不到，心中不由涌起一丝失落。眼皮慢慢地合上了，在完全闭上之前又慢慢地睁开了，她听到温柔亲切的呼唤声，父母、曾经的恋人还有艾伦，那个给人清新感觉的少年，他们都面带微笑的看着她。

最后，出现在眼前的是迪特尔，和玛琳娜第一次见到他时一样，迪特尔戎装笔挺，脸上带着浓浓的笑意望着她，眼里是惯有的邪魅气质还有几分孩子气。玛琳娜的身体 2 挣扎着，手臂向迪特尔伸去，干瘪的嘴唇微微蠕动了几下，她想说"你终于来了"，却什么也没有说出来。嘴角带着一抹残存的笑意，玛琳娜伸得挺直的手臂倏然落下来，就此沉沉睡去，永远合上了双眼。

斯蒂芬妮·朱莉安娜·范·霍恩罗亚

斯蒂芬妮·朱莉安娜·范·霍恩罗亚

斯蒂芬妮·朱莉安娜·范·霍恩罗亚是二战时期一名特殊的双重间谍。原本她出身显赫，是一位德国贵族家庭的孩子。从小生活在维也纳的她原本可以一直过着公主一样的生活，然而，在一次家庭纠纷中她从母亲口中得知了自己并不是父亲亲生的。出于对亲生父亲的复杂感情，年纪还很小的斯蒂芬妮离开了这个富足的家庭，开始了自己的寻父之旅。令她意想不到的是，离开家庭的一刻却也是她不平凡生活的开始。一场跌宕传奇的人生故事，已经围绕着这个还懵懂纯真的姑娘悄悄地展开了。

在外求学和旅行的过程当中，一场突如其来的初恋让她坠入了爱河当中，谁知道，这竟然是一场有预谋的骗局，斯蒂芬妮从此踏进了人生的沼泽地。双手沾上了鲜血，生活充满了危险与不安，她不再是一个单纯的女孩子，而是成了德国人手中的一枚棋子，一个没有自己的女人。

智慧与美丽成了她最有利的武器。凭借独特的高贵气质和聪慧心机，她很快就混入了英国上流社会的交际圈子当中，并且成为了那里炙手可热的社交名媛，但在光鲜之后，这一切的目的却是让她有机会从出入这个社交圈子的军政高级人员口中和身上骗取或换得种种对德国有用的情报。

行动是成功的，但是她却并不为此而感到满足，她憎恨命运对她的不公，对德国间谍组织的逆反情绪在刀尖上谈笑风生的日子里逐渐增加。

尤其在德国人杀害了为了拯救她脱离间谍组织而努力的亲生父亲之后，这种恨意更是达到了顶点。

怀着对纳粹杀害父亲的愤怒，斯蒂芬妮暗中加入了盟军的间谍组织，成为了一名双重间谍。此时，如何完成基本的任务已经不是她心中的重点，将纳粹送入地狱，拯救全世界和自己一样受到战争和法西斯主义迫害的人，成为了她一生最高的使命和永恒的目标。在这个岗位上，她利用自己的双重身份，为盟军和反法西斯势力立下了众多的功勋。这位失落公主曲折的一生在结束之后并未随历史的烽烟散去，而是成为了由文字和影像再次构建的传奇，不时闪现在我们得身边，至今不息。

斯蒂芬妮·朱莉安娜·范·霍恩罗亚的名字，来自一个世居奥地利的殷实显赫的贵族家庭，父母的疼爱和衣食无忧的生活让她的性格单纯天真而善良。成长到 18 岁的时候，斯蒂芬妮已经非常成熟美丽了，但是让她感到不适应的是，随着自己的成长，父亲每次看到自己时的眼神也越来越多地发生了变化。但是因为毕竟是从小看着自己长大的人，斯蒂芬妮并没有对这种异样产生什么不好的想象。然而令她感到震惊的事，有一天夜里，父亲居然来到她的房间并做出了不轨的表示。眼见从小爱护自己的父亲做出这种事情，感到难以置信的斯蒂芬妮又气又怕，对他进行了严辞指责和拒绝。眼见不能得逞，有些恼羞成怒的父亲恐吓她不许说出这件事情之后悻悻离去了。这件事情对斯蒂芬妮造成了不小的惊吓，同时，父亲的态度和所说的一些话语也让她对自己的生活产生有了很大的疑问。

带着这种怀疑，斯蒂芬妮向母亲隐晦地提及了自己的想法。而令她再度大吃一惊的是，母亲透露给她一个消息，这个人原来并不是她的亲生父亲！她真正的父亲很多年前已经去了英国。尽管私下里也曾经产生过这样的想法，但是由母亲亲口证实还是让她被这个结果震撼了。

得知了真相之后，斯蒂芬妮产生了想要见一见这位亲生父亲的想法。但是母亲却告诉她，这个人已经与自己分别了多年，音信全无。很可能已经有了自己的家室和子女。她无法肯定斯蒂芬妮寻父是否还有什么意义可言。但是性格执拗的斯蒂芬妮主意已经打定，在她的百般努力之下，终于从母亲的私人物品当中翻找出来一颗被单独放置、造型别致的金戒指，根据母亲之前的描述，她肯定这就是自己的亲生父亲为母亲留下的信物。天真的她偷偷下定了决心，打算凭借着这件东西去寻找自己的父亲。

之后的某一天早上，在天还没亮的时候，她偷偷拿出自己私下收拾好的东西离开了房间。并将一封早已写好的告别信放在了桌子上，然后踏着黎明前的月光，静悄悄地离开了家门。

就这样草率地踏上了火车，她不知道前方的路会是怎样，自由的快乐让她来不及思索这些。但是此刻她所不知道的是，在这之后等待着她的将是一场混沌而长久无法醒来的噩梦。在火车上的第二天，斯蒂芬妮的所有贵重物品就被人统统偷走了。不过幸好车上一位同样前往伦敦的名叫蒙茨的德国青年出钱帮助了她，怀着感激和好感，斯蒂芬妮和他很快熟络起来。在前往伦敦的路上，两个人很快就坠入了爱河。

然而斯蒂芬妮所不知道的是，身边这个温柔的情人，其实是一匹要将她带入到危险与诡谲当中去的豺狼。在骗取了斯蒂芬妮的全面信任和倾慕之后，蒙茨才告诉斯蒂芬妮，自己是一个为德国效力的特工人员，需要由斯蒂芬妮来为自己完成一样，就是借助她的美貌和气质通过在舞会等社交场所勾引一位英国的高级官员并伺机放置窃听器在他的房间当中。对蒙茨寄予了所有信赖和感情的斯蒂芬妮听闻之后原本感到很是惊

二战中的谍海之花

怕和恼怒，但是在蒙茨的花言巧语和软硬兼施之下，被"爱情"蒙蔽了双眼的斯蒂芬妮答应了他的要求。从此，这个涉世未深的姑娘，就变成了纳粹德国的一枚棋子。

在简单学习了间谍技巧之后，斯蒂芬妮在蒙茨的带领下来到一家夜总会，她气质高贵，因此看上去年轻而又成熟庄重。然而那漂亮的脸蛋上一双别致妩媚的大眼睛，玲珑有致的曲线，给刻板的高贵增加了性感的灵韵，十分有力地吸引着场下男人们的目光。

按照预先设计好的，斯蒂芬妮主动走过去与这位名叫布朗的官员搭讪，由于之前蒙茨带着还蒙在鼓里的斯蒂芬妮曾经参加过数次这样的舞会，布朗对这位美丽出众的姑娘是有印象的，对于她的搭话马上就热情地给予了回应，并将她邀请到自己同坐的一众伙伴身边来。

在与这些人的谈笑之中，斯蒂芬妮逐渐注意到坐在布朗对面的人一直没有说话，他神态自若，动作沉稳，笑容可掬。这个人五十多岁，金色的头发有些许花白，但依然神采奕奕，眼睛中闪烁着智慧的光辉。气度不凡的人总是能给人一种隐形的震慑力，不知为什么，斯蒂芬妮一看这个人就对他产生了好感，那是近乎敬佩一样的感觉。而这个中年男人发现斯蒂芬妮正在看他，于是冲着她笑了笑，笑容温和而亲切。

尽管对这个陌生人的奇怪笑容感到有些蹊跷，但是斯蒂芬妮此时没有什么空闲去关心那些事情了，她按照计划，佯装成喝醉的样子赖在布朗身边。抱怨着自己情人的不是之处，布朗岂会放过这种天赐良机，他带着斯蒂芬妮出了会场，上了自己的汽车。自己坐在斯蒂芬妮的旁边，斯蒂芬妮昏昏沉沉地将头倒在布朗的肩上，摆出一副快要睡着的样子喃声问道："我们这是去哪呀？"布朗连忙答道："您别担心，是我办公的地方。"听到他这样说，斯蒂芬妮心里暗自高兴。可布朗哪里知道她打的是什么算盘，只是心满意足地一手将斯蒂芬妮搂在怀里，看到斯蒂芬妮似乎快要睡着了，便低声告诉司机，"快点开，我们回司令部。"

躺在布朗怀里的斯蒂芬妮，一动不动，似乎睡得很香。但是她的内心其实非常紧张，布朗的车不知道还要开多远，她只能用睡觉来掩饰自己的不安，或者是趁这段时间来想想下一步该怎么做。虽然蒙茨在她来参加舞会之前已经教给她一些技巧了，但她还是心里没底。

短短的半个小时车程，斯蒂芬妮却感觉像几个小时那么久，因为不敢动，斯蒂芬妮感觉全身酸麻，当布朗叫她下车的时候，她终于松了一口气，但马上又紧张起来，因为接下来她将面对更大的问题。

"斯蒂芬妮，快点起来。"布朗跟斯蒂芬妮轻声说道。听到布朗的召唤，斯蒂芬妮想从座位上站起来，但是她起到一半又倒了回去。布朗见状，急忙来扶斯蒂芬妮，朝自己的办公楼走去。

从胳膊之间的缝隙里，斯蒂芬妮看到前面是一栋大楼，外观十分华丽，前面有一个旗杆，挂着英国的国旗。倒在布朗的身上，斯蒂芬妮困难地上了楼梯，到了五楼，布朗带着她走到一条很长的长廊，长廊的两侧是整整齐齐的房间，快要走到长廊尽头的时候，布朗停了下来，他将斯蒂芬妮靠在自己的肩上，一手扶住她一手拿出钥匙去开门。斯蒂芬妮注意到他打开了门之后将钥匙挂在了自己的腰间。

布朗的办公室很大，一走进去就看见一张很宽的办公桌，旁边是一个高高的锁着的文件柜，一个欧式的沙发放在墙角。简单的陈列使得这件大屋子看起来十分空旷。蒙茨对他说，要尽量将窃听器安放在东西多的地方。这种按钉式的窃听器最好装在墙上、地板或者是天花板上。斯蒂芬妮琢磨着将窃听器装在什么地方，但还没等她看完，就被布朗带进了办公室里面的一个套间。

套间里有一张床，斯蒂芬妮摇摇晃晃地坐了上去，醉眼朦胧地看着布朗。这时布朗弯下腰将脸凑近斯蒂芬妮，手轻轻伸到她的衣襟上。斯蒂芬妮虽然不讨厌这个人，可她还是不太喜欢他这样近距离地看自己。她希望完成蒙茨的任务，但是不想和这个人发生太过亲密的关系。当布朗解到她第二个扣子的时候，斯蒂芬妮灵机一动，干呕了一下。这个反应让布朗停住了解扣子的手，斯蒂芬妮推开了布朗，捂着嘴跑了出去，布朗随后跟了上来，指了指洗手间的位置。

洗手间在来时走过的长廊的最里面，紧挨着布朗的办公室。斯蒂芬妮拉开洗手间的门，见到布朗已经跟过来，马上将卫生间的门关上了，并转了一下把手，将门锁上。

如果作出自己呕吐的假相，那么就必须让布朗听到声音。于是斯蒂芬妮打开了水龙头，水"哗啦啦"地从水龙头里倾泻而出，斯蒂芬妮作出了呕吐的声音。布朗敲着门，"斯蒂芬妮，没事吧。"

斯蒂芬妮有些焦急，如果布朗一直站在外面不走，她就没有办法独自走进那间办公室，而是必须要跟着他回到套间里。

"得想办法先让他回到套间里。"斯蒂芬妮想着。

"布朗先生，在您面前，我这样真是很难为情。"于是，斯蒂芬妮试图用自己的羞涩作为理由让布朗回到房间。布朗听到斯蒂芬妮这样说，转念一想，一个高贵的女子在别人面前这样呕吐的确是有失大雅，于是他知趣地转身离开。

听到布朗的脚步声已经走远，隔了有一分钟的时间，斯蒂芬妮悄悄地打开了洗手间的门，走出来。她故意将水龙头继续开着，让水"哗啦啦"地流着。

晚间，大楼的走廊里静静的，穿着高跟鞋的斯蒂芬妮尽量将脚步放

二战浪漫曲

轻，让鞋跟发出的声音减到最小。斯蒂芬妮从半开着的办公室的门偷偷地看了一眼，办公室里的灯开着，但办公桌后面的沙发椅上是空着的。斯蒂芬妮小心地扫视了一下办公室，没有发现布朗的影子。

她向套间的方向看了一眼，套间里的灯也亮着，她想，布朗应该就在里面。套间的门紧闭着，从里面看不到办公室里的情况。斯蒂芬妮很庆幸，在布朗回到办公室里的套间的时候，没有将办公室的门关上，而是保持着斯蒂芬妮出来到卫生间时的样子。其实，布朗在回到套间的时候，本来打算关上办公室的门，但是，他急于想让斯蒂芬妮回到自己的身边来，于是，他没有关门。他根本没有想到，这是斯蒂芬妮出来的时候故意给自己留着的。

斯蒂芬妮就从这半开着门蹑手蹑脚地溜进办公室。她将整个办公室看了个遍，沙发、文件柜、办公桌、墙上、地板、天花板……

"到底安在哪里比较好呢？"她心里揣摩着。

时间紧迫，说不定布朗会在什么时候出来，动作应该快。那么，沙发、办公桌、文件柜这类东西的后面应该是不易发现的地方。斯蒂芬妮看了看文件柜，它是这个办公室里体积最大的物体，不易搬动，放在这里应该最合适不过了。斯蒂芬妮屏住呼吸，把手伸进了内衣里，拿出了那个窃听器，这是前一天晚上蒙茨交给她的。

斯蒂芬妮刚走到文件柜的面前，就听布朗在套间里问了一句："斯蒂芬妮，是你吗？"斯蒂芬妮心理一颤。布朗已经发现自己进来了，如果这个时候不出声，一定会被他怀疑的。于是，斯蒂芬妮应了一声，"我倒杯水喝"。为了防止布朗走出来，斯蒂芬妮用慵懒的声音回答着布朗。她的左手里紧紧地赚着窃听器，右手拿起水壶，往放在办公桌的杯子里倒着水，眼睛的余光一直瞟着套间。

这时，套间里传来了布朗的脚步声。脚步逐渐逼近，空气在此时此刻凝结。"咚，咚，咚，"斯蒂芬妮听到了自己心跳的声音，她的左手心里全都是汗。布朗马上就要走到门口，如果他发现了自己手中的窃听器，就全完了，不仅帮助不了蒙茨，就连自身也难保。斯蒂芬妮看了一眼办公桌，上面堆着乱七八糟的一叠叠的报纸和文件，她将身子转过去，面对着布朗将要走进来的方向，就在布朗的一条腿迈进套间的同一时间里，她背在后面的左手将窃听器塞到了一堆文件里，然后依靠在办公桌上，拿着水杯，一脸倦意地看着布朗。

能够坐到陆军副司令的位置上，一定不简单，对于这样的一个人必定有他的不凡之处，一个醉酒的女人在呕吐之后悄无声息地走进办公室，如果不让他觉得可疑那才奇怪。

感觉布朗正在用审视的目光看着自己，斯蒂芬妮觉得快要窒息了，她看得出布朗已经怀疑她了，但她实在不知道该怎么解释刚才自己那种悄无声息的行为。这是她初次涉及特工活动，有这样的不知所措也是理所当然的。斯蒂芬妮摇晃着脑袋，像是身体不能支撑沉重的大脑一样，一边装作醉酒，一边要尽快镇定起来，以想出一个好点的办法来应付布朗的怀疑。

"晚上这里应该有值班的人吧？"斯蒂芬妮想了想那个长廊，灵机一动，说道。

正在疑惑的布朗，对斯蒂芬妮这突如其来的发问更加的匪夷所思。"为什么这么问？"布朗没有回答她，反而反问道，语气中带着些怀疑。

"哦，我只是不想让你的上司或者部下见到我，这对你的影响不好吧。"这句话原本只是斯蒂芬妮的搪塞，但是却让布朗打了个激灵，他此时才意识到，事情原来还有着这样的风险，他咧嘴尴尬地笑了一下，

"确实如此，还是您想得周到，我一会儿得去看看，您不妨到里面的休息室套间等一等。"

紧张的情况被暂时打消了，斯蒂芬妮安定了一下自己狂跳的心脏，借口忘记关水龙头而走了出去，在洗手间冷静了一小会儿之后。她仍旧踮着脚尖从洗手间走回来，走到办公室。她眼前一亮，布朗没有在办公室，真是幸运。她撩起长裙，敏捷地走到文件柜旁边，木质的高大的文件柜距离墙体还有一点空隙，刚好能够伸进斯蒂芬妮的手。她蹲下来，来不及想别的事情，思维在这一刻停顿，脑海中一片空白。她瞄准了墙底一处不被人发现的地方，将全身的力气都集中在了这个小小窃听器的针尖上，按了进去。

一番惊险过去之后，斯蒂芬妮站起身来，她终于松了一口气。从她走进办公室到窃听器安装完毕，用了还不足 5 秒的时间。然后，她又整理了一下衣服和头发，这才走进布朗所在的套间。她看见布朗微闭着眼，面带微笑半倚在床头，因为酒劲上涌已经熟睡了过去。那颗悬着的心才彻底放了下来。斯蒂芬妮走进床边，小心地把自己放到床的另一侧。一直待到第二天早上布朗醒来，她才礼貌地告诉他昨晚他睡着了。布朗虽然为自己没有能与这位美丽的姑娘一夜春风，但是想到有了这一次的经历，以后再和她交往就会更加有把握了。因此他仍然表现的很有绅士风度，非常亲密地送她离开了司令部。他完全没有想到，就是这位千娇百媚的姑娘，已经把一只敌人的耳朵送到了他的身边。

完成了这次有惊无险的任务，斯蒂芬妮完全沉浸在了成功的喜悦当中，她天真地认为蒙茨会随之兑现之前与自己成婚的承诺。但是蒙茨却又要她再次为自己完成一件任务，蒙茨哄骗着她，她刚刚在伦敦的社交界崭露头角，如果现在就退出的话，不仅容易引起布朗等人的怀疑，而且也白白浪费了现在她本身所具有的价值。而上级布置给他的工作也要冒更大的风险才能完成，斯蒂芬妮不得不再次接受他提供的任务，但是心中却已经对这个人感到了一丝不满和距离感。

蒙茨为斯蒂芬妮安排，以新人的身份加入了一家伦敦的著名报社进行工作。主持报社的是一位在英国传媒界和政界都有影响的名人，名叫约翰逊。蒙茨得到消息，最近有一位与约翰逊同党派的英国政要凯菲尔刚刚返回伦敦，这个人在美国呆了一段时间，现在带着重要的情报回来了。斯蒂芬妮的任务就是借助自己的美貌接近约翰逊，套取他有关于这位政要临时居所的相关信息。

因为前一天的经验，斯蒂芬妮这次的心态已经非常平稳了。就在这天上午，斯蒂芬妮进入了这家报社，她的美丽果然引起了报社内所有人的注意，主管约翰逊自然也不例外。当天晚上，在斯蒂芬妮的有意搭讪之下，约翰逊很痛快地邀请她去夜总会共赴舞会，然而没有想到的是，她无意中发现布朗和那位名叫本杰明的将军居然也在场。不过，在斯蒂芬妮的机智之下，她巧妙地排解了几个人之间出现的尴尬。她也没有忘记自己的使命，通过与约翰逊之间的聊天她了解到，凯菲尔回到伦敦之后的住所正是由他来安排的，但是他还没有来得及选定这个住所。这一消息的获取让斯蒂芬妮感到十分兴奋，她迫不及待地想要回到爱人的身边转告他。但是回到居住的旅馆之后，她却撞见了蒙茨正在另一个女人的鬼混。蒙茨见事情败露，想要杀害斯蒂芬妮灭口。就在这时，一个突然闯进来的陌生人却杀死了蒙茨救了她一名。

面对还没有反应过来的斯蒂芬妮，陌生人用德语告诉她，他和蒙茨一样，都是为德国工作的特情人员。然而蒙茨却是组织里的一员败类，他利用发展新成员的便利欺骗玩弄了许多女性，利用她们之后又统统把她们一甩了之甚至杀害灭口。陌生人自称"章鱼"，告诉斯蒂芬妮，组织上从蒙茨的报告中看中了她，并以不容拒绝的口吻命令她开始正式为德国特情机构工作，代号是"河豚"。被突如其来的变化打击得心灵整个麻木了，斯蒂芬妮在别无选择的情况下，只得接受了这个"任命"。

女人作为间谍有着天生的优势，很多时候，美貌真的可以成为她们的武器，但是往往，依靠自己的智慧取得最后的胜利才值得颂扬，当然，这里是抛去了他们的政治倾向、抛去了他们给社会造成的动荡不安。

蒙茨死了，但是斯蒂芬妮对他的恨并没有因此而消失，她记住了她经历过的男人们的种种丑恶：继父，还有蒙茨，还有布朗和约翰逊。虽然他们对她还算是彬彬有礼，但他们的心里不知道都在打着怎样的算盘。她不想让这些人成为第二个蒙茨，重复之前的噩梦，她不要再被人牵着鼻子走，从今以后，她要他们臣服于自己的石榴裙下。

斯蒂芬妮是和一群人在一间办公室里的，而约翰逊有时会到她们的办公室里探讨一些工作上出现的问题。这一天中午，大家用完了餐，斯蒂芬妮见到约翰逊从外面回来，她早已摸清了约翰逊的习惯，一般中午吃完午饭回来，他都会在自己的办公室里小憩一会。这段时间也是他心情特别放松的时候，谈什么事情都很容易达成。斯蒂芬妮突然想到"章鱼"交给她的任务，而约翰逊太忙，上班时间根本就很少有机会跟他谈事情。

敲了敲门，斯蒂芬妮来到约翰逊的办公室，约翰逊正坐在沙发上，刚刚应该是在闭目养神，见到斯蒂芬妮，他连忙站起来说道："原来是斯蒂芬妮，快点请坐。"

斯蒂芬妮见到约翰逊，愁容满面，一声不吭地坐在了约翰逊的身旁。"美丽的小姐，您这是怎么了？"

二战中的谍海之花

沉默了几秒钟，斯蒂芬妮说道，"知道吗，我的恋人死了。"斯蒂芬妮说着，用手扶着额头。

　　约翰逊吃了一惊，"你的恋人？怎么死的？"约翰逊是见过蒙茨的，但是他当时并不知道蒙茨就是斯蒂芬妮的恋人，那是蒙茨的组织给斯蒂芬妮介绍工作的时候，两个人见过面，当时约翰逊并没有注意到沉默的蒙茨。

　　"我不知道，我们之间发生了点矛盾，分别在两个房间，然后，那天晚上就发现他倒在了自己的房间，永远不会再睁开眼睛了。"斯蒂芬妮眼睛里噙着泪，向约翰逊讲述着自己的悲伤。

　　约翰逊有一些触动，斯蒂芬妮连忧伤的时候都带有一种独特的迷人气质。但实际上，斯蒂芬妮已经不会再为蒙茨真的心痛了。约翰逊的语气变得柔软，他用一只手臂将斯蒂芬妮的双肩环住，手还轻轻地拍着斯蒂芬妮的肩膀："斯蒂芬妮，不要太悲伤。他在天堂也不愿意看到你如此悲伤的。"

　　"我现在还住在那里，每天晚上都会梦见他，恐怕我是不能忘了他。"

　　"你还住在宾馆？那个人为什么一直让你住宾馆？"

　　"我不知道为什么。"斯蒂芬妮显然是在说谎。之所以蒙茨让她一直住在宾馆里，是因为这样比较安全，宾馆里人员流动性很大，所以就算他们要离开那里，也不会引起什么麻烦。只是现在那里简直成了她的噩梦，她必须想个办法离开那里，另外，这样可以接近约翰逊。

　　"那么斯蒂芬妮，我安排一间公寓让你来住，怎么样？"约翰逊凝眉想了半天，终于想到了这样一个主意，"最主要的是，这样我就可以经常去看你了。"

　　斯蒂芬妮不知道约翰逊要做什么事情，但是凭她的直觉她觉得大有文章在里面。她觉得约翰逊一定是在策划着什么事情。于是她问约翰逊："能现在跟我说一下吗，我好有个心理准备。"

约翰逊看了一眼斯蒂芬妮，他轻声说道："知道吗，我打算让你住进我的别墅，你觉得呢？"斯蒂芬妮没有想到，约翰逊竟然会提出这样的要求，虽然说在一定程度上这未必不是一件好事，看来她还真的要做一名特工要做的事了。

不知道约翰逊壶里卖的是什么药，晚上，约翰逊就坐上他的车，一路去往约翰逊的别墅。很多人在斯蒂芬妮的背后指指点点，一些女人当然会嫉妒她，刚刚来到报社就一下掳获英俊潇洒的英报巨头的心。斯蒂芬妮怎么会理会，她只会高昂着头、面带微笑从那群人的身边经过。

就这样，斯蒂芬妮跟随着约翰逊到了他新买的一间别墅，她笑着说，"好美的地方，真的比我住的宾馆要好得多，谢谢你。"约翰逊十分绅士地做了个动作"小姐，请！"斯蒂芬妮的嘴角露出了妩媚的笑容，迈着优雅的步子，她走进了别墅。

这的确是一个好地方，环境优雅、装饰华丽，而且是在伦敦的郊区，斯蒂芬妮十分喜欢这里。斯蒂芬妮十分高兴地拥抱了约翰逊表示感谢，约翰逊也因为这突如其来的拥抱顿时容光焕发，两个人走了进去。

房间里的装饰更是赏心悦目，不比她在维也纳的家差多少。斯蒂芬妮坐在沙发上，约翰逊对她说道："我的一个亲戚也住在这里，只是他有神经衰弱，不太喜欢吵闹，所以应该很少下楼。至于他有什么事情，你也不用在意。"约翰逊看着斯蒂芬妮笑了笑，笑容中明显带着深一层的含义。

住进约翰逊的家已经好几天了，斯蒂芬妮始终没有见到阁楼上的人走下来，就像约翰逊所说的那样。斯蒂芬妮每天上班比较早，那个时间阁楼上的人还没有起床，当她晚上下班回来，也见不到那个人从阁楼上下来吃晚饭，她只看见一个女仆把晚饭送到阁楼上面去。

什么人这么神秘？斯蒂芬妮一定要查清楚。这一天，她早早地从报社回到了家，当然，她没有让约翰逊知道。她悄悄地上了阁楼。真是神秘，阁楼上的门是紧关着的，里面没有一点声响，很难知道里面是否有人。

这时门的把手动了一下，斯蒂芬妮下意识向后退了一步，但是已经来不及了，门已经开了个缝，她看到了一条腿，一条穿着西裤、高档皮鞋的腿，正从房间里迈出。斯蒂芬妮的心"扑通扑通"地跳了两下，但是马上转变成微笑的模样，这时也就只有硬着头皮等待事情的发生了。

从里面走出来一个气质不凡的 50 多岁的人，平静地看着斯蒂芬妮。虽然斯蒂芬妮见过很多社会顶层的人，但当她见到眼前这个人的时候，还是被他的威严小小地震慑了一下。而那个人仍旧看着她默不作声，空气凝结在这一刻。斯蒂芬妮想，越是紧张就越是说明有问题，所以索性装傻。看着那个人，一脸微笑："哦，原来是位先生，您好。"

那个男人笑了笑："哦？原来您以为这里住着女人吗？"

斯蒂芬妮表现出尴尬："我只是猜测而已，但是似乎约翰逊先生不会那么笨，让两个女人住在一起，呵呵。"

说完两个人都笑了。斯蒂芬妮虽然看起来很傲，但她和别人打交道的时候却是很有亲和力的，斯蒂芬妮发现，这个男人马上就对自己产生了好感，但这种好感又与约翰逊有些不同。

"我叫凯菲尔，很高兴认识您，小姐。"斯蒂芬妮一听这名字，觉得很耳熟，似乎在哪听见过，但是又想不起来了。

"斯蒂芬妮，同样荣幸。"斯蒂芬妮立即伸出手和凯菲尔握手。

"凯菲尔先生，您在家里不闷么？为什么不出来走走，我们可以经常聊聊。"斯蒂芬妮接着问道。虽然她们初次见面，但是斯蒂芬妮给凯菲尔的感觉就像是旧相识，一点也没有生疏感，她的大方和侃侃而谈给凯菲尔先生的印象很好，他很愿意接近她。斯蒂芬妮的高贵、典雅让人根本联想不到"间谍"这个词汇，凯菲尔自然不会对斯蒂芬妮心存芥蒂。

斯蒂芬妮很想知道这个人到底是谁，他气质不凡，还是约翰逊的朋友，一定有着很重要的地位。可是她认识约翰逊也有几天了，他却很少提及到他的朋友，尤其是政治上的朋友。忽然，她想到了跟这次任务有关的一个人，她一下子紧张起来，难道他就是那个政要，是他们要除掉的那个人？

斯蒂芬妮看了看凯菲尔，他正对着斯蒂芬妮微笑，那眼睛就像一个深渊一样深不可测。现在，她几乎可以肯定，他就是约翰逊说的那名政要，没想到约翰逊竟然这么信任自己，竟然能让自己和这么重要的人共处一室。

回到了自己的房间，斯蒂芬妮穿上衣服出去了。她戴着一顶遮阳帽，换上了便装，她想尽快把这件事情告诉给"章鱼"。斯蒂芬妮走到一家女士用品店，上面明晃晃的几个大字"保罗小姐用品专卖"，下面一行小字"男士止步"，她从容地走了进去。

斯蒂芬妮看了一下四周，有一些穿着浅绿色制服的服务员，还有一些女人们在挑着她们的日常用品，十分的拥挤，店里的生意看起来还是很不错的。这么多人，谁会是和她接头的人呢？本来今天的太阳并不火辣，可她还是戴了遮阳帽和墨镜。这是为了便于接头。整条街上人，除了她以外，好像再也没有这样打扮的人了吧，这是她之前和"章鱼"约定好的。

然而正是她这身打扮才出了问题。斯蒂芬妮见到，从门口走来了一位小姐，她也带着一顶遮阳帽，还戴了一副墨镜。斯蒂芬妮很惊讶，她没有想到自己的安排竟然出现了这样的差错。而"章鱼"似乎也没有仔细考虑到这一点，看来就算是老牌间谍也会有疏忽、失误的时候。

就在这时，一个看上去十、八九岁的英国小女孩正向那女人走去，眼神看上去有些诡异。斯蒂芬妮想，这下糟了，她把那个女人当成了要接头的人。

来不及思考，斯蒂芬妮几步走上前去，问道："不好意思，打扰一下，卫生间在哪儿?"

那女孩看了一下斯蒂芬妮，睁大了眼睛，看起来很吃惊，她看了看斯蒂芬妮，再看看身旁的女人，那女人正在用一种莫名其妙的眼神看着她。而斯蒂芬妮则是富有深意地看着她。

女孩立即反应过来，她对那女人说："抱歉，请您稍等。"

斯蒂芬妮立即对那位女孩说道："抱歉，我内衣的扣子坏掉了，我要换一个新的。"这是暗语。

女孩朝斯蒂芬妮笑了笑说道："小姐，原来是这样，我们这里为您提供试衣间，您可以自己挑一件内衣然后到这间试衣间去换。"

斯蒂芬妮明白了女孩的意思，她随便挑了一件适合自己尺码的内衣。那女孩对她眨了眨右眼，她就知道这个试衣间里一定有不可告人的玄机。斯蒂芬妮从容地拉开了试衣间的门，然后走了进去。

试衣间并不大，刚刚能够装进一个人。斯蒂芬妮将内衣放进了包里，然后环顾四周，看看有没有什么机关。显然，那女孩示意她一定要走进这间试衣间是有她的目的的，只是这其中的玄机就要靠自己去探寻了。

斯蒂芬妮惊讶地发现，这个试衣间是用一种类似砧板的东西搭建而成的，她轻轻地敲了敲，发出了轻轻的响声。

"对不起，这里面有人了，请您到另一间。"外面传来了服务员的声音，她必须要赶快找到出口，否则就会遇到麻烦。那么这个试衣间的玄机最有可能出现在后面，她敲了敲，这声音跟刚才的好像不大一样，有一种空洞的感觉，看来这很有可能就是出口的所在。

仔细观察，斯蒂芬妮发现，试衣间的墙板竟然有裂缝，她用手抠了一下，门板竟然松动了，她两只手一起用力，竟然发现这块墙板可以搬下来。她终于明白了玄机之所在，这个小小试衣间，竟然别有一番洞天，原来墙板后面是这家商店的仓库，仓库里堆满了大大小小的箱子。斯蒂芬妮走进去，然后将拆下来的墙板安会原处、扣紧。

一走进仓库，斯蒂芬妮就被里面的灰尘呛到了，她很想咳嗽，却强行忍住了，因为她不知道会有什么人出现在这里。还好她今天没有穿高跟鞋，要不然她又得踮起脚尖走路了。

就在这时，斯蒂芬妮听到了一阵脚步声，她的心"扑通扑通"跳了起来。虽然她知道，来的人很可能就是要跟她接头的"章鱼"，但在事情没有确定之前，她不敢下这样的定论，万一不是，就麻烦了。

斯蒂芬妮躲在一排大箱子后面，想看清来人是谁，那个人也十分小心，他步子不是很重，节奏也很缓慢。

仓库里很静，静得只听得见脚步声，而脚步声越来越接近斯蒂芬妮，她的心都提到了嗓子眼。"啪"的一声，不知道什么东西突然掉落，打破了寂静。斯蒂芬妮吓了一跳，她低头一看，才发现是自己不小心将一个瓶子碰到了地上，那瓶子是从一个破了的箱子里掉出来的。

"谁?"一个熟悉的声音低吼了一声，斯蒂芬妮听到拉枪匣子的声音。这声音似乎是"章鱼"，另外重要的是他讲的是德语。她探出了头，发现在距离她不远的地方，正有一把手枪对准了自己的方向。顺着那只手枪看去，拿着它的人正是几天前杀死蒙茨的凶手、她现在的合伙人——"章鱼"。

斯蒂芬妮和"章鱼"同时松了一口气，看来她们都过于紧张，但是这是正常的，做特工就要时刻给自己准备一条后路，很多时候就是一点小疏忽或者没有加倍提防，才会使人命丧于谍海。

此时，外面来来往往的人很多，这些女人把注意力都放在了购买用品上，没有人注意有个人进了试衣间却没有出来。那个女服务员也开了门看了一下里面，发现斯蒂芬妮已经不在试衣间里了，这才放心地将顾客请到试衣间里来。

"我接到信号说你有事情，到底发生了什么？""章鱼"走上前来，跟斯蒂芬妮一起躲到了一堆箱子的后面。

"是这样，我找到了凯菲尔的藏身之处，现在他就跟我住在一起。"斯蒂芬妮说着。

"凯菲尔？这是真的？你们，你们住在一起？""章鱼"的眼睛像夜里的猫一样放着光，同时又有些将信将疑。

"是的，我还跟他聊了一会儿，是的，约翰逊说要藏起来的那个政要是叫凯菲尔。"

章鱼摇了摇头，说道，"真是不敢相信，约翰逊能让这么重要的人和你住在一起？"说到这里，"章鱼"突然停下来，他看着斯蒂芬妮，"等等，你们住在一起？也就是说你已经不在原来的宾馆住了？"

"当然，您觉得我会在那里长期住下去吗？"斯蒂芬妮知道他会这么问，于是淡定地说。

"好吧，这样也好，你可以接近约翰逊，并且可以跟他的朋友们接触。对我们的情报也不无好处。""章鱼"说道。

"那么我的任务是不是已经完成了呢？我可以离开约翰逊了吧？"斯蒂芬妮问道。

听斯蒂芬妮这么说，"章鱼"立即严肃起来，他的眼神又让斯蒂芬妮想起了眼前的这个人在自己的面前杀了蒙茨，她有一些紧张。跟这个人接触，就像身边有一头猛兽，说不上什么时候就被他吃掉了。

"这才是刚刚开始，对于我们来说，凯菲尔的价值是不可估量的，如果可以，我们最好把凯菲尔拉拢过来，如果他不愿意，我们也要想办法从他的口中套出重要的情报，这两条路要是都行不通，那他就只有死路一条。"说到这，"章鱼"的表情淡定了很多。

斯蒂芬妮感觉眼前这个人简直就是一个魔鬼，甚至只有杀人才能让他安心，让他淡定，让他觉得他的生命有价值。或许有一天自己也会变得和他一样，杀人、窥视、阴谋等等这些充斥着自己的生命，以这些为生，像是上了瘾的毒品，就算是想戒掉也没有办法。想到这些，她感到有些还怕。斯蒂芬妮没有出声，她想知道接下来这个男人还有什么打算。

"这个重要的任务也只有交给你比较好，凯菲尔对你不反感，这太好了！""章鱼"说完，看了一下表。"时间不早了，你得马上回去。"他为斯蒂芬妮指出了一个出口，在她临走之前，"章鱼"叫住她，加重口气对她说："为了保险起见，我再向你强调一次。'河豚'，有些事不要私自做主，你很聪明，但是自作聪明会害死人的。"

等她回到家，已经是傍晚了，天色已经快黑了，约翰逊的那间小别墅上面亮着灯，斯蒂芬妮想到一定是约翰逊回来了，要不然也不会是凯菲尔，他是绝对不会这个时候到楼下来的。

斯蒂芬妮想，自己一定要做好心理准备，如果约翰逊怀疑到自己就不好了，如果他问自己，必须找一些适当的理由回答他，他是个聪明人，对他说谎的时候就一定要格外小心。

到了楼前，斯蒂芬妮没有马上上楼，她担心约翰逊会问她为什么会这样打扮，于是她摘下帽子和墨镜放进包里，然后迈着优雅的步子走上楼。有女仆来开门，一进房间，斯蒂芬妮就愣住了：约翰逊、凯菲尔和本杰明、还有一个自己从来没见过的人，正坐在客厅的沙发上谈论着什么，那个没见过的人显然是比其他人年轻。

房间里突然安静下来，所有人的目光都集中了到斯蒂芬妮的身上。斯蒂马上露出了笑容热情地与所有人打着招呼："各位先生好。"随之，她马上想到这些人一定是在谈论什么重要的事情，自己应该回避一下。于是，斯蒂芬妮很知趣地说道："我先回自己房间了，各位请便。"约翰逊见到斯蒂芬妮这么说，再加上他们正聊得十分有兴致的时候，约翰逊说道："等等，斯蒂芬妮，你留下来，我们一起讨论一下。"

那个不认识的人看着斯蒂芬妮说道："对呀，这么多男人，要是没有美女作陪多没意思！"

"好的"，斯蒂芬妮笑了笑说道，"一身的灰尘，我去换下衣服。"笑盈盈的斯蒂芬妮准备去自己的房间换衣服。

约翰逊问道："斯蒂芬妮，今天的的衣服很特别，这不像是你的风格呀！但是很可爱。"斯蒂芬妮终于等到了约翰逊的这句话，她看着约翰逊笑了笑："是呀，今天采访的时候脚走得有些疼，所以换上了休闲装。"那是一件黑色晚装，这是一件设计简单的衣服，连身的短裙，款式很低调，在这种场合穿上它，既不会像在舞会一样张扬，也不失礼节，而且给人一种如夜色般柔和的感觉，看上去十分舒服。

斯蒂芬妮穿着一双矮跟黑色小皮鞋，一条及膝黑色连身裙，发髻上别了一朵金色的花，面带微笑轻轻地走进了客厅，房间里有三个男人都不禁赞叹她的美丽。只有本杰明依然一脸严肃，看着斯蒂芬妮，那眼神中说不上是要表达着什么，但似乎又想把自己的内心想要传达的东西压抑下去。

斯蒂芬妮没有那么多时间去理会那一个怪人，尽管她并不讨厌他，但是他似乎就是一个不合群的人，过于严肃的人总会在大家想玩的时候显得很扫兴。

"约翰逊先生，没想到您竟然在自己的别墅藏了这么美丽的美人。"那个年轻的人说道。

"你好，我叫斯蒂芬妮，很高兴认识你。"斯蒂芬妮大方地伸出手，面带微笑，那男人也站起身来与斯蒂芬妮握手。"西斯科上尉，我尊敬的小姐"

"哦对，本杰明中将，你还没有见过她吧。"

本杰明看了看约翰逊，有一点小惊讶，然后又看了看斯蒂芬妮"哦，我们见过的"，依然是面无表情。说完之后又低下头，摇晃着手边的酒杯。

斯蒂芬妮见到本杰明很不自然的样子，于是对约翰逊半开玩笑地说道，"本杰明中将，我们早就见过，但是本杰明中将似乎不是太喜欢我。"斯蒂芬妮一边对约翰逊说着一边用眼睛瞟着本杰明。

本杰明的嘴角微微翘了一下，但转瞬即逝，这时他终于正视斯蒂芬妮，脸上依然严肃，说道："作为一个长者自然觉得你们这些女孩子不应该总是出现在这样的场合。"一时间，整个屋子的气氛变得异常尴尬，约翰逊、西斯科还有斯蒂芬妮的笑容都僵住了，斯蒂芬妮感觉这分明就是在教育自己，而约翰逊和西斯科怎么样也想不到本杰明会突然说出这样的话。

最后还是那个年轻上尉西斯科打破了尴尬的气氛，说："尊敬的上将，您真是喜欢开玩笑，娱乐而已，何必认真呢?"

本杰明听后觉得自己似乎有些失态，他低着头默不作声了。始终想不明白为什么本杰明会有这样的举动，斯蒂芬妮注意着本杰明的一举一动，发现他似乎并没有恶意，他似乎对自己有些担忧，似乎很出乎意料地关心她。

对于斯蒂芬妮来说最主要的事情还是如何才能够顺利完成任务，她想今天为什么会有重要的人在这里一起集会，看他们的确是有重要的事情。

"今天是什么节日? 好久没这么热闹了"，斯蒂芬妮笑着说，好像忘了刚才发生的事情。

"哦，今天我们商量一下事情。"约翰逊说道。

"那么我还是不要参与了吧。"

约翰逊笑了笑："没关系，你只要在旁边帮我们倒倒酒就十分感谢了。"

"当然"。斯蒂芬妮高兴地说，但当她的眼睛扫过周围，她看到本杰明正用近乎阴森的一双眼睛在审视着她，那感觉就像是自己偷了什么东西一样。斯蒂芬妮虽然感觉到不舒服，但是她还是笑着给那四个人一一倒了酒，最后给自己的杯子里也倒上了酒，然后对本杰明说了一句："本杰明中将，这杯一定要敬你，谢谢你的关心，但是我喜欢这样的生活。"

本杰明没有端起杯子，她看着斯蒂芬妮，表情十分复杂，"有些事情只有在你老的时候才知道做错了，才会后悔。"然后本杰明才举起了酒

二战浪漫曲

杯和斯蒂芬妮的杯子碰了一下，两人都轻斟了一口。

本杰明对斯蒂芬妮的话就像一个结留在斯蒂芬妮的心里，她觉得这个老头似乎知道她的所有事情，并不时地对她旁敲侧击，似乎想让她收手，难道他知道自己的意图？但是似乎他说的话有都像是在为自己好，因为即使在本杰明说话的时候表情十分复杂，而他眼睛中不禁流露出的慈爱还是被斯蒂芬妮发现了。

斯蒂芬妮有些不客气地说道，"本杰明先生，谢谢您的忠告，但是您把问题想得严重了，我现在是约翰逊的记者，另外我在这里只是借住，我参加一些活动是正常的。"斯蒂芬妮说完就觉得很不可思议，自己为什么要跟一个多管闲事的陌生人解释这么多，自己想怎样活明明就是自己的事情。奇怪的是虽然本杰明说了那么多似乎自己并不是太反感。

到了第二杯酒的时候，斯蒂芬妮又敬了其他几个人。然后这几个人才一起谈论起来。"不知道是哪家报纸，也不知道是从哪里得来的小道消息，说凯菲尔先生已经回到英国，但是隐居起来从此不问世事。"西斯科说道。

"我也听说了，这家报纸我知道，但是他们也只是猜测，似乎没有确凿的证据，不知道是谁走漏了风声，幸好只是一知半解，真是为了钱什么东西都敢说。"约翰逊淡淡地说。

"那么这件事情是怎么发生的？"西斯科问。

"就是一个新来的小记者，好像是在去政府送东西的时候听说的，审核的人也没有注意，于是就把这篇报道写了出来。报纸已经发行了，也没有什么挽救的余地了，我已经和他们的社长研究了，还没发出去的报纸就立即收回来，能收回的就尽量收回，能做的也就只有这些了，"约翰逊说道。

二战中的谍海之花

“我看了那版，幸好只占了一个小版面。您怎么想？”西斯科向本杰明问道。

“哦，也许是我不太参与政治上的事情，我倒没觉得这有什么不好，这恰恰能够诱导那些对凯菲尔有不轨意图的人，让他们知道凯菲尔已经隐居了，也好死了心。”

“嗯，本杰明中将有道理。”沉思片刻，约翰逊接着说：“这样，我们也发一篇，就说凯菲尔现在的确是回来了，但却病得厉害，以至于处于失语状态。”

斯蒂芬妮细心地听着他们的话，每一个字都记在心上。

这时凯菲尔说话了，他说“这个办法不错，实际上我也不想让一些人打扰我，不管是善意的还是恶意的。”

“我有个办法，”西斯科说，“我们可以在一家医院安排个人，化装一下。然后派人把守着，并不公开是哪家医院，如果有人怀疑就让他们自己来找，等他们找到了我们的事情也就办完了。”

“嗯，我同意西斯科的主意。”约翰逊说道，“这样我们就这么安排吧，这件事只有我们几个知道，包括斯蒂芬妮在内，你们都不能走漏一点风声。”斯蒂芬妮看着约翰逊诚恳地点了点头。

“斯蒂芬妮，我经常不在这里，照顾凯菲尔先生的重任就交给你了，之前没有跟你说明，但是我给你足够的信任，知道么？”

看着约翰逊一幅诚恳的样子，斯蒂芬妮心想，难道你不知道，世界上的女人都不能相信，尤其是漂亮的女人就更不能相信了。

这时约翰逊家的女仆走了出来，这姑娘23岁，体态有些肥胖，但做起事来却机灵得很。但她似乎不太喜欢斯蒂芬妮，不知道什么原因。所以就算平时在客厅里也就只有她们两个人的时候，也说不上几句话。

看着这个女仆端来了水果，然后微笑着摆在了约翰逊的面前的时候，斯蒂芬妮终于知道了她为什么不喜欢自己。这也难怪，约翰逊的魅力本来就不是一般人能够抵挡的。

女仆放完了水果转身要走，斯蒂芬妮说了句："格里亚，能不能拜托你帮我把这个苹果削一下，谢谢。"格里亚自然是不愿意的，只当是斯蒂芬妮故意刁难她，但是碍于约翰逊也在场，所以她只好拿起了小刀削起了苹果。

"哦对，我想到了一点，我觉得你们的安排有一点疏忽。"说到这约翰逊和其他两个人都一同看着斯蒂芬妮。斯蒂芬妮继续说："虽然事情看上去已经天衣无缝了，你们把一个人化装成凯菲尔先生送到医院，这很好，在这里的凯菲尔先生是不是也要注意一下安全，或者说把这里的凯菲尔先生化装成别人，这样就真的是万无一失了。"斯蒂芬妮提的建议看起来是经过深思熟虑的，但是实际上对于他们的隐秘活动却没有什么价值。

"斯蒂芬妮，你是要凯菲尔先生经过化装么？"约翰逊被斯蒂芬妮逗笑了。"这真不像你这么聪明的头脑想出来的事情。"凯菲尔和西斯科也看着斯蒂芬妮在一旁笑着，斯蒂芬妮摊了摊手。这时格里亚已经削好了苹果递了过来，斯蒂芬妮接过苹果，然后格里亚准备向外走。

"等等，格里亚。"约翰逊叫住了女仆，他向其他三个人说道："今天我们就到这里好了，出去的时候一定要小心，哦对，本杰明先生明天没有什么事情，就先住下来，明天一早坐我的车回去。"他回头又向女仆说道："格里亚，你来收拾一下这些杯子。"

本杰明看了看约翰逊，对他说："谢谢你，约翰逊先生，这样请让我睡客厅的沙发，我喜欢这里，很凉快。"约翰逊答应了本杰明。

月亮被乌云遮住了一半脸，而斯蒂芬妮再也没有闲情雅致去仔细的观察这伦敦的月亮有没有黑子了，她不想抬起头看那月亮，这个时候她只希望没有月亮还好，那一半的月亮就像是躲在背后偷窥的人，无论她走到那里，月亮的眼睛都会跟着她，向下看，仿佛要把她的一切看穿。

身边的约翰逊已经躺在她的身边睡熟了，他英俊的脸庞在月光下映照的那么清晰，而斯蒂芬妮睡不着，今天的月亮特别讨厌，虽然不是满月，但不知道为什么，它的光照在床上，显得格外的亮，让斯蒂芬妮根本无法闭上眼睛安心睡去。

她的手伸向了床底下，床下有一双鞋，她从鞋里面拿出了一支注射器，那支注射器正是蒙茨当初打算用来杀害她的东西，虽然事情已经过去有一段时间了，她似乎也快要忘了蒙茨这个人，然而每次看到这东西她心里就泛起了一阵涟漪，是仇恨，还有后悔。她想起了那个女仆，她对自己的敌意始终是一个威胁，不如，就用嫁祸的办法让这个人从这里被清除出去吧。

将这个注射器拿好，斯蒂芬妮站起身，她走到了客厅，看着女仆的房间的们紧紧地关着，既然不能进去，那么还是将她放在女仆经常活动的地方好了，斯蒂芬妮首先想到了厨房。

"斯蒂芬妮"，一个声音从沙发处传了过来，斯蒂芬妮吓了一身冷汗，她突然想到，这时本杰明正在客厅的沙发上睡觉。并且这个人早就怀疑自己了，这个时候他醒来分明就是给自己抓了个现形。或者说，他分明就是没有睡而是在守株待兔罢了。

压住了惊恐，斯蒂芬妮努力平息自己，"本杰明中将，您还没睡？我还怕把您吵醒呢？"

本杰明起身来到了斯蒂芬妮面前，借着月光斯蒂芬妮看到了他额头上和脸上深深的皱纹。"斯蒂芬妮，你这是要干什么？"

"我当然是要去洗手间，本杰明先生，抱歉，打扰您睡觉了。"

"我根本就没有睡，知道么，我只是在这里等着你呢。"

"等着我？呵呵，本杰明先生，您真爱开玩笑。"

压低了声音，本杰明说："我知道你想干什么，孩子，还记得我跟你说了什么吗？"

斯蒂芬妮知道，这个老头又要来管自己的闲事了。按照正常的思维，如果自己暴露，那么一定要将这个人杀了才行，只要她手里的那个注射器还在手中，她就可以置眼前的这码事的老头于死地。但是不知道为什么，当她将注射器握紧的时候，看到了满鬓白发的老人竟然下不了手了，甚至心里传来一阵难受。她的手竟然抖了一下。

"你手里拿的是什么！"本杰明的眉头皱了起来。原本已经心灵麻木的斯蒂芬妮竟然被本杰明震慑到。斯蒂芬妮没有动，看着本杰明的眼睛，那里面分明是一种无法抵抗的威严，斯蒂芬妮感觉自己的手腕一阵疼痛，那是本杰明将自己的手腕抓住了，用力地捏着，仿佛就要将自己细小的手腕捏碎了一样。

手上的那支注射器就这样明晃晃地摊在两个人的面前，斯蒂芬妮没有力气挣脱本杰明，只好睁着眼睛愤怒地看着他。"还想狡辩么？证据就在这里。"他低吼着，两只眼睛流露出的不知是愤怒，还有悲伤。"说，你是怎么沦落到这个下场的？"

"拜托你可不可以放松点，我的手快要碎了。"斯蒂芬妮生气地说，手腕上传来的疼痛让她的声音显得颤抖。

听到斯蒂芬妮这么说，本杰明终于放松了自己的手。"告诉我你要干什么？我警告你，千万不要试图去动凯菲尔先生。"

“我只是为了救自己，本杰明先生，我劝您最好不要插手这件事。”斯蒂芬妮被逼无奈，只好说出实情，不知道为什么，尽管本杰明这样对她，她还是很难将本杰明当成自己的敌人，或许是因为他只是一个军官吧，而这次的活动似乎跟他没有关系，凯菲尔不过就是他的一个至交罢了。

“发生了什么事，一定要你去杀人？你会有生命危险？”斯蒂芬妮分明能够感到本杰明的眼中满是担忧，这不是能装出来的，再说那也不符合一个将军的身份，为了一个并无交情的女子佯装什么。斯蒂芬妮有些不理解，一直以来似乎本杰明对自己的警告似乎都是善意的，就算他是德国间谍，也不会对她关心到这种程度。

“我会死，这样够了吧。”斯蒂芬妮无意识地升高了音调。而本杰明听到了这句话，立刻僵住，一边看着斯蒂芬妮一边慢慢松开了握紧斯蒂芬妮的手。

“谁呀？有人在外面？”房间里传来了女仆格里亚的声音，她打着哈欠向外走。

突然一下就被本杰明拽到了墙角，斯蒂芬妮刚要说话，就被本杰明阻止了。只见女仆穿着一身睡衣，眼睛半睁半闭地从房间走出来。一边嘟囔着：“难道又是在做梦？”一边打着哈欠，“困死了！”

斯蒂芬妮见格里亚的门还开着，而格里亚则是向洗手间走去，她想，既然本杰明没有在这个时候揭穿她，甚至还帮助她不想让她暴露，那么就不是敌人，所以就算她作了什么事情，本杰明似乎也不会说出来。

本杰明发现斯蒂芬妮似乎想要挣脱他，于是就问：“你想干什么？杀她？”斯蒂芬妮说道：“差不多，但不会让她那么快就死。”然后留下了不知所措的本杰明在那个角落里。

还好，本杰明并没有追上来阻挡斯蒂芬妮的行动，这让斯蒂芬妮坚信，本杰明绝对是站在自己这一边的。她轻轻走进格里亚的房间，躲过那半个月亮发出的光，斯蒂芬妮走到了格里亚的小衣柜旁边，轻轻地打开了柜门，里面的衣服凌乱地散落着，斯蒂芬妮将这个注射器放在了一叠衣服的下面。

回到自己的房间，听到了约翰逊均匀的呼吸声，斯蒂芬妮安定下来，这才躺在了约翰逊的身旁。但是她却不禁回忆着刚才发生的事情，不是偷偷闯入女仆房间时的紧张，而是本杰明跟他说过的话。她难以猜测为什么本杰明会那样说，有那样的帮助她，她搜空了脑袋里的一切理由去揣想本杰明到底是什么人，那种近乎慈爱的眼神，还有他拉着自己时的感觉，分明就是一个长者对一个晚辈的关心。

也许是太累了，就这样想着，斯蒂芬妮就睡着了。

照常的早起，刷牙，洗脸，吃饭。但是今天却是不大一样，不光是因为斯蒂芬妮有些疲惫，看着在那里默默用餐的本杰明，斯蒂芬妮不知道自己是什么心情。

本杰明坐在凯菲尔的身边，而斯蒂芬妮就坐在开菲尔的对面，也就是和本杰明形成了一个对角线的关系。餐桌上只有约翰逊看起来精神抖擞，而其他人似乎在昨天夜里都没有睡好。而凯菲尔似乎也在为自己的安全或者是安庆的生活担忧吧，斯蒂芬妮和本杰明及不可得知。

看了一眼斯蒂芬妮，那眼神似乎有千言万语，担当约翰逊抬头的时候，他有马上收了回去。斯蒂芬妮明白本杰明为什么这么看她，应该就是想阻止自己继续下去，但是她不会听的，事情已经开始，恐怕已经很难收手了。

因为没说几句话，早餐很快就用完了。因为那一天是周六，正好是斯蒂芬妮休息，本杰明在房间里告别了凯菲尔，有约翰逊的司机载着他走了。临走的时候还回头看了斯蒂芬妮一眼。

对于这个人，斯蒂芬妮心中所产生的奇怪感觉一直没有办法消退。在本杰明走后，她借与约翰逊独处的机会了解了一下本杰明和凯菲尔，但是约翰逊似乎并不是非常愿意谈及这几个人的详情，而斯蒂芬妮也不能超出"好奇"的界限。这次对话没能让她得到什么，反而加强了她的好奇心。

在与众人公开见过面之后，斯蒂芬妮已经不必再对凯菲尔表现得如何隐晦了。凯菲尔也似乎很放心这个年轻姑娘，在她面前行动变得大方起来，只是仍然很多时间都待在楼上。这使得斯蒂芬妮有更多机会直接与他接触。

在第二天下午，她与凯菲尔闲聊的过程中假装无意地对他问道："凯菲尔先生，我对你也十分钦佩，只是我不明白为什么您明明可以安心呆在美国，却一心想要冒着麻烦和危险回到英国？"

"我本来就是英国人，没有什么理由，我至死都不会改变我对自己国家的忠诚！"凯菲尔的双眼闪着光芒，脸上是庄严、是光荣还有坚毅。

要说真正的爱国人士，凯菲尔是当之无愧的，不管他是不是敌人，斯蒂芬妮对他的钦佩是真的，从他的眼神表现出来的热情，不是能够演出来的，那是发自内心的就快要迸发出来的炽热。这样的人，不使用极端的手段是很难使他背叛自己的国家的，或者说，就算使出了极端的手段也未必管用。

只是斯蒂芬妮十分为凯菲尔惋惜，这样崇高的一个人，自己真不忍心对他下手作出杀害之事，所以，她更加确认，自己所能选择的，就只有获取情报这一个办法了。

一边喝着酒，一边在这个房间走着。房间不大，但是却很整齐，里面的东西不多，斯蒂芬妮注意到桌子上有很多关于经济的书，桌子上有一叠纸，可以看见一排排的字迹，斯蒂芬妮瞥了一眼，但很快将目光收回，"看来凯菲尔先生真的很喜欢安静。这里的环境很好。"

　　一边和斯蒂芬妮说话，一边走到大大的落地窗前，他端着酒杯，闭上眼睛，感受着下午阳光的柔和。

　　这时正在桌子面前的斯蒂芬妮正瞟着纸上的内容，但是，碍于字写得有些草，斯蒂芬妮只看清了一句话。

　　就在这时，凯菲尔回过头，斯蒂芬妮立即将目光转移回来。但是似乎有些晚，凯菲尔走上来说："呵呵，随便写的，字有些难看。"

　　装作没有看那些内容，斯蒂芬妮笑着说："没想到凯菲尔先生在闲暇的时候也写一些东西。"

　　听到斯蒂芬你这样说，凯菲尔歪了歪脑袋，说："哦？斯蒂芬妮小姐喜欢写东西？"

　　"我只是喜欢写一下诗，这样，我写一首送您吧。"

　　斯蒂芬妮从那叠纸中抽出了一张，然后拿起了钢笔在纸上写着："天空和海洋原本不相接，可是他们却有着一样的颜色，一个广阔无垠，另一个深邃无底。谁又能知道，他们也有相连接的一处，在那遥远的远方，他们伸展的四肢终于相牵……"

　　而此时为了不打扰斯蒂芬妮的思路，凯菲尔也在窗前一个人喝着酒。

　　一边写着那首歌颂友谊的诗，一边瞟着那纸张上的字。斯蒂芬妮从小在母亲的教育下就背诵了很多诗歌，不但让她做起诗来游刃有余，而且也使她的智力得到开发，她的记忆力惊人的好。当初蒙茨发现她具备做间谍的潜质，所以才有今天的女间谍斯蒂芬妮。

这时，斯蒂芬妮看到了桌上的墨水瓶，她将墨水瓶打了开，去给钢笔吸水。然后手腕故意在拔出笔的时候抖了一下。凯菲尔只听斯蒂芬妮叫了一声，他回头一看，原来自己的稿纸上和桌子上都洒上了墨水。

"抱歉，凯菲尔先生，我不是故意的。"斯蒂芬妮一边拿着沾了墨水的纸去擦桌子上的墨滴，一边顺手将纸扔进了垃圾桶。凯菲尔站在那，想要到前面将那几张纸拿过来，哪成想斯蒂芬妮的动作太快了。那是他拟定计划的初稿，就这样被"不知情"的斯蒂芬妮扔掉了。凯菲尔顿时就像是哑巴吃黄连，有苦说不出。他只好认了，想等斯蒂芬妮离开他再从那肮脏的垃圾桶里取出来。

就在这时，斯蒂芬妮说了句："好大的味道，墨水的味道好难闻。"斯蒂芬妮一边捂着鼻子一边说："格里亚，快把垃圾倒了。"凯菲尔一听说要把垃圾倒了，立即阻止道："不不，格里亚，你把它放在门口吧。"

格里亚还算是机灵，对于主人的事情她只有听从，从来不会过问什么多余的话。而此时，斯蒂芬妮已经把纸上的内容记得差不多了，那首诗也重新誊写完毕。凯菲尔没有责怪"不知情"的斯蒂芬妮，而是走过来欣赏着斯蒂芬妮的即兴创作，并赞不绝口。这让斯蒂芬妮脸上多少有些发烧。

回到自己的房间，斯蒂芬妮写了一张纸条，上面是她在这些天获得的情报。然后把纸条揣在怀里，装作外出购物的样子向凯菲尔告辞出了门。

坐上了一辆公共汽车，斯蒂芬妮来到了那家女性用品商店，她环顾了四周，发现了上次接头的那个女孩子。女孩也看见了她，立刻迎了上来。

"小姐，请问您需要什么？"

"我需要一管口红。"斯蒂芬妮回答。

"这样，我们这里有很多款，我来帮你拿。"那女孩拿了几管口红交给了斯蒂芬妮。

"这款我不喜欢，"斯蒂芬妮从右手拿出了一张纸条放在了口红的下面一起递给她的女孩。女孩迅速接过了口红，将纸条塞进了口袋里，而口红就落到了商品的货架上。

几天之后，斯蒂芬妮在办公室里发现约翰逊直到中午也没有从办公室出来，这不像他的性格，就算他没什么事，也会出来走走，或者借由工作的原因到她的办公室走走。按照推断，一定是有什么棘手的事需要处理。或者说是跟凯菲尔有关。

想了想，斯蒂芬妮决定自己到约翰逊那去探探虚实。

敲了门，过了半分钟里面才传出约翰逊的声音，"请进!"

斯蒂芬妮发现，两天没见的约翰逊看起来无精打采，头发也没有原来光滑整齐，显得非常的颓唐。关上了门，斯蒂芬妮走到约翰逊的身边："发生了什么事，亲爱的?"

"没什么，遇到点麻烦，但我相信很快就能解决。"约翰逊摇了摇头，对斯蒂芬妮说道。斯蒂芬妮感到约翰逊今天的目光有些呆滞，以至于盯着自己达到 1 分钟左右。

"好，我相信事情会变好的。"斯蒂芬妮发现约翰逊并不像往常一样对她知无不言、言无不尽了。

"希望是这样。"约翰逊的嘴角微微上扬了一下。

"需要水么? 我倒给你。"斯蒂芬妮问道。

"不，这些事让秘书做就行了。不过……亲爱的，我想最近你可能会有些麻烦了。"

斯蒂芬妮的心猛烈地跳动了一下，她觉得她可能在执行任务的时候出现了什么差错。但是表面上她还是装作不知道。她做出一副吃惊的样子对约翰逊说："怎么这样问？我的板块哪里出差错了么？"

"不是工作，是家里出了问题。前几天情报部的长官卡尔说他抓获了一个德国的间谍，他的手里握有一部分凯菲尔的信息，但他只供出了一部分，就在审讯的第二天被人杀了。"

二战浪漫曲

斯蒂芬妮的心更加不安了，她的手心全是汗，她担心被抓的是她的同伙"章鱼"，虽然自己对他深恶痛绝，但是他们却是一根绳上的蚂蚱，这是一条战线，漏掉了一环，恐怕就会连累到整条线上的人。"竟然出现了这种事情，真是忽略了。您觉得会是谁干的？"斯蒂芬妮说道。

"对，斯蒂芬妮，你在我们家的时候有没有发现什么可疑的人？"

"没有，我可以肯定!"

"嗯，家里除了凯菲尔就只剩下你和格里亚了。我的朋友也只有本杰明中将和西斯科去过那里。"

"好好的检查一下那所公寓吧，看看能不能找到什么线索。"

"这也是我想做的事情，我怀疑有人在凯菲尔的房间安了窃听器，这还算是小事，但如果凯菲尔知道的全部消息都被他们掌握了，恐怕凯菲尔的生命都会有危险，他们会竭尽所能的去阻止计划的实施。"

约翰逊果然是一个聪明的人，斯蒂芬妮想，这一切他都预料到了。那些真的就是德国情报机关先要做的事情。看来要想对付这么聪明的人，还真要煞费一番心思。事实上，她并不担心约翰逊对家里进行搜查，只是担心如果这个被捕的人是"章鱼"，那么会不会对自己的安全造成什么影响。

她正这样想着，却听到身后约翰逊对自己说道："回去工作吧，让我好好静一下，我来处理，不要想太多，万一情报机关怀疑你，我会为你作证。"

没想到在关键时刻，约翰逊竟然能够说出这样一席话。他说他相信自己，斯蒂芬妮不是天生无情，变成现在这样，实在是跟她不幸的经历有直接关系。她多少是有些感动的，但是感动也只能是感动，在事实没有查清楚之前，她还是一名德国间谍。她必须让这种不理智的情感触动转瞬即逝，不影响下面的工作。

一下班，约翰逊就载着斯蒂芬妮奔赴到斯蒂芬妮住的别墅，进了门，斯蒂芬妮就看见有三个人坐在沙发上，格里亚为他们准备了水果和香烟，但是没有人动。约翰逊马上走上前去，一幅紧张又急迫的样子。"你们来这里没有人跟踪吧？"打过招呼之后，约翰逊问其中一个高个子的人。

"当然没有"，高个子的人回答。

"嗯，那就好，时间紧迫，还请你们立即行动。"

那三个人没有什么表示，开始分头走向客厅、厨房、洗手间。斯蒂芬妮这才知道，约翰逊果然是邀了人对他们的住处进行搜查。

斯蒂芬妮坐在沙发上，将一块块水果放进自己的口中，看起来十分悠闲。约翰逊坐在沙发上吸着烟，而格里亚也端着个空的水果盘站在那里随时待命。凯菲尔没有下楼。

这时有人进了斯蒂芬妮的房间，而另一个则是进了格里亚的房间。半个小时以后，进入斯蒂芬房间的人出来了，斯蒂芬妮看着她，露出了纯洁的笑容，因为斯蒂芬妮早有准备，就连买来的口红和内衣她都撕去商标。那个人看了看约翰逊，摇了摇头。

又过了几分钟，格里亚房间里的那个人也出来了。就是那个高个儿，他的神情有些紧张，急匆匆地想约翰逊走来。

斯蒂芬妮已经料到了这个高个儿搜到了什么，但是她的心还是平静如水，没有高兴也没有不高兴。

从手中拿出了一支注射器，高个儿对约翰逊说："这个，是在那屋子的衣柜里搜出来的。"

约翰逊看着这小小的注射器，脸上写满了惊讶。

这时，第三个人从阁楼上下来了，他冲着约翰逊摇了摇头，那意思是什么都没搜到。约翰逊的注意力从注射器的上面移了过来："都查遍了么？桌子底下、床底下、墙上？"

"查的时候用了工具，但是什么都没发现。"

"嗯"。约翰逊凝着眉沉思着，斯蒂芬妮看得出来，事情的确出乎他的意料了。但不是约翰逊太笨，而是这一切都是有人在操控。

将视线转移回来，约翰逊又看了看那个注射器，问："刚才说这东西在谁的房间？"

高个儿回答说："在靠近厨房的那个房间。"这时格里亚已经紧张得腿在抖了，她看着约翰逊，约翰逊正在用那双眼睛盯着他，"不不，约翰逊先生，这不是我的！"格里亚挥动着双手语无伦次地说："请您相信我，我不知道那是什么东西。"

"可是这确实是在你房间找到的。"约翰逊看着格里亚。

这时格里亚像是忽然想起了什么，她盯着斯蒂芬妮，眼睛里露出恶狠狠的光芒。"你看斯蒂芬妮做什么？难道还是他给你放进去的不成。"说来好笑，的确是斯蒂芬妮放进去的，可约翰逊是不会相信的。

听到约翰逊这么说，格里亚知道，在约翰逊的面前跟斯蒂芬妮斗，她永远都不会赢。

"这个我不知道，约翰逊先生，请您一定要查明，我跟着您已经这么长时间了，您怎么不相信我呢？"

任凭格里亚怎么说，"事实"就摆在眼前。约翰逊似乎有些于心不忍，他换了一种口气问那个高个儿："能不能不用你们那一套审讯的方式？从以前还没有这栋房子的时候她就跟着我，从没出过错，可能是冤枉的。"斯蒂芬妮也走过来说，以非常诚恳的态度说道："是呀，毕竟只是一个小女孩，我也不相信她会做出这样的事情来，请你们一定对她手下留情。"

看着两个人都为她求情，高个儿却不为所动，他说："约翰逊先生，小姐，我只能尽力，但是事情并不是我能决定的。这样，我们回去了，再见。"

这时那两个人也将格里亚抓住，格里亚哭喊着挣扎，但还是被拖走了。斯蒂芬妮发现他们似乎不是在向外走，而是由约翰逊带着向阁楼走去。斯蒂芬妮也跟了过去，到了阁楼，凯菲尔不知去了哪里。只见约翰逊走到了凯菲尔的衣柜面前，顺时针转动了一下把手，那衣柜竟然动了起来，脱离了墙面，竟出现了一道门。没想到在高高的阁楼上竟然有这样的机关。

高个儿带着那个女孩走进门去，他们的背影一点点的降低，看得出来那是一个像烟囱一样的通道，一直通到地下，通道里修了台阶，人可以从阶梯走到下面去。原来约翰逊早就有准备，一旦出现什么事情，凯菲尔可以从这里逃生。

隧道里仍旧响着格里亚的哭喊声，约翰逊又逆时针转了一下衣柜的把手，衣柜就回到了原来的位置。斯蒂芬妮的心随着柜子合拢的响声跳了一下。她知道，如果当时不是自己的决定下得足够及时，那么今天消失在里面的人肯定会变成自己。至于那之后的遭遇，她连想都不愿意想。

为了保险起见，斯蒂芬妮晚些时候再次来到百货商店，让她失望又有些安心的是，这次被抓住的人其实只是"章鱼"的一个手下而已。"章鱼"告诉她最近风声太紧，要小心行事，这正遂了斯蒂芬妮的心愿。她确实太需要一点时间来平静此时的心情了。

但是事情不遂人愿，第二天，另一个人却找上了门来。而且是斯蒂芬妮最不愿意见到的那一位——本杰明中将。他通过约翰逊邀请斯蒂芬妮单独见面。斯蒂芬妮因为有把柄攥在他的手中不好予以拒绝，只得前去赴会。

本杰明中将给她的感觉很奇怪，既严厉又亲切，还体现出一种对自己不应有的特殊维护之意。在这次交谈中，这种复杂而奇妙的情愫表现得更加明显。斯蒂芬妮明显感到他知道很多事情，且对自己深深隐瞒着。但是无论她怎样追问，本杰明也不肯直接给予她答复，反而告诉她，如果愿意的话，自己可以帮助她离开这个让她身不由己的地方。因为不知道对方的用意，她出于警惕，还是委婉地拒绝了中将。但是她没想到，这已经是她最后一次见到这个人了。

数天之后，斯蒂芬妮从约翰逊的口中得知了一个惊人的消息：本杰明突然中将去世了。而更让斯蒂芬娜感到不可思议的是，中将居然为她留了一封信和一本日记。当看到这封信之后，斯蒂芬娜顿时瘫软到了地上，之前他对自己奇怪的态度和关照一下子就有了解释：原来，本杰明中将就是她的亲生父亲，他在与斯蒂芬娜第一次见面之后就从那枚戒指和她的年龄上猜出了她的身份，只是之后一直没有机会彼此相认。谁知这层关系最终披露出来的时候，父女二人已经是天人永隔了。

痛苦不已的斯蒂芬娜没有失去理智，她知道，这件事情背后一定有着阴谋的存在，前几天刚刚见过面的人突然逝世，唯一的可能就是阴谋。

二战浪漫曲

她立下了誓愿，一定要为父亲报仇。

在房间里面已经是两天了，斯蒂芬妮几乎没吃什么东西，约翰逊从来没有见过这样的斯蒂芬妮，但是出于公务的繁忙，约翰逊没有什么时间来照顾斯蒂芬妮，悲伤的斯蒂芬妮觉得自己一定要查出凶手是谁。她不分昼夜地看完了父亲留给她的日记，发现里面有一页写到："他们似乎发现了我，但是却不知道为了女儿我是不可能将真相说出来的。"他们指的应该就是德国人，也就是斯蒂芬妮所在的间谍组织。

为了查清父亲死去的真相，斯蒂芬妮假意继续接受"章鱼"的委托，但这一次的任务非比寻常，德国人要求她干掉凯菲尔。斯蒂芬妮选择了接受，她冷静地策划了一个计划：先利用约翰逊和凯菲尔对自己的信任，通过吹枕头风的方式使约翰逊相信在这所住宅附近已经出现了形迹可疑的人，并劝说他将凯菲尔先生转移到安全的地方。但当约翰逊因此开始准备转移行动的第二天晚上，斯蒂芬妮却用一瓶毒剂杀死了熟睡中的凯菲尔。几个小时以后，她才假装惊恐地电告了约翰逊凯菲尔的死讯。如此一来，"凶手"就顺理成章地变成了被她在约翰逊印象中制造出来的"可疑分子"。之后，她就借口害怕，搬出了这所房子住到一家旅馆当中去了。

但是，这一次情况与以往不同。凯菲尔的身份十分特殊，他的死干系重大。约翰逊被英国警方控制了，经过调查之后，得知了在这里居住的还有斯蒂芬妮，尽管约翰逊一再为斯蒂芬娜开脱。但是警方并不管这些说法，很快她就被找到，并被押走进行审讯。斯蒂芬娜却并没有表现得十分紧张，在她看来，应付这些警察并没有什么难度。然而，事情再次超出了她的想象，她被送往的地方并不是普通的警局，而是英国情报局的审讯机构。

一切都没有用了，作为间谍只能算是业余人士的斯蒂芬妮在这里很快就被识破了身份和行动。英国方面并没有马上宣判她的罪行，却给了她一个机会，那就是转换身份，以双重间谍的方式为盟军情报系统服务。这让斯蒂芬妮见到了一丝生机，同时她也想到，如果能够通过这两套关系，查知父亲死因也就能变得更加容易一些了。因此，斯蒂芬妮最终选择了接受这个任命。一位名叫柯尔克拉夫的情报人员从此成为了她的新上级，也成为了她未来多年的搭档。

经过了一番化妆和重新整理衣衫之后，斯蒂芬妮被带回了牢房，一场已经被英国方面预先知道的劫狱在夜晚展开，斯蒂芬妮被人救走之后重新与"章鱼"取得了联系，让对方确认自己没有被英国人所控制。继而，她就正式开始以双重间谍的身份开始了她的活动。柯尔克拉夫交给她的第一个任务，就是除掉德国特务组织当中一个名叫"银钩"的高级干部，带着这个使命，斯蒂芬妮积极等待着德国方面委派她新的任务，以便得到进入内部与目标接触的机会。没过多久，她等待的机会就到来了。

深巷，上午 10：30 分，斯蒂芬妮和"章鱼"准时接头。

因为斯蒂芬妮除掉了凯菲尔，德国方面在内部已经对她提升了职位。斯蒂芬妮见到"章鱼"之后不想跟他多说废话，巴不得他马上从自己的眼前消失，于是斯蒂芬妮直截了当地说："'章鱼'先生，请您陪同我见下我们的上级，我有情报汇报给他。"

"章鱼"没有作声，只是用他那双阴沉如无底洞般的眼睛看着斯蒂芬妮，用一种审视的神态。

斯蒂芬妮毫无畏惧，她厉声道："如果你耽误了时间，坏了他的大事，请原谅我只能跟他讲明实情。"

二战浪漫曲

"章鱼"尽管阴险，但是谁都看得出来他对德国间谍组织是没有二心的。所以为了不延误时间，"章鱼"只能按照斯蒂芬妮的意思去见一见他们的上级加布里埃尔，更何况，斯蒂芬妮现在的情况已经是自己的平级了，他有资格要求见自己的顶头上司。

　　实际上，当他的上司加布里埃尔知道斯蒂芬妮是一个美女间谍的时候，这个有些好色的老头早就想见一见斯蒂芬妮了，只是"章鱼"怕到了最后斯蒂芬妮的实力超过了自己，所以一直在加布里埃尔的耳边吹风，说这个女人是红颜祸水，一定要多对她提防才是，没想到那个老头居然怒斥道："一个女人而已，还能对我怎么样！""章鱼"再也没话说了，可是不巧的时，正当加布里埃尔想见斯蒂芬妮的时候，斯蒂芬妮却因为杀了凯菲尔被英国间谍组织抓了去。所以这件事一直搁浅到现在。

　　"章鱼"最终还是带着斯蒂芬妮去见他的上司了，跟在"章鱼"的后面，斯蒂芬妮第一次觉得他也不过就是一个普通的特工，他也有上级，要听从于上级的命令，他没有想象中那么可怕，只不过是自己心里的不安和恐惧在作祟，将他强大化了。那么相信要不了多久，眼前的这个人就会被自己所牵制。

　　到了一间小旅馆，终于见到了"章鱼"的上司，那是一个50多岁的老头，头发可能因为操劳而变得花白，蓝色的眼睛中流露处邪魅的光芒。见到斯蒂芬妮后这光芒忽地扩散开来，变得兴奋。

　　"你就是斯蒂芬妮？太好了，太好了，快坐下，快坐下。"斯蒂芬妮见到这个老头的神情，知道事情十有八九是会成功了。

　　那老头给她倒水，让"章鱼"可以出去了。就连倒水的时候眼神都在斯蒂芬妮俊美的脸上游走。斯蒂芬妮迎上他的目光微微一笑："加布里埃尔先生，我早就想见见您了。"

听到斯蒂芬妮这么说，加布里埃尔也十分高兴，他托起斯蒂芬妮的右手，在她的手背上轻轻吻了一下，斯蒂芬妮顿时感到他的胡须扎到了自己的皮肤，顿时产生了一种很恶心的感觉。她急忙岔开话题，美人计也要适可而止。"对了，尊敬的长官，我来是想把一份重要的信息提供给你。"

"是什么?"加布里埃尔还是没有认真起来，他想了一下，然后突然想起了什么，说道："对了，差点忘了正事，你落在英国人的手里，有没有受什么伤? "月牙"呢? 噢，我是说我们派去救你的那个人呢?"

果然不出斯蒂芬妮所料，那个守卫果然是有用的，看加布里埃尔紧张的样子，看来还不止只有一点用处。斯蒂芬妮为自己的决定暗自高兴。她的面部表情一下子转为悲伤，她的那珍珠大的眼泪片刻流了下来，"对不起，尊敬的上级，我没能保全他，他在掩护我逃跑的时候，心脏的部位中了两枪，存活下来的几率很小。"

听斯蒂芬妮这么说，加布里埃尔稍微放松了一下，"你确定他真的是在心脏的部位受了两枪么?"斯蒂芬妮点头。"看来是活不成了，那就好，那就好。"发现斯蒂芬妮正在用诧异的眼光看着他，于是他说："噢，是这样，他掌握不少我们的机密，如果活着被英国人擒住，那才是最危险的。哦，当然，他的死我也是相当的悲痛啊!"斯蒂芬妮心里对他冠冕堂皇的话嗤之以鼻，这个老头的思维很是活跃，一转眼他又转过来问斯蒂芬妮："那么小姐，你是不是受伤了，让我来瞧瞧。"

"不必了"，斯蒂芬妮推脱，因为没有把握克拉丽莎给她化的装到现在还完好无损。可谁知这个老头竟然趁机占起了便宜，拼命地拉斯蒂芬妮上衣的袖子，说他只看看胳膊处的伤。斯蒂芬妮借机喊了一声，说是碰到伤口了。

那老头立即松开了手，斯蒂芬妮想，刚刚触碰到胳膊的时候果然感到还有一些残留的糖浆，怕引起这老头的怀疑，于是索性对他说："我的伤都在后背，手臂上没有受什么伤，昨天涂了些药，应该快好了。"于是把自己的外衣袖子挽了起来，自己一看，大吃一惊。

加布里埃尔差点没跳起来，他捧着自己的心脏来到斯蒂芬妮的面前，心疼地说："这么美的小姐，怎么被那群恶魔折磨成这个样子。"

看着干掉的大块糖浆面目狰狞地伏在斯蒂芬妮的手臂上，斯蒂芬妮的心里一阵暗笑，同时她也对克拉丽莎的化装技术佩服得五体投地。怕老练的加布里埃尔察觉出什么来，斯蒂芬妮迅速放下自己的衣袖，然后说："我说要您不要看的，现在我原本的美丽形象全毁在您的面前了。"

"没关系，没关系，您总是最美的。"

斯蒂芬妮接下来她说："对了，您说的"月牙"掌握我们什么机密，会比'银钩'更重要吗？"

"他虽然不能和'银钩'相比，但是却知道我们很多重要的机密"加布里埃尔想了想，然后问斯蒂芬妮，"小姐，您是怎么知道'银钩'的？"

"我来见你就是有关于'银钩'的重要消息汇报给您，我在英国的监狱里接受审讯的时候，无意中听到了他们的对话，说'银钩'已经将我们内部的成员名单供了出来，他为了使我们的信任，前几次提供给我们有用的情报，但是接下来，他将作为英国人一个强有力的进攻武器。"

斯蒂芬妮接着说："有一天，'银钩'在与英国人秘密接头，把指环落在了英国间谍总部旁边，就是这个。我冒着被你怀疑的危险说这个只不过就是希望在以后对他的消息不要过于信任，你也可以不相信我，但是证据就在这里，请您辨认一下，我的任务也完成了。"

加布里埃尔立即上前走近斯蒂芬妮说："我怎么会不相信小姐呢？只是这指环暂时还说明不了什么，我们这边也没有什么状况出现，我的人都对我十分忠诚，在我们节节胜利的时刻做出背叛我的举动真的不是一项聪明的决定。"

斯蒂芬妮也知道，要想让一个组织的头子怀疑"银钩"那样的得力干将，紧紧凭靠一枚小小的指环不是一件容易的事情，更何况他要对付的是加布里埃尔这种老谋深算的人物，所以她再没有多说些什么，向加布里埃尔说了再见之后就离开了他的小楼。

看得出斯蒂芬妮被英国人伤得不轻，于是加布里埃尔还特意在斯蒂芬妮走出去的时候追上来说，放斯蒂芬妮几天假，好好养伤，但是这个假期里面，应该随传随到，也就是不许她走远。见他一幅垂涎三尺的样子，斯蒂芬妮就知道，他一定是想让她陪同他参加什么聚会之类的。

此时的斯蒂芬妮，经历了各种千奇百怪的事情，从上流社会到监狱，从失败的爱情到失去至亲，什么她没有经历过，她早已不是当初那个初出茅庐的女孩子了，当年因为她的单纯还上了蒙茨的贼船，现在的她已经将自己历练成了女妖精，遇到她的男人都甘愿对她俯首称臣，拜倒在她的石榴裙下。

在接下来的几天里，英国方面为斯蒂芬妮提供了从被俘的德国特工手中获得的名单，她用这份名单进一步赢得了加布里埃尔的信任。他越来越欣赏这位杰出的新下属的能力。这也为她加速打入德国情报系统高层奠定了基础。同一时期，英国方面也着手开始为她进行强化训练，增强她的心理素质和特工技能。以期达到满足她完成更重要任务所需要的水平。

苍鹰要想搏击广阔的天空，就得有丰满的羽翼。斯蒂芬妮经过严格的培训之后，她这只苍鹰的羽翼更加丰实，以更强大的力量来打击敌人，使其没有反击的余地。成长起来的斯蒂芬妮在经历过一系列的任务之后，在两方面的职位都不断增长，终于有一天，一项非常重要的工作交到了她的手上。

在被冰雪覆盖的北冰洋上，有一条船只来往极其频繁的海洋运输线。正是通过这条航线，英美两国不停地将战时物资运送到苏联，为苏联在这场保家卫国的战争提供了必备的资源。因此这条航线成为盟军最为重视的航线之一，它就是航行目的地为苏联北部港口的北极航线。

在成功于德国方面确立自己的地位之后，一位名叫布龙菲尔德的英国情报组织成员引斯蒂芬妮来到了一所被完好隐藏在防空掩体之下的造船厂，通过他的介绍，斯蒂芬妮还了解到，经常往返于该航线上的盟国海上工作人员们工作极其艰苦，处境也非常危险，他们在与北极的恶劣天气作斗争的同时，还要时刻注意海面上漂浮的冰块。而德国的潜水艇、战舰、岸基轰炸机，不知道什么时候，会从哪里冒出来，在英国舰队措手不及的情况下，骤然发动一次袭击，因此，海员们每次出航都要时刻提高警惕提防着。

由于这条航路上行驶的船只非常少，盟军运输队的目标十分明显，尽管最近加强了运输火力，但是德国行踪难测的潜艇部队仍然是运输队的心腹大患。根据布龙菲尔德的描述，德国目前正在试验一系列新型舰艇，这对于盟军方面的航路保障是很大的威胁，因此他交给斯蒂芬妮的任务就是设法从德国方面获得这些战舰的相关资料和它们的部署情况。如果有可能，最好能够将设计者和相关的制造者除掉。比起之前所执行的针对个人的暗杀，这可是一个非常具有挑战性和难度的任务。不过对于此时已经成为一名资深间谍的斯蒂芬妮来说，已经没有什么是不可能的了。

白皑皑的挪威机场上，停着许多德国的侦察机和远程巡逻轰炸机，他们都在整装待发。那些侦察机，瞪着警觉敏锐的眼睛，准备窥视着北冰洋上所有关于英国的一切动向；那些轰炸机，就等待着这些"眼睛"发现可以攻击的目标后，寻找可乘之机，致以他们毁灭性的攻击。

在挪威的北部，有座美丽的历史名城。冰川的移动和海水的浸泡，使得 U 型河谷出现很多峡湾。这座美丽古老的城市不仅被群山和群岛环抱，也被峡湾环绕着。这里的人们如大自然赋予的这座城市一样，拥有着直爽的性格，豪迈而又奔放。

然而，连年战火的肆虐和蹂躏，早已经把她变得面目全非，失去了往日清秀的容颜，那咆哮的狂风怒吼着，似乎是对这残酷战争发泄着心中的不满。

自从德国空军将指挥部设在挪威后，被称为"北方巴黎"的这座小城，就变得烦躁不安起来，那些大大小小的酒吧里充斥着的浑浊的空气，透过精致的一间间木屋的缝隙拥挤出来，再凝结成团，从酒吧的门缝中逃到了大自然里，散发到空气中，使整个小城的上空也流动着污浊的空气，那湛蓝的天空，似乎也被熏染得昏昏沉沉。

街边繁茂的果林，那葱郁的浓荫，让人们感觉到有些阴郁，那些不知名的花草在风中摇摆着身躯，好像要从这片泥土里抽出根须，逃离而去。

这座被称为"北极之门"的小城，已经成为德国海军的驻地。许多战舰、战列舰都隐藏在峡湾里，随时待命。一些气象调查人员被暗中调往荒无人烟的小型岛屿和峡湾，目的是可以随时随地观察北极的气象状况。

北大西洋的暖流给了这座小城以特殊的关照，使她冬季也不封冻，因此那艘隐藏在峡湾的德国战列舰，便把这里作为温暖的"家"，养精蓄锐，蓄势而发。

这艘被命名为"纳斯比尼"号的硕大战列舰，在波罗的海经过一个较长时间的训练后，它已经加装完所需的给品，它所有的装补给和弹药的船舱都已经满了。它用来进行冷藏的库房里堆满了新鲜的肉类，食物仓库里全部是白面和蔬菜，储油仓库里也处于满载状态，水箱更是装满了宝贵的淡水资源。除了这些它必须完成的次要任务外，它还有一项最主要任务——必须将弹药舱里装满炮弹。

此时，一辆正在剧烈轰鸣的蒸汽机车后面拖着一排长长的车厢，停在舰艇的侧面，满载着炮弹。舰艇上的起重机正在将沉重的炸弹吊向空中，到达目标地点之后缓缓落下，进入到水面下的弹药仓库。

他们认为这一切都是在悄然进行的，还在抵抗着严寒、冰山和流冰的英国海军对此是一无所知的。然而，在你死我活的武力和智慧的对抗战争中，就连空中飞翔的鸟几乎都是传递情报的工具，几乎在冰山之上都有可能安插着一双昼夜不停监视的"眼睛"，何况这么一艘硕大的战列舰正在预谋着的一次破坏行动，怎么能逃过那些如鹰一般机敏睿智的英国特工呢？他们哪里知道，就在他们的身边，早已经有一双深邃的眼睛，不动声色地将这一切记录到容量如浩瀚太平洋般的大脑里。

在特罗姆瑟的一个小港，一座长长码头伸向大海，一个普通老百姓装束的人，正坐在一个小板凳上，悠闲地钓着鱼。他那顶宽大帽沿的遮阳帽，遮住了他的整张脸。距离钓鱼人不远的地方，德国的士兵和海岸警卫人员正在持枪巡逻，他们时时刻刻都用眼睛观察着大海中是否有变化发生。

钓鱼人坐在那里纹丝不动，他不慌不忙地一遍遍地更换着诱饵，时而钓上来一条鱼，将鱼从鱼钩上摘下来，放入身旁的鱼篓里。天色将晚，北欧的白昼即将结束，他慢悠悠地拿出自己早已准备好的晚餐，伴着余晖，津津有味地咀嚼着。

　　海岸警卫到了换岗的时间，他们面对面站着，互相敬礼，然后一队收起枪，朝驻地走去，另一队则继续巡逻。就在这短短的几分钟内，钓鱼人迅速地从宽大的斗篷里取出高倍夜间望远镜，透过两只大而明亮的"眼睛"仔细观察着，在余辉的照射下，他看到远处的海面上出现了一些线条不太清晰的船影。当巡逻的卫兵走过来的时候，他放下了望远镜，拿起鱼竿，继续钓鱼。巡逻的卫兵刚把后背对准他，他就立刻举起望远镜，继续仔细地观察着。

　　不错，那一大一小的两个黑色轮廓，就是"纳斯比尼"号和"北冰神狼"号，与它们同行的还有十艘战船。于是，他急忙收起鱼竿，收拾好渔具，背上鱼篓，沿着码头大踏步地向岸边走去，通过德国人的岗哨，走上大街，经过一家邮电局，消失在茫茫的夜色之中。

　　几分钟后，一位花白胡须的老人，穿着一套生意人模样的服装，头戴一顶深蓝色的礼帽，步履急促地进入邮局，在电报纸上写下了一截简短的电文，交给了服务台。服务台里面那个金发碧眼的女郎看了看收报地址，是普利茅斯的一家商号。电文是："鱼饵和鱼竿的价格上涨，上涨了至少十个百分点。"

　　那个女郎最后把目光集中到"普利茅斯"那几个字上，她犹豫了一下，便把电文用一个铁夹子固定在了她身后的玻璃镜子上，然后，向镜子里努努嘴，而她的对面门口是两个被派驻到这里的德国警察，正面对着这面镜子观察着里面的一切。

二战浪漫曲

女郎的眼神应该是他们之间早就约定好的暗号。于是，其中一名德国警察走过来，开始对这个老人进行了详细的盘问：

"这家商号是干什么的？"德国警察用怀疑的目光盯着老人问。

"这是一家有名的渔具进口商。"老人尖声尖气地用流利的德语回答着。

"报文上写的是些什么？"警察牟利的眼眸像激光扫描般快速地从上到下扫视了一下这位老人，然后将目光转向那张被固定到镜子上的电报纸，用手指着问道。

"小姐，请把它拿给这位长官查看一下。"老人立刻说。老人说话很快，也很爽快，表现得十分的坦然。他是怕德国警察盘问得更多，延误了发报时间，为了打消警察的疑虑，只有这样做是最恰当的。于是，老人用手指着那张电报纸，对刚才那位金发碧眼的服务员礼貌地说道。

女郎还没等老人的话说完，已经将电报纸从镜子上取下来，递给了德国警察。德国警察将这张电报纸拿在手里，仔细地看了一会儿，并没有看出什么不对的地方，于是，又把电报纸还给那个女郎，说："可以拍发。"

"先生，您是知道的，我们必须得例行公事，现在战事很紧，我们都应该倍加小心。请您谅解。"

这个德国警察的态度变化得如此之快，让这个老人很难揣摩出他到底是出于一种什么样的心理状态。德国警察最初盘问他的时候，语气和目光里显然流露着傲慢，但听到老人那一口流利的德语后，态度便发生了变化。也许，在特罗姆瑟这个地方，他们听惯了挪威人那一口流利的波克默尔语，这种语言从任何一个人的嘴里讲出来都不足为奇，但是像他这身装束的商人竟然能说一口流利的德语，在他看来应该不会是觉得奇怪，而是感到高兴，是一种征服了这片领域的高兴吧。他可能觉得德国人越来越强大了，在这种局势下，竟然也能够和英国有着密切的贸易往来，真是神奇！

然而他哪里知道，这个老人曾经是他们的一名出色的谍报人员，怎么能不会说一口流利的德语呢？而今他来到这个小城，不仅执行着英国情报组织派给他的任务，也同样给德国人带来一份重要的情报。只是他不想全盘托出，更不想这么快就把情报交给德国情报组织，他一定要等到英国海军做了充分的准备之后，再将从他们那里获得的情报透露给德国。

英国普利茅斯的一家电报局里，职员们守在收信机旁边接收着来自各地的电报，一份电报很快就被抄了下来，一个女收报员正准备将这份电报当作一般的电报来处理，旁边一位监督人员发现了电报的收报地址。

"等一等，这份电报交给我来处理吧。"她说完，将电报拿了过来，然后在档案夹里迅速地查找起来。

"喂，海军部专属传递处吗？这里有一份紧急电报需要传送，请立刻派人过来。"那位监督人员放下电话还不到三分钟，一位骑手骑着一辆越野摩托车，飞快地穿过普利茅斯的一条条街道，把这份电报带回了英国海军部传递处，然后直接交到了一位叫卡彭特罗的先生手里。

"喂，卡彭特罗，从挪威传来的情报已经到达你那里的邮电局，及时接收，不能延误。"这是从伦敦情报处打来的电话，打电话的人叫柯尔克拉夫，是斯蒂芬妮在英国情报部门的直接上司。这个电话是通过一条秘线打进来的，即使这部电话被监听，这条线路也是安全的。

"是，长官，请您放心。"卡彭特罗大声地自信地回答着。

刚放下电话，卡彭特罗还没来得及转身，电话铃声又响了起来，通过铃声可以判断，这个电话同样是通过秘线打进来的。卡彭特罗赶紧接起电话，果然不出他所料，这个电话是电报局打来的，那个女监督人员也是英国情报组织的一员。她只负责接收来自各地的电报，她不能读懂电报上的内容，也没有权利私自处理这些电报，她只能通过各处的电话，让人来取走这些情报。

挂断电话，卡彭特罗换上一套骑手服装，戴上头盔和手套，飞奔到邮电局，又从邮电局飞奔回海军部专属传递处——他的办公室。

此时的柯尔克拉夫正在伦敦执行其他的任务，已经忙得焦头烂额。虽然从伦敦乘火车到普利茅斯只有 3 小时的车程，可是，这 3 个小时之内完全可以发生很多令人无法预料的事情，因此，他只能将这个任务交给他的直接下线卡彭特罗来处理。

这位年轻的摩托车骑手，不仅有驾驶各种摩托车的经验和技术，也拥有丰富的特工经验，他充满朝气，机智敏锐，具有特工所要求的所有自然条件和潜在素质，是柯尔克拉夫手下一名得力干将，如他的左膀右臂。

这个"海军部专属传递处"实际上是英国设在普利茅斯的一个秘密情报处，这个情报处的直接负责人是柯尔克拉夫，但是，只要有其他的任务在身，柯尔克拉夫都会派卡彭特罗驻扎在普利茅斯，让他在这里独挡一面。

回到办公室里，卡彭特罗换上工作服，立刻对照柯尔克拉夫给他的密码本，认真地翻译着电文：跟随"纳斯比尼"号的还有一艘叫"北冰神狼"号的战列舰，它们已在波罗的海经过系统的训练，现在装备齐全，备品充足，跟随它们的还有十艘战斗船，在松恩峡湾，准备向北行驶。

这份关于德国战列舰的军事情报，对于英国海军是非常重要的，是不能有半点疏忽和延误的。这些，卡彭特罗心里自然很清楚，于是，他一刻也没有耽搁，便发挥了他的特长，在最短的时间内将这份情报交到了一位英国海军上将的手中。

墙上的大挂钟的时针指向上午 8 时 30 分。此时，海军上将在作战室里，面对着一张海图，手中的笔在上面不时指点着，留连在一条海上航线上，对身边的一位少将低声说着什么，

"这条蟒蛇终于要出洞了，它对我们的舰队可能会是不小的威胁。现在它应该到达了哪里？眼下最需要的情报还没拿到手，如果不能抓住这次机会让它沉到海底的话，以后再想要除掉它可就很难了。"

"我们已经派出了最出色的谍报人员，很快就会有更准确的消息的，据说她是一名非常有能力的特工，她的情报绝对准确。'俾斯麦'号也很威风，可最终不是被我们踩到了大西洋底，再也无法翻身了吗？"海军少将鼓励着上将。

"是啊，那是我们最出色的一次战役。我怎么会不相信我们的海军呢？只是北冰洋不同于大西洋，这里不仅自然环境恶劣，我们的储备也有限，我们的处境实在太艰苦了。我盼望着战争早些开始，并且早点结束，我们就不用耗在冰天雪地里——但不管怎么样，还是应当。在这段时间对挪威海岸多加注意，今天以内要再出动一次飞机对挪威海岸进行侦察。"海军上将说。

"是该让他们先干点活儿了，不光要侦查，还应该照相。"海军少将说。

"恩，你马上去办这件事。"海军上将点点头说。

"是的，阁下，我马上去转告岸防部门。"海军少将说完，转身离开了海军上将的办公室。

按照上将的命令，海军派出了侦察机对挪威沿海进行了一番侦察，停留在挪威海岸上的两艘巡洋舰发现了这架飞机，但是他们还以为只是普通的观察，就没有对这架飞机太过在意。侦察机返回之后，立即将途中拍摄的照片拿去冲洗，放大，交到了专家的手中。午后，海军上将从专家那里得到了准确的答案，那两艘舰艇就是特工人员在电报中所说的"纳斯比尼"号和"北冰神狼"号。

"我们终于得到了目标的确切地点，可以让我们的海军战士活动一下筋骨了。"海军少将对正在观看海图的海军上将说。

"恩，现在还不急，你不是说我们的特工很有能力吗？我要等看到他们具体的出海路线图，以及他们详细的作战计划部署，还有他们的具体装备，这样的战斗才更有把握。"海军上将继续看着海图，并用铅笔在海图上空勾画着。

"是的，阁下，的确应该再等等。"海军少将赞同地说道，眼中流露出谨慎和恭敬。

在特罗姆瑟距离港口不太远的地方，有一间很普通的低矮的平房，表面看上去与其他居民的房屋没有什么不同。但里面的人却有着与众不同的身份。此时，她已经从邮电局回到房屋的隔层里，换掉了刚才那身男士商人打扮，将一头金棕色卷曲的长发披散下来，换上了一身正统的欧式服饰。她拿出了收发报机，戴上耳麦，"滴滴答答"的声音就从发报机里传送了出去。

这座小城的另一端，是德国的一所情报站，一名工作人员坐在收发报机前，认真地记录下一串密电文。然后迅速转身，走进了一间办公室。

这名工作人员将刚接到的这份密电文交到了一位德国海军情报部门在这个情报站的负责人雷奥哈德手中。

"恩，这份情报可真及时，斯蒂芬妮真是能干，难怪艾伯特那么欣赏和重用她。"弗朗科·艾尔斯特纳自言自语地说着，顺手拿起了桌上的电话，拨通了德国海军一名上将办公室里的电话。

"您好，我是弗朗科，请帮我找一下安德里亚斯上将——哦，阁下您好，我有个好消息要告诉您，哦，对，是好消息，寒冷的北冰洋有'暖气'了。对，是的，他们出动了，大概有十几只商船，当然是要去援助苏联，当然是通过那条北极航线。对，是该截住他，我想接下来的主角应该是您，我只能祝福您。哦，好的，再见，亲爱的阁下，祝您好运！"弗朗科·艾尔斯特纳放下电话，从火柴盒里漫不经心地抽出一根火柴，随着火柴和火柴盒上磷的亲密接触，立刻发出"刺啦"一声的兴奋声，然后幸福的火焰吐着红色的舌头，将他刚才记录翻译的电文纸，渐渐地吞进了肚子里，于是，它们一同化作了一小撮灰烬。

夜，悄悄地来临了，它张开硕大的双臂紧紧拥抱着特罗姆瑟这座小城。海的心情似乎很好，她轻轻地拍打着岸边的礁石，发出阵阵有节奏的声响。海岸不远处，有一处五彩斑斓的霓虹灯光，在海面上摇曳着身姿，正随着波涛自由地舞蹈。只要顺着这处灯光放眼望去，就会发现，那是一座小岛上的一家不夜酒吧。不难想象，此时酒吧里的人，也如海面上这处摇曳的霓虹般舞蹈着。

"您好，美丽的小姐，我们可是同性，您找我有什么事？"萨比娜手里拿着一杯红酒，摇晃着身体，阴阳怪气地说。

"你是这家酒吧里最有名气的舞女，听说海军上将安德里亚斯跟你走得很近？"坐在她对面的斯蒂芬妮双手交叉自然地放在桌子上，目不转睛地盯着萨比娜。

"何止是走得近啊，我们是非常特殊的关系——哦，您不会是他的夫

二战浪漫曲

110

人吧？来兴师问罪的？"萨比娜说到这里，瞪圆了那双本来就很大的眼睛。

"他很听你的吗？换句话说，如果今晚让他一直跟你在一起，你能做到吗？"斯蒂芬妮没有回答她的话，很平静地继续问道。

"这对于我根本算不上问题。难道您不是他夫人？小姐，您到底想要干什么，别跟我绕圈子了，我真是有些迷糊了，您就直接说吧，我还要去工作呢。"萨比娜环顾四周，显然有些不耐烦了，因为此时，酒吧里的音乐已经响起，客人们开始陆陆续续地走了进来。

"好，今天晚上，我希望安德里亚斯上将一直跟你在一起。萨比娜，这是5000挪威克朗，事成之后，我还会给你更多的报酬。"斯蒂芬妮说着，将钱推到了萨比娜面前。

"这是真的吗？除此外，您真的不需要我再做些什么吗？"萨比娜的眼睛瞪得更大了，长长的睫毛忽闪着，有些怀疑这是真的。

"萨比娜，你要相信你自己的眼睛和耳朵。除此之外，就是不要跟任何人说，是有人拿钱买了你这么做的。否则……"

斯蒂芬妮拿出了随身携带的手枪，将黑洞洞的枪口偷偷地给萨比娜看了一眼，赶紧又收了回去。

"好，我，我明白，您放心吧，我一个舞女，除了浑浑噩噩地活着，没别的祈求。您放心吧，他今晚就交给我了。这些钱就已经足够了，您不必再给我钱了。"萨比娜好像是被吓到了，眼神立刻变得恍惚起来，拿着酒杯的手明显有些发抖。

"你不用害怕，我们只是交易，我给你所需要的，我得到我所要的，之后，就当这件事从来都没有发生过，它丝毫不会改变你的生活。"斯蒂芬妮跟萨比娜解释着。但萨比娜并没有明白斯蒂芬妮究竟想要什么，她也不敢再问，收了钱，做事就行了，这件事对于她简直是易如反掌。

一条修长的影子，在夜幕中向前延伸。——斯蒂芬妮转身出了酒吧，向德国海军指挥部走去。萨比娜拿起酒吧内的电话，一边拨着安德里亚斯海军上将办公室的电话，一边酝酿着语言。

"嗨，宝贝儿，你怎么把电话打到这里来了？"安德里亚斯正在办公室里看着那张海图发呆，突然响起的电话铃声吓得他的手一抖，拿在手里的铅笔掉在办公桌上，滚落到地上。

"我想你了，你知道，今天是我的生日。"电话那头传来了萨比娜那娇滴滴的甜美的声音。

刚刚制定完阻截英国舰艇的战斗计划，海军少将和参谋长都各自离开了，只有他还在思考着这次海战的计划哪里还有漏洞，以便能及时修补。再过几天，这个计划就付诸行动了，这关乎到德国海军的名誉，也关乎到很多人的生死存亡。因此，他的压力很大，心思很重。而这柔美的声音如行走在沙漠上干渴的旅人忽然发现了一股清泉般，兴奋、急切，甚至有点迫不及待，那个丰润绝美的女郎占据了他现在的所有大脑空间。

即便没有"生日"作为理由，他也想去轻松一下，再也不愿被这种严肃沉闷的空气所包裹。他放下电话，大踏步地走出门去，上了汽车，他的心已经飞到了海岛上的酒吧里。

海军上将的汽车刚驶出海军指挥部的大院，一条黑影便趁着两名卫兵向汽车敬礼的时候，溜进海军指挥部的大院，贴着墙根，径直溜到了海军上将办公楼下。

刚刚入夜，两名卫兵还很精神，正在小声地聊天。斯蒂芬妮躲到一个角落里，换下夜行衣，穿上长裙，戴上黑色的假发，并戴了一副墨镜遮住了眼睛。她如一名夜访者不慌不忙地走近上将办公楼的大门。

这两天，斯蒂芬妮虽然假借军事杂志记者的身份，以采访的名义，经常出入安德里亚斯的办公室，这位海军上将也很自豪地将最新的舰艇图片展示给她看，但当斯蒂芬妮问起关于舰艇的构造时，他还是很警觉地说，"这是军事机密，不能刊登到杂志上的。"因此他没有给斯蒂芬妮看舰艇的构造图，斯蒂芬妮担心引起他的怀疑，也没有继续追问。她暗想，也只能故技重施，才能得到她想要的东西，于是，她买通酒吧舞女，拖住安德里亚斯，她好借机盗走舰艇的结构图，还有他们商定的最后的作战计划。

计划进行得非常顺利，利用拿取身份证明的机会斯蒂芬妮用迷药迷倒了大门外的卫兵，然后迅速潜入到了上将的办公室中。利用之前在英国方面培训下掌握的开锁技巧打开了保险柜，小心翼翼地从众多文件当中翻找着自己需要的那几份舰艇的文件。但是文件数量很多，尽管堆放整齐，寻找起来也依旧十分吃力，等到她终于找到并将设计图拍照完毕已经过了午夜。斯蒂芬妮又仔细地将文件放回原位并收拾掉自己进入所留下的一切痕迹，她丝毫不敢怠慢，一切蛛丝马迹都可能会让房间的主人产生疑心并导致对在这个城市里面的盟军间谍网造成威胁。等到她回到自己的住所时，才终于松了一口气。

拍下的胶片已经放入了即将被送出的信件当中，剩下的工作，就看英国方面的准备了。而现在，还有另外一件私事等待着自己去做。

在一位同样为英国情报系统服务的双面间谍同伴的帮助下，她终于十分难得地掌握到了"章鱼"现在就在挪威。这个一手将自己拖入了德国间谍组织，使她成为法西斯走狗的铁杆恶谍是斯蒂芬妮一直以来最想要除去的人。而这个人可能也正是当年在英国杀害了自己父亲本杰明中将的谋划者。

怀着重重仇恨，斯蒂芬妮打算将"章鱼"诱出来干掉。但是在向加布里埃尔试探性地索要"章鱼"的位置时，他却并没有将之交给斯蒂芬妮，为了避免引起怀疑。斯蒂芬妮没有继续追问，而是独自与那位同伴合谋设计了一个骗局，经过一番努力之后，终于成功地将"章鱼"在一个夜晚引诱了出来，在控制住他之后，斯蒂芬妮毫不犹豫地亲手消灭了这个恶棍，为自己报了仇，也终于为盟军情报系统除去了这个心腹大患。

没过多久，那张随信件邮往英国的胶片在情报部门的药水放大之下变成了一张张清晰可见的图片。这其中有最让英国海军不知如何对付的那艘"纳斯比尼"号的构造图，还有德国海军最新的作战计划图和作战计划部署。这些情报关乎到英国海军这次海战的生死就关。

此时在英国海军指挥部的办公室里，海军上将正背着双手焦急地踱来踱去。他一会儿看看墙上的大挂钟，一会儿又看看桌子上的日历。这时，海军少将敲门走进了他的办公室。

"阁下，您要的全部情报都在这里。我们的美女特工真是能干！"海军少将把那些刚变成图片的情报交给了海军上将，并很自豪地夸奖着斯蒂芬妮。这些具体的情况斯蒂芬妮自然不知道。

"好，我们今天夜间就行动，雪耻上次海战！"海军上将看着"纳斯比尼"号的构造图和德国海军的那份计划图，一个完善的战斗计划已经在他的脑海中酝酿成型，于是，他信心十足地说。

两个星期后的一天，在北冰洋上，随着一声惊天动地的巨响，德国那艘"纳斯比尼"号上的沉重炮塔被掀到了半空，那些被炸飞的碎钢片还在空中飞舞着，这样危机的时刻，随时会有生命危险，那些水兵显得慌乱全部跑向甲板下的舱室，他们认为主装甲板的厚度足以抵挡住猛烈的炮火。但是世界上并没有无坚不摧的舰艇，随着舰体进水变得倾斜，水兵们终于开始绝望了。

接连不断的重磅炸弹在"纳斯比尼"号舰艇上的薄弱部位炸响，舰体继续向下倾斜，继而渐渐下沉。

几分钟后，这艘曾令英国海军绞尽脑汁的海上"巨蟒"底朝天趴到了北冰洋的水域里。

在北冰洋的失败令德军愤怒之极，但是没有人会想到这与看起来忠心耿耿又业绩过人的斯蒂芬妮有什么关系。在组织内部，她反而因为这次获取了很多情报（尽管有时不够及时）而获得了更高的地位和信任。没过多久，她就接受了新任务，从冰天雪地的挪威带着一封加布里埃尔的介绍信来到了伦敦的一家报社报道。

她这次的任务是追踪一名混入德国军队高层的英国间谍，代号"和平"。这个任务对于她来说简直轻松，她怎么可能真正地去查出"和平"是谁，到时候随便找个人将伪造一些证据强加在他身上就可以了，除了英国方面，谁会知道"和平"是谁？和平，和平，这个名字的蕴含意义显而易见，是想马上结束战争，换来和平与安定，只要还能为世界上的人们想一想，有谁不会被这种力量感召呢？

就在她抵达德国的第二天，她给柯尔克拉夫发了电报，说加布里埃尔要对付的人是"和平"。柯尔克拉夫回了电报，意思是，希望斯蒂芬妮在德国接受新任务，捣毁托马斯·劳特的军队。而"和平"的事可以任意发挥。斯蒂芬妮懂他的意思，在英国的时候，柯尔克拉夫没少与她磨合，他们之间培养了深深的默契，做起事来犹如铜墙铁壁一样无坚不摧。

这一天，斯蒂芬妮在休息里喝咖啡，她听到社长在对主管说要派一个人对托马斯·劳特上校进行采访。斯蒂芬妮一想，这个托马斯·劳特不就是柯尔克拉夫让她执行任务的人吗？也说不上是巧合，他所指挥的军队正值捷报频传之际，让他出尽了风头，由原来默默无闻的小军官一下子变得赫赫扬名，这与他出生在军官世家有很大的关系，托马斯·劳特的父亲一直把战略战术作为重要的家教内容让他学习。所以他作了指挥，也会让自己的所学有用武之地，培养出了卓越的军事能力。这一时期伯纳德的风光无限让很多媒体趋之若鹜地想对他进行采访。

斯蒂芬妮怎么会放过这个机会，她略施小计就让报社把采访托马斯·劳特的机会交给了她。女人的魅力在越强势的男性面前往往反而能被几倍地发挥出来，年轻的托马斯·劳特从小在军人家庭中长大，很少与年轻女性交往的他在看到斯蒂芬妮的第一眼起就被她深深吸引了。斯蒂芬妮明显察觉到了这一点，在之后接触的日子里，她推波助澜地将他心中这种情愫一再升级。没过多久，斯蒂芬妮就住进了伯纳德的办公室。两个人几乎每天都要见上一面，这也让斯蒂芬妮能够更好地了解到他在做什么。

托马斯·劳特有一个好朋友，这个人就是尼古拉斯，是德国间谍小组"神之队"的队长，见到托马斯·劳特因为一个女人弄得神不守舍，失去了作为一个军队指挥原有的冷静，他有些担心。根据心中潜在的警觉，尼古拉斯假装无意地对朋友提出想见一见这个女人。不知道尼古拉斯想法的托马斯慨然答应。

三个人的聚会就安排在托马斯·劳特的办公室里，那里很大，托马斯·劳特特意叫了饭店里的菜，加上鸡尾酒，足够三个人美美用上一餐。这三个人当中托马斯上校是最高兴的，一边是自己最要好的朋友，而另一边就是自己最爱的女人。难得可以和他们像亲人一样在一起聊天，在他看来这是人生中最开心的时候。可是斯蒂芬妮和尼古拉斯两个人却是笑里藏刀，彼此看彼此不太顺眼。

尼古拉斯的预感很快应验了，以搞垮托马斯为目的来到这里的斯蒂芬妮没过多久就抓住了一个机会，查出这位最近颇受重用的上校受命承担一项押运军火的重要任务。她查明了军火厂的地址之后，借采访之名来到郊外，辗转来到这家军火厂，利用随身携带的小型炸药一举将之炸毁了。但是因为一时着急，她把作为掩护的采访手稿遗留在了现场。

　　两天后，斯蒂芬妮做完"采访"从郊区回来了，托马斯·劳特不在。问了一下守卫，才知道，这次托马斯·劳特的上级给了他很大的惩罚，他进了监狱。斯蒂芬妮觉得自己的目的达到了。但她没想到的是，尼古拉斯巧妙地将托马斯·劳特救了出来，两个人开始调查爆炸事件。明知道自己可能已经被尼古拉斯怀疑了，斯蒂芬妮还是回到了托马斯·劳特的身边。这一次，她下定了决心，准备彻底将他干掉。

　　看见斯蒂芬妮出现在托马斯·劳特的办公室，让正在商讨如何抓住爆炸事件主犯的尼古拉斯和托马斯·劳特两个人目瞪口呆。斯蒂芬妮不管两个人吃惊的表情，走上前去与久别的托马斯·劳特亲热。而托马斯·劳特也因为斯蒂芬妮的突然回来感到高兴，尼古拉斯在一旁无奈地摇着头，但在斯蒂芬妮面前他也没说什么。

　　经过几天没有见面，托马斯·劳特和斯蒂芬妮经反倒关系更亲密了，这让尼古拉斯看在眼里急在心上，他趁和托马斯·劳特独处的机会悄悄对托马斯·劳特说："这个女人突然消失，又突然出现，难道你不觉得可疑吗？"

　　"不可能是她，总之我是不会相信的！"托马斯·劳特严辞反驳道，他拿出了出身军人世家的那一套骄傲，甚至在内心嘲笑只会在背后算计别人的朋友，他不想听尼古拉斯发表的任何关于斯蒂芬妮的怀疑了。

　　为了查明导致爆炸发生的元凶，也是为了还斯蒂芬妮一个清白，托马斯·劳特坚持要和尼古拉斯一起到郊外查案。他们见到了 6 号仓库已经被炸得惨不忍睹，托马斯·劳特胸腔的怒火燃烧了起来。但是，他意想不到的是，在查现场的时候，他发现了一件衣服和一具尸体，翻开衣服，他发现了斯蒂芬妮遗落的手稿。他的心脏被猛烈地撞击了，难道真的是她？这笔迹他见过，他把手稿悄悄地塞进了自己的口袋，和尼古拉斯说他没有发现任何线索，他想如果真的是斯蒂芬妮干的，他会亲自抓住她，让她讲清楚这到底是怎么回事。

回到了自己的工作地点，斯蒂芬妮刚好在休息，见他回来了，上前接过他的拎包，微笑着问去了哪里。托马斯·劳特看了她半天没有做声，斯蒂芬妮觉得托马斯·劳特有些不对劲，这个时候她通常不会再问，而是等着他把事情说出来，他了解，他是不知道如何开口，想找一个能让两个人都接受的理由。但是，他还是没有办法拐弯抹角，正如他对斯蒂芬妮的感情，是那样的直截了当。"爆炸的那天你在干什么？"

没有惊讶，斯蒂芬妮早已为这一天做好了准备。"发现我的东西了？我是爆炸的第二天去的那里。"

"那么手稿是你的，衣服也是你的了？"

"是呀，本来我是想查看一下那里的状况，但没想到这件事情十分复杂，所以更不能报道出去。但是，作为德国特工组织的一员，还是有责任将整件事情查清楚。"

"那么也就是说，你是特工？所以手稿是你偷的，人是你杀的？"

"手稿是组织里的人给我的，我不知道他们是从哪里搞的，我们知道这次行动有秘密内容，我也知道你和尼古拉斯的关系，我们的组织和尼古拉斯是对立的，现在你明白了吗，但爆炸绝对不是我做的，如果你怀疑我，也可以把我抓起来审问。"斯蒂芬妮心平气和，把事情说得似乎跟自己毫无关系。

"你以为我真的会抓你吗？你就是吃定了不会那样做。那么，请给我一个理由，你为什么会出现在那，让自己出于危险当中？"

"我去采访，结果听见了爆炸，我作为一名记者兼德国特工，一定要知道究竟发生了什么，所以我在爆炸的第二天去了现场，当时是傍晚，我没有注意脚下，被一个东西绊倒了，整个人倒在了死者身上，我觉得很恶心，就把衣服换掉了。"

"那么你为什么做特工？"托马斯·劳特怀疑地看着她，追问道"你接近我是为了什么？"

盯着托马斯·劳特看了半天，斯蒂芬妮微笑了一下："接近你？你以为我接近你是有目的的？好吧，既然你这么认为，我现在就离开你，你现在安全了。"说着斯蒂芬妮就向外走。托马斯·劳特一把拽住了斯蒂芬妮："我相信你，我不会和尼古拉斯说，我不想失去你们两个中任何一个。"

对爱人的眷顾，最终还是战胜了理智。托马斯没能认清楚斯蒂芬妮的真面目，也最终让他走上了绝路。而斯蒂芬妮也并不是完全没有被他的信任所感动，她觉得托马斯·劳特本来是一个善良的人，可惜从小受到德国军人那一套思想的影响，以至于以战斗胜利作为一个人成功与否的标准，洗脑根深蒂固，自己如果放过他，就等于杀掉了盟军千千万万个生命。

斯蒂芬妮并没有掩饰自己间谍的身份，她在托马斯·劳特的面前毫无防备，托马斯·劳特也没有多想，只当她完成了任务之后便可以和他双宿双飞，以为他们之间的关系亲密到彼此之间没有秘密，殊不知在斯蒂芬妮的内心潜藏着更大的秘密。

不过与托马斯不同的是，尼古拉斯为了保险起见，在斯蒂芬妮居住的地方安插进了自己的人，是一名女仆，但那个女仆查到的也就只有斯蒂芬妮和她自己上司艾伯特的情人关系，同样是一名德国间谍，在没有确认斯蒂芬妮对自己这一边的组织做出什么不利的事情之前，尼古拉斯还不想对斯蒂芬妮动手，她对女仆下令，说时刻注意斯蒂芬妮的动向，万一出现什么异常，一定要向他汇报。但是，那个女仆的身份早就被斯蒂芬妮识破了，所以，斯蒂芬妮和艾伯特之间的联系几乎可以被女仆掌握，就在那个女仆为了获得所谓有利情报而感到沾沾自喜的时候，斯蒂芬妮却成功地绕开她在和英国方面保持着联系。这些是女仆和尼古拉斯无论如何都没有想到的，艾伯特只是一个幌子。

不久之后，托马斯·劳特终于有了戴罪立功的机会，他奉命制定正面战场的"B 计划"并组织实施。但这实际上却成为了把他彻底送入绝望的最终旅程。

任务制定完成的当天晚上，斯蒂芬妮精心筹备了烛光晚餐，做了很多菜，和托马斯·劳特喝了好多酒，但谁知他竟然不胜酒力，竟然睡了过去。这一切都是斯蒂芬妮实现计划好的，她借助酒力药剂的帮助，用催眠的方式问"B 计划"到底是怎样的一个计划，斯蒂芬妮想通过催眠术从托马斯·劳特的口中得到关于"B 计划"的情报，还没等开始，出现了一个小插曲，真各个小插曲差点扰乱了她的计划。沉睡中的托马斯·劳特竟然叫了斯蒂芬妮的名字好几次，斯蒂芬妮差一点就心软了，她犹豫了。经过了一番挣扎之后，斯蒂芬妮终于想清楚，为了和平，她不得不将他击溃，因为他指挥德军杀死盟军数万名士兵的时候，从来也没有同情。

有了这样的事情，"B 计划"焉有不败之理。等到托马斯上校迎来战败消息之后，斯蒂芬妮也真的走了，托马斯·劳特这一次彻底变得一无所有，他崩溃了。为朋友的遭遇痛心不已的尼古拉斯去了斯蒂芬妮所在的报社想要揪她回来，但是发现根本就找不到她，报社里斯蒂芬妮登记的员工资料也模糊不清。她已经从他们的视野里彻底蒸发了。

经过了两次的重创之后，托马斯·劳特终于明白了，自己的遭遇都与过去身边的那个女人有关，他把从认识斯蒂芬妮以来发生的一切尤其是爆炸那次斯蒂芬妮向他坦白的事情全部告诉给了尼古拉斯。尼古拉斯经过仔细的分析，他可以确认，斯蒂芬妮是他的死对头艾伯特那边的人，但是，从他的目的上看，她所做的事情最终得益的只有盟国，她要对付的不光是尼古拉斯所属的另一个情报组织，而是整个德国，也就是说，她真正服务的是盟军，她是个双重间谍。

尼古拉斯对斯蒂芬妮进行搜捕，他调动了大量人手，发誓一定要把这个女人抓回来，狠狠地折磨，为他的朋友报仇，但没有任何结果。唯一可以确认的是，她的真正代号是"香水"。

毁掉了托马斯·劳特的"B计划"之后，斯蒂芬妮辞掉了在报社的工作，他在留给托马斯·劳特的信中说她去了国外。但实际上她是回了英国一次，斯蒂芬妮和柯尔克拉夫见了面，柯尔克拉夫说她做的很好。与此同时，柯尔克拉夫交给了她另外一个任务，并告知她这有可能是她的最后一个任务。斯蒂芬妮十分兴奋，眼睛闪闪发光，并问柯尔克拉夫战争是不是马上就要结束了，柯尔克拉夫没有回答，只告诉她这个任务一定要好好地完成，斯蒂芬妮信誓旦旦。

已经很长时间了，关于查出"和平"的任务，加布里埃尔虽然很着急，但是出于斯蒂芬妮与艾伯特的关系，另外他对斯蒂芬妮有一些私心，他也没有对斯蒂芬妮施加什么压力，艾伯特是他的上级都没有说什么，作为直属上司的他更是对斯蒂芬妮纵容和溺爱。所以斯蒂芬妮也没有着急，她在等待一个时机，这个任务对她来说是一个筹码，而那个等待她赋予"真正身份"的假"和平"对于她来说是一颗可利用的极佳棋子。不过为此，她还需要做一些事情。

尼古拉斯仍然没有查到"斯蒂芬妮"的下落，本以为她不会再出现了，没想到，他们的一份秘密文件却意外失窃了，伴随着文件的失窃，他们的将军布拉德利也在他的家中意外失踪。

经过搜查，尼古拉斯在地下的文件库找到了布拉德利，此时的他已经身亡，在布拉德利的后脑勺处只有针孔那么大的伤口，看得出是近距离杀人，而在布拉德利的指甲缝里发现了一颗衣服上装饰用的亮片。尼古拉斯总觉得这亮片很熟悉，但是觉得也没有什么稀奇。

尼古拉斯调查当时在场的守卫，守卫们异口同声地说，他们没有任何人看到来的人是谁，只感觉到一阵浓浓的香气，而醒来的时候发现保险柜被开了，而布拉德利躺在了地上。"香水"，尼古拉斯再次肯定了拿走文件杀死布拉德利的人就是"香水"，他捏着那片亮片，是布拉德利留给他们的证据，他回去将整件事情告诉给托马斯·劳特，才终于可以确认，斯蒂芬妮就是"香水"，因为这亮片是斯蒂芬妮常穿着的一件衣服上的。但到了这个时候，一切都已经晚了。

而与此同时，斯蒂芬妮正在堂而皇之地向德国情报组织报告，"和平"的真实身份就是已经被自己除掉的布拉德利将军。因为这一重大"功勋"，加上她背地里将布拉德利将军组织的新军情况交给盟军方面，因此同时得到了来自英国和德国两方面的大笔酬金，她也得以从此退隐，销声匿迹。英、德在之后都曾寻找过她的踪迹，但都相继无功而返。这个神秘的女人，就这样带着大把的钱和自己的传奇在世界上消失了。

奥地利境内，多瑙河畔，和煦的阳光柔柔地轻抚着河水，空气充满着滋润，清新而自然。从远处跑来了一群孩子，他们嬉戏着，享受着自然的气息，感受着生活的美妙。这群孩子的旁边，伫立着一个老妇，要不是近看，几乎看不出她已经是年过六旬，她身材高挑，鼻子泛着光亮，神态淡然，有着一种独特的气质。看见孩子们跑了过来，她的眼神中迸射出逼人的神采。她闭上眼睛，思绪一下子回到了 1945 年。

那一年，"香水"——斯蒂芬妮完成了任务，领到了一大笔酬金，得到了柯尔克拉夫的允许，退出了组织。因为听到了德国投降后很可能会使维也纳受到盟军的控制，于是她想，该回家了。

化装后的斯蒂芬妮回到了维也纳，见到了她的母亲，此时，继父已经去世了。母亲因为对女儿斯蒂芬妮的思念老了很多，母女相见，自然是喜泪交加。她将在英国见到了父亲的事情以及父亲的死告诉了母亲，母亲的牵念终于放下了，只是她隐去了父亲是因为和间谍组织有牵扯的那一部分。死者已矣，只是遗憾没有让父母再见上一面。她带着母亲离开了维也纳，去了美国，在那里，她和一名新闻记者结了婚，过着平凡而幸福的生活。

25 年后，得了绝症的斯蒂芬妮生再次回到了维也纳，那个时候，维也纳早已在 1955 年宣布了独立，她想在那里度过最后的岁月，她在多瑙河畔附近生活，陪伴她的是她的孙女。她常常站在多瑙河畔，或许是即将走到生命的尽头，她总是想起以前的事情。

当年，要不是她离开了奥地利去英国找寻她的父亲，她也不会认识蒙茨，是那个男人欺骗了他，让她走了一段本不该属于自己的人生。她做了最危险的职业，洁白的双手沾上的鲜血，她甚至对于自己的助纣为虐毫无意识，直到她做了双面间谍，她感到她的人生有了价值，她的思想升华了。这个意识起初是父亲唤醒的，而真正落实到实际就是从帮助凯菲尔开始。尽管她在后来的处境越来越危险，但是她还是带着自己的信念工作着，她的信念是，相信和平一定会到来。

她的一生出现了几个男人，但是她真正爱过的就只有蒙茨和后来的丈夫。然而蒙茨是一个恶魔，不值得她爱。而约翰逊、托马斯·劳特都不过是在自己任务中出现的人，他们无辜地被利用，对自己献出真爱，然而作为特工，如果在任务中动了情，不但会导致任务的失败，还会让自己葬送了性命。所以她对他们抱着愧疚，又不得不矛盾地将他们作为自己手中的棋子，甚至对他们进行伤害。所以，在美国，她选择了最平常的生活，她渴望一份安静，她选择了并不出众的丈夫，与他渡过一生，丈夫比她先离开了这个世界，她没有哭泣，仿佛已经知道了，在不久，她也将随他而去。

人往往对于自己的未来有着未卜先知，斯蒂芬妮患了癌症，她没有怨恨上天的不公，如果她比别人短命，那是注定的，是她的血债得以偿还的时候了，而她为了和平所做的一切，都将作为她人生中最有价值的东西陪着她一起埋葬在多瑙河岸……

艾琳·格里菲斯

艾琳·格里菲斯

艾琳·格里菲斯，1923 年出生于美国，化名虎子，代号 527，第二次世界大战时为盟军方面的美国战略安全情报局服务，主要驻扎在美国战略安全情报局驻西班牙马德里情报站，为美国提供情报。她，是 1944 年夏天盟军法国南部对德国法西斯作战中盟军获胜的至关重要的人，她是被美国前总统艾森豪威尔赞许为"铁钻行动"作出贡献的功臣。

谍报工作是严肃而令人神经紧张的工作，更何况在战争最紧张的时刻。在 1944 年，第二次世界大战的盟军在法国南部作战阶段所进行的间谍工作就更是让人折服。一个以一身红色连衣裙示人的女子，冷艳中便也显出了那么几分神秘。然而，螳螂捕蝉黄雀在后，皮埃尔潜心埋伏几年的诡计还是被技高一筹的美国情报人员识破，他们用了"以其人之道还治其人之身"的妙法子，让身为对手的德国情报组织吃了一个大大的哑巴亏。

1944 年夏，灼热还没有远去。街路上的人们心烦气躁，充满着一种躁动的情绪，他们此刻是多么地渴望天上能够飘落一场大雨，让这种等待不再是一种痛苦的煎熬。对于此时的艾琳·格里菲斯来讲，这种燥热比起她复杂的心情却根本算不上什么。事实上在人们眼中，她的身影远比此刻的空气更加灼热，妖娆的身材搭配着的是华丽又张扬的艳色束身衣裙，眼神却平静而傲然，像是在这战争气氛之下迎风而舞的另一个卡门。

远渡重洋的艾琳对这片热情的土地情有独钟，可是这种对于地域文明的喜欢与崇拜，却在很大的程度上受到了时代的局限，第二次世界大战的战火差不多烧到了世界的各处，珍爱生命已经成为了当时最大的时尚。不时有飞机从天上飞过，不仅马德里的人们感到非常的不安，"身为"美国石油公司西班牙办事处的"工作人员"，艾琳的心更是每时每刻都提在嗓子眼。只有当她和往常一样带着自己的秘密回到家中，她才会感到片刻的安宁。暴露在阳光下的感觉并不好，高傲的表情只能抵挡和欺骗外来的目光。她知道自己在烦恼些什么，但是没有谁能分担或者分享这种心情，因为，它背后所代表的，可能是未来世界的走向。

盟军在法国南部作战的消息不止是双方战争参与者们在关注，更多用渴盼的眼神期望的普通人民更是拿出了少有的热情。被持续不断的战事影响着的人们，已经有一部分陷入在战争带来的恐惧中，越发地麻木。然而人们又都是盼望和平之日早一天到来的，盟军法国南部登陆作战不但会加速战争的进程，还很有可能结束战争。这是人们盼望已久的希望啊，战士们在浴血奋战，人民在翘首以盼，而许多像艾琳·格里菲斯一样的特工们也在用自己的努力甚至是生命，一步一步，一点一点，希望早一点为人民带来和平。但是，因为信息的单项性质，她对工作效果的验证往往只能通过这些公开渠道的消息才行。

然而——今天她所要面对的事情，对于她自己来说，则远比以往所经历的那些要复杂和艰难得多。走在前往"公司"的路上，等待着她的，是一件有关于一个名叫皮埃尔的男人的事情。

1923 年，艾琳·格里菲斯出生于一个殷实的知识分子家庭当中，从少年时代，她就对细微的事物有着特殊的敏感和观察能力。家庭环境的熏陶也让她从小就养成了条理分明的性格，能够理性地去看待发生在自己身边的每件事情。在这种秉性的影响下，她逐渐成长为了一位美貌又带有些文艺气质的知性少女。在她就读大学期间，因为姣好的面容和身材，她还曾经担任过广告摄影和时装表演的平面模特。第二次世界大战爆发了，从未涉足过军旅的艾琳和许多同龄人一样萌生了走上为国出力道路的想法。

在二战中，各个国家的机要部门都在精心策划着战略部署计划，争取战争中最大的胜利，而各个国家的情报部门更是拼尽了全力，把自己的谍报人员不断地派往各个国家以获取重要的国家机密，以便在战争中达到知己知彼。就在这样的背景下，1943 年，艾琳和一批年轻人共同志愿加入了美国战略安全情报局新特工训练队。

在这里的学习和训练是严格枯燥的，但是抵挡不住年轻人之间萌生的感情。在训练当中，一个名叫皮埃尔的小伙子走进了艾琳的视野当中。根据当时的队规，恋爱是被坚决禁止的。因为这种重大的感情经历无论成功或失败，它对于特情人员的情商都会造成不可逆转的改变，使人们在任务当中变得容易犯错。因此，两个人的恋情只能在地下慢慢发展。

不过即便如此，她始终没有忘记自己来到这里的初衷，做一个合格的战略安全情报局的特工才是艾琳最重要的目标。当然，这一点作为刚刚成为艾琳男友的皮埃尔也是非常清楚的，正是皮埃尔这种在心理年龄上的成熟在很大的程度上吸引了向往爱情的艾琳。平时在训练队中遇到什么困难，艾琳都会在无人的时候偷偷地找到皮埃尔，而皮埃尔也会像是一位长者对待一个年轻人一样，尽心尽力帮着艾琳分析和解决各种训练上的技术难点和思想情感上的难题。

事实证明，艾琳确实是一位非常出色的间谍人选，经过一段时间的重点培训之后，她和所有队友们一起参加了基地的考核。紧张的考试之后，人们终于迎来了久违的几天休息。几天后，当她正在房间里收拾养殖的一盆花时，营地的传令兵通知了她前往基地负责人约翰·德比办公室的消息。接到这个消息，连日来因为训练而略显疲惫的精神突然为之一振，士兵语气中的特殊意味让她预感到，自己一直以来所期盼的日子可能终于要到来了。

压制住激动的心情，她整理了一下自己的仪容，来到了约翰·德比的房间。一进来，约翰的表情让她。"我想我应该荣幸地对你转达这个消息，"他看着已经难掩脸上喜色的艾琳，笑了笑，"不过看情况你已经知道了，不是么？""这么说，我通过了，先生？"她站直身体，屏住呼吸。"当然，你的表现不仅仅是通过了考核，而且是队员中非常优秀的。你的教官威士忌对你的表现赞不绝口，他还预言，艾琳将来会是一个出色的间谍。"约翰·德比不无赞美之意地说道，脸上洋溢着鼓励和欣慰的表情。

约翰·德比补充道："当然，这个任务的具体内容你要等到半个月后，按照我给你的这个地址，找到秘密情报处的二号人物惠特尼·谢泼德森，他会具体交代给你的。但是在你去华盛顿之前的这半个月的时间里，你要尽量地多去了解有关西班牙风土人情、生活习惯和当今时事的内容，尤其是要多了解有关政治的情况。但是在你执行任务的时候，记住，"约翰·德比的眼睛使劲地盯着艾琳说道："在你执行任务的时候，千万不能让别人感觉或是认为你是一个对政治很感兴趣的人。那样，会给你、我们还有情报局带来致命的危险。""我明白。"艾琳的回复和她的目光一样冷静。

约翰·德比点点头，继续说道："你已经被安排到秘密情报处工作，等你半个月后到了华盛顿秘密情报处的惠特尼·谢泼德森处长那里，他会详细地给你安排工作的。"喝了一口柠檬水，他说："听我说，虎子。西班牙对战争的下一步发展具有重要的影响，也就是说，这个不直接参与战争的国度在很大的程度上影响着战争。对你来说，虎子，这是一个不

二战中的谍海之花

小的挑战。你现在应该回去休整一下，抓紧时间了解西班牙的情况，这是确保你未来开展工作时足够顺利唯一能依靠的东西。"

说完了这些之后，约翰·德比看着艾琳坚定的眼神，停顿了一下，把声音放低了些，说道："记得保护好自己，孩子。"

图书馆中密密麻麻的读书人并不会知道，这个在表面上看起来可爱又天真的女孩子的内心中藏匿着一个怎样博大繁杂的世界，然而再不普通的人，也要融入普通的生活里。

有些重要的资料，图书馆是不外借的，艾琳只能在图书馆把整个书籍或是报刊读完。

结束了训练、明确了目的的艾琳，回到纽约后，生活的规律暂时地回到了原来的悠闲状态。她还有意识地加强了与自己的朋友的联系，希望能够在剩下的几天的时间里，多找到些关于西班牙的资料。

"比利牛斯山脉。"艾琳一面用笔记在本子上，一面小声嘀咕着，以加强记忆。"塞维利亚、巴伦西亚、温带大陆性气候、普拉达博物馆、西芭莉女神喷泉、土豆煎蛋饼、海鲜饭、静修大道的书展……"艾琳停下了手，了解一个陌生的国家，需要掌握的东西实在是太多了，看得眼花缭乱，记的手指酸痛。艾琳抬头看了看天，黑色多了起来，收拾好东西，艾琳背上包向住的地方走去。夜已经很深了，而距离将要离开这个生养自己的国家，已经没有多长的时间了。

几天后，艾琳回到了家中，和自己的父母依依不舍地说明了自己即将要去大西洋彼岸完成理想的事情。毕竟，在之前去训练的事，艾琳一直也没有和她的父母说，现在一切也该有个交代了，自己即将开始的远行，要让家里人有个起码的放心，就这样，在纽约的半个月的时间差不多到了，艾琳准备启程去华盛顿，接受组织给她安排更加具体的任务。

也许是这种从小在家庭中就树立起来的强烈的挑战精神和正确的价值观促使艾琳不断地去追求自己的更高目标，也许是在某种特殊的环境下的自己产生了要去欧洲战场参加反法西斯的战争的冲动，总之，一种高涨到近乎狂热的热情已经在不断地催促着这个处在无忧的青春年纪的女孩去通过不断地冒险完成自己的理想，去不断地完成她人生有关存在的全新体验……

冬天的时候，华盛顿美丽的景色也被掩盖在厚厚的白雪之下，天气的寒冷让艾琳再次地感觉到时局的严峻。路上的人们行色匆匆，没有丝毫停留的意思，艾琳乘坐着组织上派来的车，一会便到达了地址上写的地方。

按照先后的顺序，艾琳先是去见了约翰·德比，她知道在那里，约翰·德比一直在等着她。

"这几天过得还好吗？"约翰·德比热情洋溢地问着，像个老朋友一样。

"先生，我都准备好了，随时都可以出发。"艾琳回答道。

"只是你出发前咱们俩最后一次见面了，祝你一路顺风吧！呵呵……"约翰·德比高兴地笑着，声音不大，笑容却让人喜欢，那是只有在成熟男人脸上才能看到的沧桑与平常，一种时光写在脸上的模样。

"快去吧，我们的老板，惠特尼·谢泼德森在那里等着你。希望早点听到你成功的消息。"艾琳听着约翰·德比的话，感觉精神有振奋了很多。

办公楼的走廊中是安静的，如同谍报的获取过程一样，没有任何的声响，安静地像是什么也没有发生。"当当当！"轻而有力的敲门声在安静的走廊中响起，"请进！"说着话的工夫，艾琳走进了美国战略安全情报局秘密情报处处长惠特尼·谢泼德森的办公室。

出发前的最后交代就这样地开始了。

"欢迎你！美丽的艾琳·格里菲斯小姐。你在训练的出色表现，我都已经听说了，你简直就是一位天生的间谍。"惠特尼·谢泼德森接着说道："出发的目的地你已经知道了，就是西班牙的马德里。你要在西班牙尽量地多去获取有关德军的情报的同时去迷惑德军，不让他们知道我们的行动计划，这些事情都要在盟军向法国南部发起登陆战之前完成，你的任务就在于你不但要为我们提供尽可能多的有关德军的情报，还要起到迷惑德军的作用，你要打入西班牙的上层社会，去到那里以后，舞厅、咖啡店、聚会都应该是你常去的地方。"

"请喝吧，不要一直干巴巴地听我说，下面我还有很多话要说呢。"惠特尼·谢泼德森轻声地问候道。

艾琳趁着惠特尼·谢泼德森停下来的片刻，喝了几口摆在面前的蓝山咖啡，味道的确不错，艾琳闭上眼，体会着咖啡的馥郁香味给人带来的美妙体验。突然间，艾琳又想起了曾经她在训练队的日子，那时的汗水真是没有白流，现在马上就要派上用场了。艾琳惬意地笑着，这是一个让她无比欣慰的过程。

"笑什么呢？"惠特尼·谢泼德森问。

"没有。咖啡很好喝。"艾琳礼貌地回应道。

"那好，但是，我想知道，你为什么要去国外参战呢，这个问题让我很感兴趣？"惠特尼·谢泼德森接着说道。

"很多人问过我，真正的原因是我到两个哥哥都去战场上参战了，至今他们的下落也是一个未知数，我要像我的两个哥哥一样去战斗，战争的发生不是只和男人有关系，只有男人有责任去拯救，女人也有责任为尽早地结束战争去尽一份力。"艾琳说道。

"哦，原来如此。"

"之所以选你去完成这个特殊的任务是因为你的年龄、学识和外貌都非常地符合我们的要求，虽然这个工作极其地危险，然而这也是选择你去的重要原因。一个潜伏在柏林的我们的内线传来消息说，希姆莱手下为了收集有关盟军法国南部'铁钻行动'作战情报的间谍，正在率领着一个高效率的情报网在西班牙的马德里展开大规模地活动，他不但对盟军的登陆会产生巨大的威胁，对于在西班牙的美国战略安全情报局的情报网也会有巨大的威胁。你要做的就是挖出这个潜藏在马德里的间谍。听明白了吗？"惠特尼·谢泼德森又说道。

"当然。"艾琳说。

"非常好。到达马德里之后，我们会安排人和你接头，在马德里工作的展开，也会有人为你提供帮助。按照这个纸上写的东西去操作就行了。"一张纸条在惠特尼·谢泼德森说话的过程中递到了艾琳的手上，艾琳低着头仔细地看了一下，上面不但有到达马德里之后的住处，而且还有联系人的联络方式，可谓是一应俱全。现在是万事俱备、只欠东风。

惠特尼·谢泼德森又对正在专心看着纸条上到底写些什么的艾琳说道："虽然在表面上看来，没有人会怀疑一个年轻的女孩子会是执行特殊任务的间谍，但是一旦你发现自己身处困境，不要吝啬去使用致命手段对付你判断为敌人的对象。不能有丝毫的心软或是犹疑，也许就是在分秒的毫厘之间，一面是生，一面就是死。"

还没有等艾琳反应过来，老练沉稳的惠特尼·谢泼德森已经把一个证件递了过来，"这是你的证件，到达马德里后，你平时就要以这个身份在那里活动了，"艾琳打开证件，上面写着"美国石油公司西班牙办事处助理员"。美国战略安全情报局秘密情报处处长惠特尼·谢泼德森接着说

二战中的 谍海之花

道："也就是说你是美国石油公司派驻到西班牙办事处的一位工作人员，这样会让你出入高档场合等活动看起来不被人们怀疑。我要说的大体情况就这么多了，你看一看有没有什么我没有说到的。"处长又提醒道。

"明白，我是美国石油公司西班牙办事处的工作人员。也就是说我要像一位贵族的夫人或是小姐一样，出入那些声色犬马的高档娱乐场所，而平时的工作就是一位石油公司的助理员。那你们是不是要为我在马德里安排一个男朋友或是丈夫为我作掩护呢？"艾琳问道。

坐在艾琳的对面，神情专注的惠特尼·谢泼德森拿着刚才还装满蓝山咖啡，现在已经是空空如也的咖啡杯子回答道："哦，不，小姐。你在马德里的个人状况就是单身，这样更加利于你的工作。"

"呵呵，年轻漂亮的小姐等待着倾慕她的那些先生们心甘情愿地说出那些秘密。"

"正是如此。"

"石油公司的工作人员整天出入夜总会、咖啡店、舞会、家庭聚会还有……总之是一些对人充满诱惑的场所，呵呵……"艾琳的笑声像个飞翔在空中的天使，又像一个被阵阵清风吹响的风铃……

"我懂了，尊敬的处长先生。"

"祝你好运！"

"可是，我要何时出发呢？"艾琳差一点就忘记了问这个重要的问题，于是她赶紧放下手中的杯子。

"这个问题，你不用担心，我们已经为你安排了今晚飞马德里的飞机。"惠特尼·谢泼德森轻声说道。

1943 年的 12 月，马上就要到新的一年了。艾琳从华盛顿美国战略安全情报局秘密情报处处长惠特尼·谢泼德森那里出来已经要接近中午了，艾琳走了一会，她找了一家离情报处并不是很近的地方吃了午餐，其实也就是些三明治、热狗、咖啡和一种美味的小黄鱼，由于就一个人吃，艾琳并没要份额更大的鳕鱼，她只是安静地吃了饭，打算吃过饭去街上购些物，毕竟刚到西班牙的时候，她要花很多的时间去熟悉这个国度，尽管她已经对西班牙的人文风土做了很多纸上的了解，不过不身临其境地去一回，怎样的学习也都是不够贴近的，于是在吃过饭后，艾琳去到了华盛顿的百货中心。

"小姐，这个行吗？"店员热情地搭讪道。

"不，我要古龙的。"

走了一会，艾琳又去了另一处。

"小姐，这个，怎么样？"

"不，我要香奈儿的。"

商业街上的人流非常密集，如同流动的海洋，有一股汹涌如潮的气势，让人感觉到不可阻挡。

"爱购物的人可真多啊，战争都爆发了，他们可真有闲心。"艾琳看着大街上满满的人，独自地在心里说道。不过，艾琳转念又想，自己以往不也是如此嘛，然而今天的自己毕竟与往日是不同的，这次购物是为了在西班牙更漂亮地完成自己的任务。

趁着天色微明，艾琳赶回了在上午就和处长约定好的地点，和美国方面相关的人员做了接洽的工作之后，艾琳趁着还没上飞机的几个小时，偷懒似地在约翰·德比的办公楼里小憩一会，等待接她去飞机场的时刻的来临。

这种等待就如同排着队等待着洗澡，因为人太多，要一个一个来。然而看着别人洗过澡之后的轻松与舒爽，就会越发地神往，想早一点进去，越是这么想，身上也会越发地痒。身上越发地痒，就会更加的想，这种过程在一种欲罢不能、唯有专心等待的境况下，让人变得更加期待。

此刻的艾琳更是连小憩也不能，就连闭眼休息也是试了几次都不行，于是她的眼在等待接她去飞机场的这个时间段就只能僵硬地保持在半闭半开之间。

在这样的状况下，她喜欢黑暗。她是属于这里，至少在未来很长一段时间以内是这样，或者，又可能永远都是如此。

坐在左边靠窗位置的艾琳心情不错地看着外面，随身携带的联络地址和石油公司的工作证，像个真正心无牵挂前往赴任的年轻员工一样。尽管是夜间飞行，但是艾琳毫无睡意，她知道，在她落地那里，美国战略安全情报局驻马德里选择航线的缘故，一路上并没有遇到战斗机在空中飞行。在飞机上还有些情报站的工作人员已经在那里等待多时，等待和这位来自美国本土的新特工接头。

很快就听到了乘务员的声音，提前通告飞机抵达西班牙马德里即将着陆的消息，请各位乘客拿好自己随身携带的物品，做好下机的准备。她条件反射地抚摸了一下自己的手腕。从这里开始，自己的特工生涯就要正式开始了。

远远地看上去，马德里机场并不是非常地大，但是布置还是较为精细的。走出了飞机，在候机大厅里的确有一些等待的人，他们看上去像是在期盼观看一场斗牛比赛一样，搜寻着每一个从他们眼前经过的人，亦如从他们眼前经过的人的动作一般。

按照事前的约定，美国方面已经把艾琳去往西班牙马德里的情况和驻马德里情报站的负责人做了通告，按照美国方面给出的描述，马德里情报站派出了埃德孟多·拉萨尔来和艾琳接头。办理好了一系列的出站手续之后，艾琳来到了候机大厅，寻找那个接头暗号中提到的同伴。按照美国战略安全情报局的事先安排，这位马德里情报站派来与艾琳进行接头的人，将以艾琳"丈夫"的身份，以一些略显"暴露"的话，和艾琳接头。

马德里情报站派来与艾琳接头的埃德孟多·拉萨尔是一位经验老道的间谍，特工事业已经让他有了锋利如刀的"鹰眼"。于是，埃德孟多·拉萨尔开始为下一步的所作所为来酝酿情绪，毕竟接下来他需要依靠着自己制造出的天摇地动的感觉完成接头。埃德孟多·拉萨尔的眼神变得愈加地迷离，并且脚步在轻轻地晃动。

有趣的场景出现的同时，并没有难住艾琳。她依然装作在急切地找寻自己的"丈夫"，至少在目前来看，谁是马德里情报站派来和她接头的人，她还无法判断。艾琳在心中谨记着在美国新特工训练队时，威士忌教官对她说的话——没有把握的行动，不能随意行动。她也总是在心中告诫自己，特工的生命不只是一人的，祖国和人民期待着我的成功。由于心情的紧张，艾琳在看似平静的同时，手心已经出了汗。

情绪酝酿得差不多了，蓄势待发的埃德孟多·拉萨尔准备出击。只见埃德孟多·拉萨尔几个踉跄的小步就走了上去，身体有些发晃，还作势嘴里大口地吐着气，扮成一副醉酒的样子凑到艾琳跟前。

做出判断的时间对于艾琳来说简直是接近于零，就在她刚想怎么办的同时，已经被这个戴着小红帽、没有什么酒气却在一直吐气、眼神朦胧的男人撞在了身上，艾琳也就是在这一瞬间做出了面前的这位先生就是马德里情报站派来的接头人的判断。而恰巧也就是在这一刻，埃德孟多·拉萨尔用她期待已久的口气说出了接头语："宝贝儿，真高兴在这儿看到你这张粉嫩的小脸儿。不来个久别之后的吻吗？"

"老公，清醒清醒。每次我回来你都是如此地大醉不醒，嫁给你这样的酒鬼，我还能有什么可娇嫩的啊。"松了一口气的艾琳脸色泛红，带着终于觅得依靠的轻松和安慰，她没有忘记自己应该做的事情，迅速进入了"娇妻"的角色当中，轻轻靠在萨尔的身上。埃德孟多·拉萨尔一手拿着艾琳的随身行李，一手夹住了艾琳，神色放肆又得意地向外走去。

就这样拥着，两个人走到了人少的地方才算是把手松开，接头的工作终于完成了，艾琳的手心上的冷汗渐渐消逝。在走向机场出口的过程中，艾琳忍不住地问了前来接她的埃德孟多·拉萨尔一些问题，只有这样，艾琳才觉得自己不是浮在空中的。

"埃德孟多·拉萨尔，我什么时候开始'活动'？"埃德孟多·拉萨尔能够听出来，所谓的'活动'就是进行间谍活动的意思。

"看需要。"埃德孟多·拉萨尔在回答艾琳的问题的时候，已经没有了先前为了达成和艾琳接头时的热情，神情平静，但语音冷定。

"下面，咱们去哪里？"

"不要多问，跟我走就行。"处于沉默状态的埃德孟多·拉萨尔此时的话语中已凸显出了几分冷酷的语气。接连地吃了两次闭门羹，艾琳没有再接着问下去，即使情绪上再兴奋，现在也得压一压。

跟着埃德孟多·拉萨尔的脚步，他们走上了一辆等待在门外的雪佛兰轿车。艾琳凭着自己的经历开始了几种判断，尽管她已经确定眼前的人就是马德里情报站派来接自己的人，不过究竟要去做什么，不论是出自于一位"间谍新手"的好奇，还是出于一个妙龄女子的天真，几种可能的情况已经在她的脑海中被分析开来——难道接下来，眼前的这位大胡子先生要带我直接去见马德里情报站的站长不成？不，不，马德里方面也在考验一个新人，毕竟之前惠特尼·谢泼德森已经再三地叮嘱自己情报站的内部已经存在了内奸。那么自己刚刚来到这个陌生的城市，也不是被马德里情报站完全相信的。难道今天晚上，组织上对自己的考验就要开始？还是把自己送往住处呢？经过了一路上的思考，艾琳差不多是把可能的情况都想了个遍，毕竟间谍就是一个把生命放在枪口前晃悠的职业，没有巨大的风险，诱人的利益怎能轻易地就到自己的手上。不想了，不想了，艾琳在想过又想不明白的情况下，试着安抚自己。

车子停在了一栋老式的公寓前，惠特尼·谢泼德森毫无感情地说了句："下车吧，小姐。明天早上我会来接你的。"之后，就坐在雪佛兰的车子上，消失在茫茫的夜色之中。

下车后，艾琳按照惠特尼·谢泼德森在车上给她的纸条去到了自己的住处，悬着的心总算得以喘息。

可以确信的是，女仆安古斯蒂亚斯这个时候与艾琳的见面，是她们两个人此生中的第一次见面。艾琳刚进到自己的房间一会，就有人敲门。"艾琳小姐，你好。我是您的仆人，安古斯蒂亚斯。"这时的艾琳听到这样的话，感觉到一头的雾水，毕竟马德里情报站方面对她，什么也没有交代。

"我是您的仆人，来照顾您。哦，也许您还不知道，您的朋友已经付过了我半年的薪金。"纯朴的安古斯蒂亚斯差不多是一字一句地说道。

"我的朋友？我的朋友是谁？"艾琳用一种极度怀疑的眼神看着眼前的女仆，从到达马德里的那一刻起，她所受的间谍训练已经让她进入了自己的位置，对于每件不明确的事情都抱有着很强的疑虑和敌意。

安古斯蒂亚斯"呵呵"地笑了，这个对复杂的环境下的复杂关系没有什么认识的乡村妇女，怎么会懂得一个年轻美国姑娘只身来到马德里做间谍所肩负的压力。她并没有再多说什么，只是协助着艾琳把屋子简单擦拭了一番，不过艾琳拒绝了安古斯蒂亚斯帮她整理衣箱的决定，毕竟关键的隐私都藏在其中。在这段时间里，她努力将自己的精神状态和表现调整得平常而自然，与安古斯蒂亚斯攀谈起来，两个人之间的关系很快就变的顺和起来了。到了临睡之前，艾琳已经可以像对待在故乡的邻居一样大方地和她说话了。

"晚安，我睡了，亲爱的安古斯蒂亚斯，记得明天早上一定要早点叫我起来。"

站在艾琳的卧房边上的安古斯蒂亚斯在门外恭敬地鞠了一个躬，并说道："会的，祝您晚安！"尽管，女仆鞠的这个躬没人能看见，但是在第一次与安古斯蒂亚斯的见面中，安古斯蒂亚斯已然给艾琳留下了良好的印象。

在第二次世界大战的阴云下，一个没有直接被战争波及的城市，也密布着一种让人紧张到窒息的气氛，而值得庆幸的是，这座城市原本的安静与惬意仍然附着在城市生活的表面。

内陆城市马德里具有其独特的精神特质，艾琳从窗口看见的老人的脸上，能体会到他们身上藏不住的热情。辛勤的女仆很早就准备好了早餐，之后把艾琳叫醒。艾琳于是顺着视线，继续看下去，一些顽皮的孩子脚下带着一个很旧的皮球，左突右撞地向前跑去，石子路泛着闪闪的光。

再厉害的间谍也是有情感的人，艾琳不能拒绝这个美丽城市的早间风光。正在艾琳的眼睛无目的地四处扫视的时候，有男人站在楼下正挥着手。她看出来了，那个大胡子的男人正是昨晚和她接头的埃德孟多·拉萨尔。

也许是为了不引人的耳目，今天埃德孟多·拉萨尔的身边没有车。穿好衣服，艾琳下了楼，她的激动让她显得更加地着急，口红并没有完全在嘴唇的轮廓内。

"去哪里?"

"跟我走。"

"为什么。"

"听话。"

"明白。"看着埃德孟多·拉萨尔朝她使的眼神,艾琳点了点头。

这时的两个人已经排除了刚接头时的"老公"与其他的关系,他们在其他人看来倒像是一对正走在上班路上的同事,嘴里认真地谈着一些什么。

美国石油公司驻马德里办事处的大楼还算可以,两个人说着话便走到了目的地。幸好艾琳一直随身携带者办事处的工作证,否则她的行动的完美程度要大打折扣,至少她自己这么认为。

站在埃德孟多·拉萨尔身旁的艾琳看着他,等待着埃德孟多·拉萨尔给自己介绍新的工作环境。艾琳清楚地知道,以后很长的时间里,自己都将在这里完成有关情报的收集与传递,情报网的构建等繁杂而细密的工作。埃德孟多·拉萨尔不慌不忙地,一一地把石油公司驻马德里办事处的同事们介绍给了艾琳。这对艾琳来说,是一个全新的开始,用一种伪装的身份完成一种"他人不知"的事情,已经让艾琳从对间谍工作的向往走入一种对机密工作的认真与好奇,究竟我的工作要怎样开展?

然而让艾琳失望的是,介绍完毕之后,等待她的并不是分配的任务,而是和一天之前一样冷静而单调的指示:回家待命。服从了命令的艾琳有些泄气,这儿的工作除了严肃之外,和她当初想象的一点儿都不一样。不能凭借自己尚浅的经验判断这究竟是对方对自己这个新人的排斥还是所有来到这里的人都受到了相同的对待,这尤其让她感到焦躁和不悦。

但，命令就是命令。

当天回到家中，艾琳哪里也没去，温和的安古斯蒂亚斯看出了她心绪不宁，像一位保姆一样陪着她说话，这让她的感觉多少缓和了一些。而就在次日一早，一位不速之客的到访却让她虚惊了一场。

这天早上，一阵敲门声惊动了刚刚起床的艾琳。身为间谍的警惕性再次涌起，但当艾琳和女仆安古斯蒂亚斯见到了门外的这位陌生人之后，却"噗"地一声笑了出来，站在她们面前的，是一位拎着一篮子东西的老奶奶。老人年纪很大，经过自我介绍，艾琳得知了她是玛利亚奶奶，这次来是为新的邻居送来一点儿自制的果酱和蜂蜜的。

有些不好意思的艾琳忙把老奶奶玛利亚搀进了房间，玛利亚人很是随和大方，端起来女仆安古斯蒂亚斯刚刚送来的咖啡毫不拘束地饮下一口，便开始和艾琳寒暄起来。一开始，艾琳还很愿意回答老人所说的话，但是渐渐她就发现，这位老太太的好奇心似乎是太过热情了一点儿，询问的内容不时就会触及到一些对她来说不方便随意示人的事情。尽管无法确认对方的身份是否有问题，但是这种问话已经触动了艾琳心中的防范意识。她开始有意识地用模糊的答案和年轻女孩调皮的玩笑来应付老太太的询问。

毕竟是训练有素，在和老人的交流中，她巧妙地把自己扮演成了一个性格有点浅薄和幼稚的普通年轻姑娘，嬉皮笑脸又似是而非的回应这老人的问题。但是老人并没有就此善罢甘休，中午的时候，为了感谢老奶奶的礼物和探望，艾琳和安古斯蒂亚斯留她在这里用了午饭。在共进午餐的时候，老人兴致似乎变得更高了，问题也随之而变多。镇定下来的艾琳继续着自己的表演，滴水不漏地将喋喋不休的老奶奶引出的话头引向其他地方，但仍然表现得十分热情。就这样，将一顿难缠的午饭时间打发了过去。老人并没有感到不悦，很高兴地向她们道别。然而待老人走后，艾琳却忍不住私下里长出了一口气：今后这样的考验，究竟还有多少呢？

虽然马德里情报站和美国战略安全情报局都是隶属于美国情报系统，而且马德里情报站是由美国战略安全情报局所直接领导，不过对于一个新人，组织上是必然要经过一番细致的考核；而艾琳也在这样的一个接触的过程中，完成从一个从新特工训练队出来的新人到一个情报站特工的华美蜕变。很快，拉萨尔就约见了艾琳，为她分配了"任务"。

"今天你先去我在纸上给你写的这几个地点，熟悉一下这些地方的情况，明天中午向我汇报。"拉萨尔总是习惯带着那副黑墨镜，也许镜子会被放大成一个面具，和别人说话时，能全然不必面对自己。

绕城而过的曼萨内罗斯河畔、有堂吉诃德和桑丘铜像伫立的西班牙广场、狂飙热舞的文塔斯斗牛场，按照拉萨尔纸上所写的，艾琳一一去到了。一天的行程走下来，艾琳发现如果有意识地去拜访这些地方，那些游览的兴趣就会全无了，但是关于每一个地方的信息却被有意识地记得清楚。拉萨尔交给艾琳的任务对于她来说可谓是一举两得，一方面让艾琳熟悉了一些地点的相关信息，另一方面让这个具有美洲气质的女孩的性格中再融入几分与这个国度相适应的浪漫与野性的气息。回来的路上，艾琳走在花田旁，却有一种极想向青草更深去走去的漫想，正如"何意百炼钢，化为绕指柔"。

翌日，在艾琳所处公寓旁花园的长椅上，拉萨尔带着那副墨镜坐在她的身旁。

"说说你掌握到的情况吧。"对于拉萨尔的问话，艾琳一一细致地做了回答，诸如河堤的高度、广场周围的分岔路、哪一条街最繁华、斗牛场的出口和座椅的分布规律等等。艾琳的回答让拉萨尔很满意，他不住地点着头。但在旁人看来，决不会想到他们是在进行着什么与间谍相关的事情，反而像是一对在街边闲谈的老友。艾琳并没有让他感到失望，她充分表现出了她精强的洞察力和记忆里。

拉萨尔以他多年的经验可以判断出，眼前这个刚从新特工训练队毕业不久的女孩，具有一般人难以比拟的天赋。怪不得美国战略安全情报局方面的约翰·德比会强烈地推荐这个名不见经传的女孩了，除了这些拉萨尔从与艾琳的接触中深切感受到的东西外，艾琳与人相处时的眼神、选用词汇，对于语气、环境的快速判断等都是综合起来所表现出的素质，亦是她明显优于他人的特质。至此，他才终于确认，这个年轻姑娘能够担当得起她来到这里所对应的重要任务。也正是从这一天开始，艾琳正式走上了她的工作岗位，开始了间谍的职业生涯。

莫扎特的名字于艾琳来说是听过的，不过让艾琳感到惊讶的是，并没有几个人能像眼前这位代号为"莫扎特"的人一样，对于莫扎特的全名、家乡等等都如此地了解。从一个侧面，这位代号为"莫扎特"的先生对于被美誉为"音乐神童"的作曲家莫扎特的谙熟，以一种貌似潜移默化的方式在告诉艾琳——见多识广的我并不是一个简单的人。话到这时，已经是艾琳乘坐的飞机着陆马德里之后的几个月。

"日子过得可真快啊。"坐在沙发上的艾琳不由得在心中感叹到。时光的飞逝确如闪电一般，光的强烈要先于声的震耳，匆匆而过的这些以"一、二、三、四"的方式变化的递增数列似的日子在一次次反复的轮回之后又在重回原点时迎来了质变和转弯。

"莫扎特的全名是沃尔夫冈·阿玛多伊斯·莫扎特，也许没有几个人知道他的全名，何况是如你一般的年轻人。"代号"莫扎特"的男人坐在艾琳的对面，递给她一杯葡萄酒，提了提自己的领带，笑得文质彬彬。

在美国石油公司驻马德里办事处的办公室即美利坚合众国石油办事处的办公室里，代号"莫扎特"的人看着她笑笑，说道："下面咱们聊些具体的东西。"说着话，"莫扎特"将高脚杯放在桌子上，"欢迎你的到来，艾琳·格里菲斯！"艾琳也随着"莫扎特"伸过来的手，上去握了一握，艾琳感觉到那张手掌是那样地有力。

"在西班牙、在我们的组织里，要记住埃德孟多·拉萨尔是你的单线联系人；获得的情报由我来决策，做出决定。"艾琳一直在低着头认真地听，说这句话的时候，"莫扎特"拍了拍坐对面的艾琳，示意她要直视他的眼睛，以确定他就是情报的真正决策者，其他人是没有丝毫的权利作出什么决定的。

听着"莫扎特"说的话，艾琳微微努着嘴角盯着他，什么都没说，"前一阶段，一个多面间谍渗透进了我们的组织，我们的损失非常大。您要知道，现在在我们的组织内部，可用的人手真是不多。所以对于你的来到，我们不仅非常欢迎，而且也是衷心渴望着的。"

由于所处的利益集团的不同，艾琳服务的美国战略情报安全局是属于同盟国主力间谍组织之一。难免的，德国方面就会想方设法地对马德里情报站进行摧毁式的打击。对于间谍组织这样的情报机构，其严密性不仅是让被套取信息的人或组织感到十分地头疼，就连间谍组织和间谍组织之间也会感觉到不寒而栗、深不见底。

"德国的希姆莱在我们组织里已经安插了一个间谍网，一个高级的间谍在领导着这个间谍网。盟军在法国南部登陆战的成败与否，很大程度上就取决于马德里情报站提供的情报，如果获取情报的这个过程中出现什么纰漏的话，那么几千甚至是几万美国士兵的性命就会葬送他乡，你

二战中的谍海之花

要知道情报的每一个环节都是不能出任何的差错的。" "莫扎特"继续说道："关于你来到美国石油公司驻马德里办事处的事情，埃德孟多·拉萨尔已经为你安排妥当，下周一你就可以来上班了。不过你要记得自己的日程，不能让其他人对你的身份有任何的怀疑；再有，你要尽早融入马德里乃至西班牙的上流社会，那里的情报更加诱人。明白吗？"

"是的，这就是我来到这里的原因。"艾琳点点头。"莫扎特"点点头，取出一把手枪，交给她，低声说："拿好它，不过我们都该祈祷最好不要有需要用到它的一天。""战士不会在乎对敌人使用武力。"她看着他的眼睛，轻声而坚定地说道。

热情洋溢的人们，自打行程一开始，便三言两语地说笑开来。

在这个多山、高原广布的国度里，平均的海拔也有六、七百米。从北向南进发的路途上，说成俯视和下冲，却也可以。

豪华的火车包厢内有如家一般的感觉，这个时候，西班牙的天气并没有到最热的时候，这个包厢虽有两张床位，可是它却仅仅属于艾琳一个人。

天色近黄昏之时，艾琳一个人躺在包厢的床铺之上，漫无目的地回想着上车之前，代号为"莫扎特"的哈里斯交代给自己的话。

哈里斯说话的方式从来不拐弯抹角，而是删繁就简、直奔主题。借着艾琳在美国石油公司驻马德里办事处办公室的房间，哈里斯把艾琳叫了过来，准备把一项重要的任务交给她。

沙发上落坐的哈里斯神情严肃，情绪紧张得不住地抽着烟。开门进屋的艾琳甚至觉得这里简直就是一个雾霭朦朦的幻境，而藏在烟雾背后的确是有话要讲的哈里斯招呼艾琳过来的手在不断地摆动的过程中形成的动画效果衍生出的虚影，艾琳先是定了定神，确定是哈里斯后，轻轻地推上了门。

"这一次我亲自与你面谈是有重要的任务要交给你，希望你已经做好了准备。"说这话的哈里斯扔掉了还有一半尚未燃烧的烟头，喝咖啡的时候的哈里斯的另一只手还放在另一个兜里。这让艾琳感到有些莫名的紧张。哈里斯先是坐在了一张大桌子的后面，像是在用力地扭动着什么东西的样子，衣架后面的墙便开始缓缓地移动了，里面的房间这才呈现了出来。跟着哈里斯的脚步，他们走了进去。

房间里的陈设很简单，四把椅子、一张红木圆桌、木床一个和一个刷有蓝色涂料的铁皮保险柜。门被哈里斯带上了，在这间密室之外看来，办公室里没有人、门也被关得好好的。"这是情报站准备的密室，记住，没有我的命令，你不得进入。懂吗?""当然。"艾琳回答完哈里斯的话，便随着他坐在了蓝色保险柜的旁边。

"有一种成像器材的胶卷，我想你在学校一定听过。这次执行的任务与微型胶卷有关。"哈里斯说完话，便小心翼翼地去用钥匙打开蓝色保险柜，并将耳朵贴在了保险柜的柜门上去对保险柜的明码和暗码。看样子，哈里斯对于开保险柜很是老道。

"今天我要给你看的微型胶卷，你就一定没有见过了。这是科技人员刚研制出来的，要是进行销售的话，不知道要多少比塞塔（旧西班牙货币）才能搞定了。"在一个小袋子里，装着一个看起来非常小的微型胶卷，看样子也就是二、三厘米直径的一个圆筒状的胶卷。

哈里斯关上了蓝色保险柜的柜门，挨着艾琳坐下，"是这样的，这次你要前往马拉加和一个代号为'黑家伙'的人接头。这个微型胶卷上写有包括马拉加、巴伦西亚、塔拉戈纳、巴塞罗那等地的西班牙人的名单，这些人是我们的联络网的重要成员，下一步的法国南部登陆战能否

二战中的 谍海之花

顺利地开展、稳妥地进行，都要看我们这几次的行动完成的怎么样。如果顺利的话，不但会少损失几千、几万美国士兵的生命，法国、波兰等国平民的生命也会免于生灵涂炭。"

"我什么时候行动？"

"今天下午，即刻动身。"

"我还需要带什么东西？"

"手提包里的枪是送给'黑家伙'的礼物。在火车上的时候，你要把微型胶卷藏在你的内衣里，只有那样才能尽量避免被发现。'黑家伙'围了一条织有'V'的纱巾，他坐在马拉加市中心的教堂里的最后一排，和'黑家伙'接头前，你要想办法把藏在内衣里的微型胶卷拿出来交给'黑家伙'，你不必和他说任何话，还要记住他的左耳上带着一个金色的耳环。你只是需要将东西安全地交给他就行了，那样你就完成了任务。之后，尽快坐车返回马德里向我汇报。"

就在艾琳的思绪想到这里的时候，敲门声在外面想了起来。"你好，请开一下门？我是乘警，要例行检查。"从外面说话的声音中可以听得出来，一个中年的男人气势汹汹，很高傲的样子。

"稍等一下，稍等。"艾琳检查了一下身边，确认没有什么问题之后轻轻地打开了门。迎面走进一位穿着制服的中年人，冲她微微一掀帽檐算作致敬，"美丽的小姐，你好！请出示你的护照。"

这个还是好说的，艾琳随手将护照递给了面前的警察。

乘警先生打开护照看了又看，像是丢了什么东西，很有可能在艾琳这里找到一样，看了看护照，又看了看艾琳。适时地，艾琳向乘警抛了个媚眼，但他似乎并不为此所动，又说道："美丽的小姐，请出示你的旅行证。"

"旅行证。我从来都没听说过呀。"

"你再好好想想，也许会有印象的。"

"不，我是真的不清楚仅仅是从马德里到马拉加还需要什么旅行证。"

面前的乘警先是从上到下、从下到上地打量了这位金发的小姐。"哦，那就不好办了。看样子，明早你得跟我去警察局走一趟了。"

"不，先生。求您了。我好不容易来这座海滨城市散散心，您不知道，我刚刚离了婚。"说着话，艾琳的泪水瞬时涌了出来，她笃信自己的演技足以达到以假乱真的效果。但是乘警却在犹豫了一下之后再次打消了她的期待："我很遗憾，女士，但是我必须要请您明早到站后去警察局确认身份并补办手续才行。"

"哦，不。千万不能那样，我只是想一个人来这里散散心，如果明天我不能自由活动，那么我就见不到我久违的朋友了。"艾琳知道这样的事情会发生，于是提早在自己的身上揣了一卷钱，趁两个人站在那里不说话的时候，钱被递了上去，但是马上就被推了回来。"我不接受任何形式的讨好或是贿赂，请你自重。明早我会过来。再见！"说着话，乘警转身就离开了。

艾琳不知道，在此刻的马德里，那个德国希姆莱安插在马德里的情报网已经展开了一场大规模的行动，他们神不知鬼不觉地又干掉了几个在为盟军提供情报支持的地下组织，随着盟军在欧洲开辟第二战场的开始，情报组织就变得更加活跃了。战争形势的变化所带来的不仅是战争上的烽火连天，在深层的背景下，信息战的成败在更大的程度上对战争形势的发展构成了至关重要的影响。

思考了一整夜脱身的计划，但是都被自己否定，在焦虑中，艾琳等到了天空放亮。车厢的门被再次打开，那位前晚来到的警察已经守候在了门外，他眼神直视、神态庄重，"小姐，请跟我走吧。"说着话，警察把艾琳的手提包拿了起来，向外走。

"先生，咱么这是要去哪里？"艾琳明知故问。

"马拉加警察局，女士。"

"您不能这样对待我，没有人对我提到过需要这种证件，这并不是我的过失啊。"

"小姐，您请不要担心，我只是带你去警察局说明情况而已。"

既然说什么话都没有用，艾琳就只好跟着警察向着警察局的方向走去了。一路上，艾琳并没有对这位严肃的警察说什么话，而艾琳在思考的问题确是如何才能在尽可能的时间里快一些地把哈里斯交给自己的任务尽快地交给"黑家伙"。

"请坐吧，小姐。"说着话的时候，警察随即走了出去，留下艾琳一个人在警局的屋子中静静地等候，她的脚在不停地移动，在地面上反复地摩擦着。这真是一场漫长的等待，负责处理她这件事情的警察局长并没有在局里，也没有交代什么时候能够回来。因为耽误了见面时间而感到越来越不安的艾琳几次询问那位抓到自己的警察都没有得到局长回来的消息，等到这位局长大人终于观看完斗牛比赛回来并将她的事情处理完毕之后，已经过去半天的时间了。

终于被放出来的艾琳急匆匆赶向自己的目的地，总算勉强赶在接头时间之前来到了见面地点——教堂。那个在艾琳出发前、马德里情报站站长哈里斯给自己提到的"黑家伙"的形象，艾琳还是记得的，在礼拜堂的最后一排座椅上，她果然找到了那个人。压抑住激动的心情，她走到那人身旁的空座坐下，双眼看着前方祈祷的牧师，手却在提包里摸索着那些需要交付的物品。初经任务的紧张阻碍了手指的灵活操作，她费

二战浪漫曲

了很大力气，才终于将东西交了出去。然而，当东西交接完毕，她想打量一眼身边的人的时候才发现，他已经不知道什么时候消失了。她看着空空如也的旁座，忽然觉得自己一直绷紧的心弦紧张得有些滑稽。就这样，艾琳的初次任务，就在这种啼笑皆非的成功当中结束了。

早在艾琳来到西班牙的马德里之前，负责和艾琳进行单线联系的埃德孟多·拉萨尔先生就不顾寒冷地在马德里奔走。并不是没有尊贵到可以让艾琳作为安身落脚之处的场所，而是一个既能避开德国人视线又能处于马德里情报站掌控之中的地点并不是太好找，埃德孟多·拉萨尔先生本着良者择其优的原则，去过西班牙广场一带，也转过公主街，但是选来选去还是挑中了现在的这个安静而隐于市的场所。

选定了公寓后，埃德孟多·拉萨尔仍然带着他的黑墨镜微露笑意地说道："这个房间，我先交半年的房钱。过几天会有人过来，希望你们打扫一下房间。"扔下钱，他便潇洒地走了出去。实际上，这无论是对于埃德孟多·拉萨尔来说，还是对于马德里情报站来说，都仅仅是在走一个过场，公寓的老板从某一个侧面来说，已经是属于马德里情报站的人，一张网早已经在马德里、在西班牙铺开。

这些话，都是在艾琳和他的单线联系人埃德孟多·拉萨尔有过多次成功的接头经历之后，埃德孟多·拉萨尔和她（艾琳）透露的其中一部分细节而已。接收电报是艾琳在这里的其中一项重要任务之一，安静而安全的环境是保证这种工作进行顺利的最关键因素。得到的电文译好之后，她会利用养在窗台上的信鸽送去指定的地方。

关掉了灯，艾琳走到自己的卧室里开了窗。而艾琳刚才还在接电报的书房则是从不开窗的，涉及到组织内行动和军队行动的相关内容的屋子的窗户上总是由一层细沙的窗帘所覆盖起来，甚至连艾琳生活上要每天接触的女仆安古斯蒂亚斯也对那个神秘的屋子从来没有得见，除了组织上的单线联络人埃德孟多·拉萨尔和马德里情报站的站长，是没有人再会知道这个屋子的存在了。一缕清风轻柔而凉爽地滑进屋宇，疲惫而紧张的身心总算是透了一口气。鸽子的导航能力和记忆力都是极好的，无论一个城市有怎样相同而又相似的建筑或是如何错综复杂的道路街网，信鸽的职责就是按照主人交给的任务去直奔目标地送达信息。手里拿着鸽子的埃德孟多·拉萨尔看了看表，离约定的时间还有二十分钟，按照自己行走的速度十二分钟就可以达到指定的地点。另一方面，为了双方都能够在安全的情况下尽量地节省时间而又顺利地完成接头的任务，艾琳算了一下，以自己的走路速度，大概八分钟就可以到达。双方都在不住地看着自己的手表，埃德孟多·拉萨尔先出发了。

由繁而密的石子铺就的道路上是艾琳匆匆地步伐，七号邮箱那里现在还空无一人，在这同时，却有两个人、为了同样的目的、向这个地点疾行而来。

"内容已在，破译完毕。"艾琳大口地喘着气，像是夹着尾巴的狐狸一样，左顾右盼而又畏首畏尾地说道。

一股莫名的力量将艾琳拽到了一边。"明晚这里，等我消息。"在艾琳的眼前，埃德孟多·拉萨尔用手指做了一个数字"10"的动作。说罢，二人迅即散去。

但是，当艾琳在赶回自己公寓的路上时，她感觉到像是有人在跟踪自己。艾琳反侦察的能力是极强的，她利用在一个轿车旁蹲下来系皮鞋带子的机会，从车的后视镜里并未察看到有人跟踪。女人的第六感觉有时却又是极准的，她们天生就是充满了灵性的动物，可爱而又危险、神秘而又浪漫。过了几条街之后，艾琳仍然感觉到像是有人在跟踪自己，于是她摸了摸放在大腿内侧的口红手枪，做好了危险时开战的准备。途径转弯之时，艾琳猛然间回头，这条安静的小路上仍然是全无一人的空空荡荡。

为了消除心中的疑虑，也为了安全起见，本来打算回公寓的艾琳在权衡之下，还是决定绕道而行。

途径一个熟悉的街路的时候，艾琳迅速地钻进了一个街巷里，"这里人多，有人跟踪的话，也不敢动手。"艾琳在心里想。

僵持了有一会，玩耍的孩子、散步的人群、喝醉的酒鬼、热恋的情侣等等，很多的人从这里经过，并没有什么发生。趁着人流在不断地移动、分散，艾琳也像个充满闲情雅致的人一样，混入了人流里。

寂静的时刻终会来到，离艾琳所住的公寓旁不远的几条小路都是鲜有人过往的地点，不像其他的地点，要九十点钟才会趋于沉默，这里八点钟左右就会呈现出一种沉默的状态。

杀手终现身。一道黑影闪过，鸡皮疙瘩出现在艾琳的全身。"长这么大，还是第一回动刀动枪。"艾琳在心里说道。

墙角处有灰尘掉落下来，艾琳一个闪身，衣服擦破了，胳膊上的皮肤有一种突然而至的灼热感，到这会艾琳才意识到，对手用的是消音枪。看来今天晚上必须得分出一个生死了，自己的身份最起码已经被这个人发现或是感觉不寻常，艾琳掏出了口红手枪时已经躲进了另一边的墙角，急促地呼吸着。

忙乱中，低下头，艾琳看了看自己那块被子弹擦伤的皮肤，已经红肿。忍着痛，等待机会或者是转机，此刻已经紧张到不知是无畏无惧还是泪如潮涌，每一个，哪怕是微小到绣花针落地的声响，也会被无限地放大成潮涨潮落的澎湃。

也就是这个时候，在这个十字路口的另一侧响起了熟悉的口哨声，艾琳知道这是在埃德孟多·拉萨尔和自己接头的时候使用的暗号。这下子，艾琳的心里有了底。如果按照方位来说，艾琳处于东南方，杀手处于西北方，而埃德孟多·拉萨尔则处于东北方，西南方则是一小片草地，另三面都有围墙。真实的情况是，接头人埃德孟多·拉萨尔一直都不放心艾琳自己一人回公寓，也确实是感觉到了今晚的有些不寻常而选择暗地里跟着艾琳，没想到一个杀手却埋伏在暗中，打算待时机成熟后结果艾琳的小命。转瞬间，形势发生了急转直上的变化，他们（艾琳和埃德孟多·拉萨尔）决定消灭这个杀手。经过这段时间的锻炼，艾琳已经变得十分成熟而勇敢了，她果断冒险探头两次吸引杀手开枪暴露位置，她和拉萨尔的交替掩护彼此，终于让杀手顾此失彼，被后者连续击中数枪。

这场冒险中，艾琳完全凭借着临场的机智和训练中得到的知识，等到回到家中，她的腿马上就软掉了。一觉睡到了第二天上午的时候，女仆安古斯蒂亚斯以为她身体不舒服，精心地为艾琳做了调养身体的羊排香肠豌豆浓汤，加上马拉加风味的烤鱼，享用了这些美味后，人的确是精神了不少。艾琳这个上午哪里也没去，就是呆在公寓里。

根据中午信鸽传回的信息，新的接头地点定在了游乐场。鉴于昨天被跟踪的事情，艾琳出门前改变了自己的装束和样子，以完全不同与自己平时装扮的形象来到了接头地点。在这里等待她的仍然是埃德孟多·拉萨尔，不出艾琳所料，他简单地告知了她准备接待两位重要的女情报员的任务，并向她转达了近期减少活动以避免昨天的暗杀事件再次发生的要求。这就意味着，接头工作这一阵子会明显地减少，而随之上升的则是具体执行任务的活动。

晚上的时候，艾琳刚刚进屋。"艾琳小姐，有您的电话。"女仆安古斯蒂亚斯将话筒递给艾琳后就向厨房走去。

"艾琳，是我。"

"你是？"

"我的声音你这么快就听不出来了？"

"可能是我最近上班太忙了。"

"你还在石油公司的办事处工作吗？"

"是的，女士。"

"呵呵，我是罗莎夫人。明天有一个家庭聚会，在郊外的一个庄园，希望你能来。"

"哦，那真是太好了。说实话，咱们还真是好久都没有见面了，我有好多话要找你说呢。"

"是真的吗，宝贝？我不是听错了吧？"

"瞧您说的，我像是一个很爱说谎的人吗？"

"那就说好了，明天上午的时候到我家来找我，咱们一块出发。你不会连我家也找不到了吧？"

"当然不会，我还是很记路的。你放心，我会按时到达的。"

"那就说好了？"

"当然。"

要是说没见面的时间，和罗莎夫人确实是有一段时间没有见面了，这是一位热衷于社交和经营女性时尚友人圈子的西班牙政府高级秘书官夫人，也是艾琳在西班牙其中一个可以借机吸收有价值信息的交际媒介。恰好在没有指定任务的时候，去借这个机会主动进行一些信息的收集，并且重新强化一下自己的人际环境。为了这次宴会，她在第二天晚上精心打扮了一下自己，充满田园风情的镂空式草帽、吊带紫罗兰束腰百褶裙、五角星蓝宝石耳钉、印描着活灵活现的橄榄树图案的檀香纸扇、古龙香水的清雅淡香，端庄和奢美汇集一身，使她有信心把宴会上所有人的目光吸引到自己身上来。

早上出门前，艾琳并没有吃什么东西，蔬菜沙拉向来是她的所爱。喝一点红酒，听一会肖邦的音乐，艾琳准备着为这一天的美好聚会而需要的心情，简单、欢快、自然。当然，在这些与一般家庭聚会无异的心情之外，还是需要一些有意识、目的性较强的心理准备。毕竟组织上交代的任务要立刻而稳妥地去执行，这时女仆安古斯蒂亚斯为她拿来了雨伞，艾琳仰起脸，仿佛昨天晚上的危险从未在她身上发生过一般，微笑着走了出去。

罗莎夫人的庄园建在郊外，聚会也在露天环境当中举行。妙景佐餐，轻风送酒，令人心旷神怡。不多时，几位夫人和年轻小姐离开人群，单独聚在一起，开始她们朋友圈式的聊天，同在其中的艾琳却知道，套取消息的机会就存在于女人们口唇不经意的开阖之间。

爱炫耀自己身为贵妇人的罗莎夫人拿起了一颗小樱桃，吞下后又舔舔嘴唇，回味无穷地说道："据传闻，德国人的兵力最近在向法国的南部地区增加，他（罗莎夫人的丈夫）还和我说了一嘴，好像是向法国的东南部增加。哎，这些事情，我都不感兴趣。来，咱们干杯，让他们去忙他们的大事吧。"罗莎夫人端着酒杯，将杯中酒一饮而尽。

好日子的前提之一是好天气，一望无边的橄榄树林满目在眼里。罗莎夫人吩咐了自己的几个仆人照看另两位醉酒的夫人后，便叫上一男一女两位仆人和自己随艾琳前行，他们要去看一看橄榄树林的深处、藏着怎样的美丽。

一片接着一片的绿，强烈的日光让事先准备的遮阳伞派上了用场。

为打探情报已等待多时的艾琳这时把话题一步步地引向自己所能掌控的主题，关于罗莎夫人的丈夫工作上的事情，以及罗莎夫人本人所感兴趣的奇闻轶事，艾琳都尽量地在看起来漫不经心的交谈中追根求底。在那阳光正是强烈的午后，他们大概花费了四个钟头的时间，只记得是走了很远的路，也和罗莎夫人说了好多的话，快日落的时候，艾琳已经和几位夫人道了别，回到了公寓中自己的卧房里。

仅是从罗莎夫人处获取情报显然是不够的，艾琳准备在近几天和她在西班牙的另一位女友微若妮卡见见面，她的丈夫是西班牙军界的要员，艾琳希望能从她的口中打探出一些相关的消息。

和罗莎夫人聚会的第二天，艾琳在上午的时候便给微若妮卡打去了电话。

"你好，我是艾琳。"

"你好，艾琳。我是微若妮卡，有什么事吗？"

"呵呵，好长时间没见到你了。最近有没有空，出来聚一下？"

"嗯，至少今天是不行，今天的事情都安排满了。后天怎么样，你看？"

"那当然好啊，亲爱的。"艾琳笑着回答。

风铃一样的笑声传进艾琳的电话听筒。"呵呵，就爱听你说话。后天上午，你等我的电话。"

"好，那就这样说定了。"

"好，说定了。"

撂下电话，艾琳躺在床上，漫无目的地看着外面的天。

扑啦啦，扑啦啦……

埃德孟多·拉萨尔的信鸽蓝鸟落在艾琳的阳台上，每次看到这只眼神犹疑的信鸽，便意味着又有任务或是接头工作需要艾琳来完成了。艾琳先是从信鸽蓝鸟的腿上取下了埃德孟多·拉萨尔写给她的纸条，"今天晚上在公主街和皮埃尔见面，告诉他，下一步盟军将把进攻的重点继续放在法国北部的战场上，让他搞清楚法国北部的德军的动向。"

久违的名字让她目光里的喜悦跳动了一下，但是很快，她就回到了自己的角色里，不动生声色地处理掉了纸条。

当晚，两个彼此思念已久的人在指定地点见面了，奇怪的是，无论谁都没有太多地叙述别来之情，有的只是暗号切口核对之后指令信息的交往传递。但是他们之间交汇的温暖的眼神却代替了语言，互相倾诉了对彼此情感。一段时间不见，他们变得沧桑了些，也更专业了些，但是这种眼神之间散布的温度却在烧融这种稳定的状态，这场"接头"最终以皮埃尔一个没有声音的吻宣告了它的结束，留下的，是两人离去时久久回望的眼神和脸颊边残留的一点轻红。

与皮埃尔执行完接头任务的第二天上午，艾琳接到了打来的电话。两人相约来到一处舞会游玩，但遗憾的是，这一次艾琳可谓情场得意，职场失意。微若妮卡年纪和艾琳相仿，但是空有中将太太的身份，却没有任何政治见解，她所关心的只是身为一个妻子和女人考虑范围内的东西。抱怨和无意义的成分在她的话语中所见颇多，她很单纯，但和单纯同样适用于她的另外一个词汇就是空白。这次舞会，艾琳没能从她口中得到什么。

两个人玩到了深夜，艾琳才送醉醺醺的微若妮卡回到家里，因为时间太晚，艾琳不得不在她家中留宿了一夜，然而第二天一早的时候，她便被微若妮卡房间里的电话声给吵醒，艾琳的女仆安古斯蒂亚斯来电话说家里有人找她。艾琳的心中立马就对打到微若妮卡家来找自己的人有了答案，自己的单线联系人埃德孟多·拉萨尔又有任务要交给自己了，并且从知道这个消息的那一刻起，艾琳就隐隐约约地感觉到事情的紧急。

当艾琳从微若妮卡的家匆匆赶回自己所住的公寓的时候，埃德孟多·拉萨尔已经带着两个陌生的女人坐在了房间里。大口喘着气的艾琳表现出自己迅速从微若妮卡的家里着急赶回来的风尘仆仆，艾琳此刻也是感到非常惊讶的，坐在她面前的两个女人是陌生的面孔，但是看到坐在她的对面又坐在两个女人旁边的埃德孟多·拉萨尔，艾琳的心中便有了数，尽管并不清楚到底是有什么样的任务在等待着自己的执行，不过艾琳为又有任务可以执行，一丝高兴已经陡然从心底升起。

早些时候，阳光就已经参差不齐地射进了屋里。也许是谁也没注意到，更可能是看到了也没人说，大家还是把注意力完全放在了人的身上。

女仆安古斯蒂亚斯端着四杯橙冰（西班牙的一种橙汁饮品）走了进来，什么都没说，只是努着嘴挤了个笑容就走了出去。很显然，对于艾琳这种频繁有客登门、事务繁多的生活习惯，女仆多少是不太喜欢的，而如果让安古斯蒂亚斯知道了艾琳所从事的是一项多么高尚而伟大的事业后，相信安古斯蒂亚斯出门前的笑容会更加为她感到自豪。

坐在艾琳对面的埃德孟多·拉萨尔理所应当地先开口打破了沉默和凝滞的气氛。"很抱歉这么早打搅你，但是现在有些事情需要你的帮助。这两位是为我们组织提供情报的特工，她们其中一位在执行任务的过程中受了伤，要在你这里养伤几日。可以吗，艾琳小姐。"艾琳听着埃德孟多·拉萨尔的话眨了眨眼睛，点了点头，而埃德孟多·拉萨尔又像感觉自己没说明白似地补充道："你知道，我是一个男人，不太方便。"

"您的话说得太客气了，这就算不是工作的一部分，我也会答应您的。"艾琳摇摇头，对他和两个姑娘笑笑。她知道这件事中自己所面临的

二战中的谍海之花

风险，能让拉萨尔这样郑重而嘱托并要求贴身照看的对象，必定是已经有所暴露的情报员。见她答应了，埃德孟多·拉萨尔看起来很感动，起身站立，对艾琳拥抱了一下，并在耳旁轻声地说道："这一阵子真是辛苦你，再坚持几个月，登陆成功了，我们的任务就完成了。"埃德孟多·拉萨尔口中讲的"登陆"，艾琳是明白的。尽管现在还是1944年三四月份，不过到了六七月份的时候，艾琳对于这个"登陆"的指代意义便有了更加具体的理解。

间谍或是特工之间没有过多的客套，有的只是严谨、认真、负责。把两个女特工带来的埃德孟多·拉萨尔将该说的话说完后，便打了个招呼离开了，剩下的事就要艾琳和面前坐着的两位女特工来接触了。

"辛苦你们了。"艾琳和两女两位特工握了握手，继续问道："那我怎么称呼你们呢。"

一个棕色长发的女人回答道："我叫玛尔塔，她是玛德莱娜。"说话的时候，棕色长发的女特工先是用右手指了指自己，又接着指了指坐自己旁边的黑色长发女子。

"哦。"艾琳点了点头。

棕色长发的玛尔塔继续说道："最近德国盖世太保的行动变得更加频繁了，我们中的很多人已经被杀或是暴露了身份。"

"是的，西班牙的间谍网也被德国希姆莱安插的高级间谍所率领的组织所渗透，对我们的组织造成了极坏的影响和威胁。我这里是安全的，你们可以放心地呆在这里。"用眼神交流的三个人，艾琳、玛尔塔、玛德莱娜都用眨眼和点头来表示对于现在的情况已经变得紧张的状态，表示了自己的认同，艾琳的话也正是玛尔塔和玛德莱娜想说的话。

说话归说话，事情的进程还是要继续。玛尔塔的眼神中露出了期望的神色，"对了，玛德莱娜是不会讲西班牙语的。她是我的同伴，情报是她弄来的，为此玛德莱娜还受了伤。我们身上没有身份证，要等到组织上接应的人过来用车把我们再送到边界处，我们是从边界的另一面过来的，幸亏是玛德莱娜在我们翻越比利牛斯山的时候帮了我不少的忙，否则这次的任务恐怕是难以完成了。"

听着玛尔塔说话的艾琳看了看玛德莱娜的胳膊，之后问道："现在伤势如何，用不用再做处理。"

"问题不大，只是皮肉伤，我们身上带了些创伤药。"

紧接着，玛尔塔像是有心事地接着补充道："问题是……"

"问题是什么。"坐她们对面的艾琳急切地问道，这时艾琳又拿起橙冰喝了几口。

"稍等。"做事谨慎的艾琳又习惯性地打断了玛尔塔欲言的话，站起身来，走到窗边去看了又看，之后推上了窗，又把在刚才就已经轻轻关上的门再一次地使劲推了推，才又重坐到玛尔塔和玛德莱娜的对面。

"你说吧，玛尔塔。"

"是这样的，艾琳小姐。我们起码要下周才能离开这里，如果你方便的话，在这里，我们得住到下周。"

"这个问题你们不用担心，我刚才已经让女仆安古斯蒂亚斯为你们准备出房间了。在这里住上一个月也是不成问题的，先跟我到为你们准备的房间把东西放下吧，还有玛德莱娜的伤，看起来是需要好好地静养几天。"

明白地理解了艾琳对于自己和受伤的玛德莱娜的安排，玛尔塔从自己的内衣里掏出了玛德莱娜冒着生命危险搞来的情报，并小声地说道："这份情报，盟军需要。"便如释重负地理了理自己的衣服，轻轻地跺了

二战中的谍海之花

跺脚。此时，受伤的玛德莱娜还是虚弱不堪的样子，不像此时已经有点缓了过来的玛尔塔一样的精神饱满，玛德莱娜看起来现在就需要好好地休息休息。

简单地看了一眼玛尔塔给自己的情报，赶快将情报收好，紧接着艾琳也站了起来，将玛尔塔和玛德莱娜带到了女仆安古斯蒂亚斯已经为他们收拾到的房间。关于迎接两位女特工的事算是基本结束了，艾琳也回到了自己的房间，准备好好地休息一下。

当天晚上，两位女特工的情报顺利地经艾琳之手按照马德里情报站站长哈里斯的指示发给了伦敦方面，在艾琳的所居住的公寓里，两位在来到时已经快体力透支的女特工大体已经恢复了过来，她们所需要的就是等待接应她们的人。这是一个微妙的过程，等……

天空到处都是繁星的夜晚，艾琳的窗台上有信鸽蓝鸟落下的声音。"又有任务要自己来执行了。"艾琳在心里说道。转而，她从信鸽蓝鸟的腿上拿下了纸条，纸条上面写道，今晚老地方见。这是不用多说的，艾琳和埃德孟多·拉萨尔都心知肚明。

简单做了一些准备，艾琳就出门了。艾琳是一个谨慎的人，与众不同的是，她不会让人感觉或是察觉出她的谨慎是非常特意做出来的，慢慢地，在举手投足之间，艾琳都能分寸得当地谨慎行事、为人。

每次接头，事先通告过的暗号会被再一次重复，所有的细致准备都为了行动的万无一失，情报工作不允许有任何纰漏出现。埃德孟多·拉萨尔的黑墨镜和黑帽子带得是那么的有味道，而艾琳已经习惯地穿着惹火的连衣裙和性感的皮带凉鞋，艾琳始终都记得组织上曾经和她说过的话，要让别人认为你是一个从不关心政治的轻浮的美国小姐，在马德里的艾琳确实给了人们这样的感觉。

"先生，你热吗。"

"哦，那可不是一般的热。"

"怎么才能让你凉快呢。"

"你说呢。"

"要我说，你得等着，把热的时候都等过去，就会凉快了。"

"可我现在还是很热啊。"

"那咱们就一块走一走。"

"你的提议不错。"

两个人看似无聊的对话，却有智者点拨迷津一样的作用，接上了头，任务就可以执行，这次的任务就是接头。

确定的接头地点人头攒动，并不利于说太多有关情报任务的话题，于是，两个人找了一间咖啡店坐下，在一个位于角落的桌子边说着"悄悄话"。

本次任务并没有什么值得一提的特殊之处，在埃德孟多·拉萨尔的话语中，被多次强调的是关于组织上对于电报中几个新暗码所对应的意思，由于是电报中使用的暗码，埃德孟多·拉萨尔并没有给艾琳写在纸上，只能是口述三遍。考验优秀间谍的时刻，未必都是在打打杀杀的战场上，在战场背后的情报战中，记忆力更是考验一个优秀间谍的重要时刻。

其外，是一张情报组织新成员的名单和西班牙南部地区的联络单，埃德孟多·拉萨尔要艾琳做到心中有数。艾琳只是拿起这两份单子，匆匆地看了一眼，端起一杯蓝山闻香品浓。

回到公寓的时候，两位女特工仍然是安静地呆在给她们安排的房间里，看来为了弄这份情报而翻越了比利牛斯山的她们真是累坏了，尽管体力基本恢复了，她们的精神看起来还是欠佳的，需要好好地修养。艾琳每天一有时间都会去看看玛尔塔、玛德莱娜，尤其关注的是受伤的玛德莱娜的伤恢复得怎么样，并告诉女仆安古斯蒂亚斯多给她们加些营养品。

不一会，艾琳的朋友罗莎夫人打来了电话，说有一个政府组织的狂欢派对可以允许带两个家人去，罗莎夫人便和其丈夫说要带自己最好的朋友艾琳去，罗莎夫人的丈夫欣然地同意了，罗莎夫人还告诉艾琳，这次的派对是一个两天两夜的狂欢派对，要艾琳做好心理准备。

在这场狂欢派对上，艾琳见到了罗莎夫人的丈夫，也就是那位显赫的政府秘书官。但是与大方开朗又艳丽动人的夫人比起来，这位秘书官的长相衰老而又猥琐。见到艾琳之后，这个老男人的眼神就发生了变化，受过训练的艾琳敏锐地捕捉到了这一点，她开始不露痕迹地在言语和行动上挑逗着这个男人内心的非分之想，在别人看来，她的表现只是年轻女孩的娇憨和仰慕虚荣而已，但这反而更加吸引了对方。同时，罗莎夫人也因此而并没有起什么疑心。

一切因素都在朝着有利于艾琳的方向发展，并且在艾琳有意识的劝说下，秘书官答应为艾琳接近德国的军官而铺桥搭路，一种莫名的喜悦感在艾琳的心中不断地增加。此行随罗莎夫人参加狂欢派对是成功的，艾琳从秘书官的手上获得了大量的重要的情报。可艾琳不会知道的是，她的喜悦感即将被一种恐惧的失落感取代。

狂欢派对结束的时候，艾琳和罗莎夫人、秘书官告了别，向着自己的公寓赶回去，她要回家好好地休息休息。但是当她回到家，连续叫门两次都没有回应，她陡然意识到，自己不在这里的时候，一定是有什么事情发生了。

用自己带的钥匙把门打开后，屋子里面首先见到的是满地凌乱的事

二战浪漫曲

物和大敞四开的抽屉和柜门，更加让人心惊的是扑鼻的血腥味，但是客厅中一个人都没有。她颤抖着打开两位女情报员的房门，里面静静摆放着的，是她们已经死去多时的尸体。艾琳的指甲抠进了手心儿里，她支持着，给拉萨尔打了一个电话，简短地告知了他这里的情况。尽管电话，埃德孟多·拉萨尔告诉她，一会他和哈里斯会马上赶过去，让艾琳暂时先呆在公寓里，哪里也不要去。

摞下电话后，艾琳又大着胆子去推开了自己的房间，自己床上都是弹孔，满屋的凌乱。而去到女仆安古斯蒂亚斯的房间时，艾琳发现女仆已经消失不见，一样的是，女仆安古斯蒂亚斯的房间也是一片狼藉。

此刻，艾琳焦急地等在电话旁，她觉得在电话旁是相对安全的，除了这里，没有更好的地方可以呆了。艾琳努力使自己的情绪镇定下来，尽管是第一次以这样的方式直面死亡，艾琳仍然坚持着以一个优秀间谍良好的心理调节在要求着自己，尽量地镇静，尽量保持大脑的清醒思考。

大概有半个来小时的时间，埃德孟多·拉萨尔和哈里斯就赶到了艾琳所住的公寓。两个男人知道让一个二十刚出头的女孩以这样近的距离直面死亡是一种怎样的滋味，在他们看到房间中玛尔塔和玛德莱娜死亡的惨状之后，先后以拥抱方式给艾琳给予了尽可能的安慰。

在对现场进行调查过后，哈里斯作出了这样的分析：这是一次预谋已久的针对艾琳本人的刺杀或捕获行动，窗台上的脚印证明了敌人是在夜间潜入进来发动袭击的。由她掌管和记忆的情报内容是这些人的主要目的。然而因为她临时前去赴宴，使敌人扑了个空，又为惊动了另外两位情报员才杀人灭口。至于女仆，可能也是被抓走或遭遇了毒手。根据对房屋情况和这里地址的掌握准确度来看，这很可能是存在于己方内部的德国间谍主使并给予相关情况支援的。

二战中的谍海之花

这已经是与这个潜伏在身边的敌人的第二次交锋了，艾琳沉默不语。面对着同伴的尸体，她暗自发誓，一定要将这只长着毒牙的鼹鼠从组织里挖出来。

一转眼，艾琳来到西班牙已有半年的时间了，到了现在，她已经成为了来往于德国军官们经常聚集的社交圈的常客，又通过德国的军官认识了一些德国政界人士。一方面，她将自己扮演成亲纳粹的民间人士，利用自己收集回来的消息为盟军方面提供作战所需要的支持，另一方面，她也主动向德国方面透露经过上级允许发布的虚假信息，以此来混淆对方的视听。经过这段时间工作的考验，她在这方面已经可以说是做得风生水起了。

另一方面，经过长时间的商议和准备，英美达成了在1944年的5月开辟欧洲第二战场、实行登陆作战，以缓解东线盟军大面积作战不利局面的共识。为了让开辟欧洲第二战场的计划有条不紊地实施，在1943年末，盟军任命美国的艾森豪威尔为欧洲盟军最高指挥官，即"霸王行动"盟军最高司令官。

此时的情报工作变得尤为地重要起来，交战各方都在以超越以往的积极姿态进行着情报战。艾琳因为有着社交圈名媛的身份，在其中也发挥了相当的作用，她受命为能够发生接触的德国方面人员散布情报，使德军相信，盟军正在策划对法国的加莱进行一场大规模的登陆作战。这种消息出自一个年轻姑娘之口也许算不上什么能够令人相信的情报，但是在潜移默化当中，它也会对德国人的判断产生一定的影响。

然而，即便如此，盟军的登陆作战也依然困难重重，要穿越英吉利海峡，需要冒着风浪侵袭的危险。经过综合评估之后，统帅们最终把行动的日子定在了6月6日。

另外一方面，艾琳的工作也进入了重要阶段，一位德国方面的外交人员最近和她交往变得十分密切，从这位外交人员出获得重要信息，以及通过她渗透给德国方面的情报已经在慢慢地产生了效果，盟军也在加莱对岸的英国基地大肆操演，以期让德国人对他们要向加莱下手的动向深信不疑。

不过，在工作越来越见到成效的时候，艾琳也始终对于早已经潜伏在自己的组织内部的德国希姆莱所安插的高级间谍耿耿于怀，如果这个间谍在这时向德国方面泄出盟军的真实计划，那么无论自己这些是隐蔽战线的间谍们还是正面战场的战友们都将功亏一篑了。但是幸好这一幕并没有发生。1944 年的 6 月 6 日，盟军成功在诺曼底登陆了。

自此之后，盟军得胜的捷报在 6 月里频传，欧洲第二战场的成功开辟对于加速"二战"的结束进程具有催化剂一般的作用。与此同时，盟军的地下组织也在为以后的军事行动做着信息支持。按照马德里情报站长哈里斯的指示，艾琳再接再厉，与罗莎夫人、秘书官、微若妮卡以及德国军政要员进行着频繁地接触，继续向他们散布半真半假的各种信息。

不过，这份成功还不是让艾琳最为高兴的一件事情。不久之后，一封电报通过哈里斯处转到艾琳的手中，电报的内容大体是让艾琳作为派到马德里执行下一项任务的皮埃尔的接头人。艾琳在知道这个消息后非常高兴，这正是艾琳所期待的，她终于能够与自己爱的人在一起工作了。

在这一天的时候，艾琳按照约定的穿着来到了舞厅当中。她拒绝了几个男士的盛情邀请，独自站在舞池边随音乐轻轻摇摆着身体。忽然，艾琳感觉自己的腰一下子被一个男人宽厚有力的臂膀不由分说地抱住了，她有点惊讶地回过头，然而四目相对之时，眼神碰撞出的却是久别重逢的惊喜。面前的人，正是自己等待已久的皮埃尔。

说完了接头的话，两个人便相视而笑，表情中浸润着温情和不同于任务需要的、发自内心的喜悦。艾琳抑制不住内心的兴奋之情，和皮埃尔面对面地站着，之间只有一两英寸的距离，皮埃尔可以闻到从艾琳的口中呼出的不均匀而没有规律的气息，与之相对的是皮埃尔坏坏地相视一笑。

"是啊。这一刻，我也是等了好久啊。"皮埃尔还是那样的成熟老练，意味深长地说道。

跳了一会，两个人有些累了，便要了两杯橙冰坐下慢饮。她觉得自己仿佛突然远离了残酷的战争和险恶的隐蔽战线，至少在短短的一杯之间，她只是她，而他，也只是她的他而已。短暂而甜美的、仅限于脑海中的放纵，给予她难以用语言形容的感觉。如果有可能，就让这一刻成为永恒该多好。在幸福之后，接踵而来的就是阴影。

诺曼底登陆当中，德军在军事和情报两方面都遭到了沉重的打击，坏消息不时的传来，这让原本在诺曼底进攻之前销声匿迹的"鼹鼠"又重新活跃了起来。试图在隐蔽战线上发挥更大的作用，以更加疯狂的暗杀和窃取情报来为德军争取优势，艾琳他们面临的情况日渐严峻起来。为此，哈里斯和拉萨尔对任务的执行和分配做了调整，思维缜密可靠的艾琳成为了哈里斯指定的单线联系人。紧张的气氛让她开始预感到，接下来将要有重大的事情发生了。

在一个月以后，严阵以待的艾琳终于接到了接头的命令。她做了精心的准备，与哈里斯顺利接上了头，这一次，两个人明显谨慎得多了。对过暗语之后，他们来到一处街边的茶桌上坐下，点了几样饮料和点心。

在这次见面中，哈里斯小心地告诉艾琳，盟军方面准备在马赛再组织一次大规模登陆，从侧面打击德军的部队。皮埃尔被指定将要率他发展的一组人手对孟军部队进行协助，他将从北非阿尔及尔坐上飞机被空降到马赛开始作战。艾琳的任务，就是向他传达这个消息并将相关的时间和地点信息转交给他。

经过连夜的信息传递，皮埃尔接到了艾琳的信息，约定在一家咖啡厅见面。根据惯例，她作为信息传递者比皮埃尔提前抵达了咖啡厅。尽管已经是一位经验丰富的特情人员了，但是面对即将由自己的爱人前去执行的任务，艾琳心中难免有些忐忑。

"嗨，艾琳。"皮埃尔在艾琳还沉思的时候，走了过来并与她打了招呼。显然，艾琳有些出神，没有注意到皮埃尔已经进入了咖啡厅。

"嗨，皮埃尔。"艾琳放下手中的咖啡杯，神采奕奕地冲着皮埃尔微笑着。皮埃尔也露出十分迷人而又成熟的微笑。

两个人对面而坐，像极了一对情侣。其实，他们着实是一对情侣呢，只不过在这样一般的情侣闲聚场面是做给别人看的而已。

"亲爱的，我有好消息告诉你呢。"艾琳脸上的笑容显示着一种欢喜，不是装出来给人看的，而是她的内心流露出来的欣喜，这欣喜没有丝毫的表演成分。尽管，他们的职业限制了内心喜怒哀乐的表达，他们经常在表演着喜怒哀乐。不过这次笑容是真实的，这份欣喜是发自心底的。

"好消息，什么好消息。"

"我的领导要提拔我了，还说要派我到马赛去做那里的主管呢。"艾琳把话说得十分隐晦，煞有介事地装作神秘地继续说道，"马赛，登陆。"说这两句的时候，几乎没有声音传出来，只是口型在变化，继而又放大了音量，不过仍旧神秘兮兮。"这可是秘密，领导说了，不能够乱说的，提拔人的事，在单位是十分敏感的，多少双眼睛再看着呢？很多的中层都想去哪里，可是没有机会。"

二战中的谍海之花

"是吗？亲爱的，恭喜你？你不是一直嚷着要出去，要出去，现在如愿以偿了。什么时候走啊。"皮埃尔的嘴里这样说着，但他的内心却掀起了一片狂澜。事实上，当艾琳提到"登陆"两个字的时候，他的心就已经震颤了一下子，一个声音仿佛正在他的心中狂喊着"我终于等到它了！"

他的眼中闪过一丝隐约的兴奋，但马上被手里扬起杯子遮挡住了。他低下头饮下一口咖啡，苦味刺激着他的舌蕾，也撩拨着他心底的欲望。

"今天晚上 11 点的飞机。事情还真是有点仓促呢！要不我怎么会这样急匆匆地约你出来呢？你什么时候去阿尔及尔，那里离马赛很近的，你去了阿尔及尔以后就有机会来看我了。"艾琳略带不舍的音调喃喃地说。

"阿尔及尔……那可真远。"

"你不是说，你们的导师安排你过些时候去那里进行科研考察吗。"

"哦，你不说，我都忘记了，是有这么回事儿，不过，导师最近没有说，我也不好问。"

"那样的话，你不是就可以先飞到阿尔及尔，然后再到马赛来见我了吗。"艾琳，用了一个转弯的办法，把她要告诉给皮埃尔的事情大致状况描述出来了。她压低了声音又小声地说："这是你的路程，任务是到马赛接应登陆部队。"

"哦！是的，我会有这样的机会的，我回去问问导师。如果我去阿尔及尔我一定会去马赛看你。一定。"皮埃尔对她笑了一下。

两个人就是这样，一会儿声音响亮，一会儿窃窃私语。哈里斯交代的任务，艾琳就这样告诉了皮埃尔。

任务交代清楚了，两个人的相聚也就接近了尾声。两个人马上便要说分手了，他们要表现出依依不舍才行。因为他们导演的那个"送别的戏"要表演得无懈可击，让"观众"看不到丝毫的破绽。

"这次会分开好长的时间，回来以后，我们……"艾琳欲言又止，她是想说关于他们爱情的事情，不过这些事情她自己也没有想好。

"哈哈，宝贝儿，别担心，只要你不甩掉我，我会一直等你的。"似乎没有意识到她语调中的微妙之处，皮埃尔的话只是延续他们编造的故事继续着表演其中的人物该说的话而已。这使得艾琳多少有一些若有所失。"亲爱的，你是不是还要整理一下你的行李？我还有事情要做，恐怕我必须要马上回去，我的导师四点半要来同我谈话。你知道那很重要。"他看了一下手表，表情平静，嘴唇抿紧。看着她，眼神的焦点却飞到了她所不知道的地方。

对视了几秒钟，艾琳眼圈湿润了，她低下头开口说道："好吧！你忙吧！我也要回去准备一下。"说罢松开了皮埃尔的手。

一个人匆匆地离开，他是皮埃尔，而另一个人又安静地做回了原来的位子。看着皮埃尔的背影良久，直到那匆匆而行的背影消失在街角。艾琳静静地坐了许久，她不能就这样一直坐下去，她整理了一下情绪。恢复了常态，付了费用，离开了这家咖啡厅。

而与此同时，迈着轻快的步子离开咖啡厅，皮埃尔双手插在口袋里，吹着口哨转过了两条街，眼神看似漫不经心地回头看了一眼，转身走进了旁边一家餐厅里面。对柜台里面的年轻人扬了扬下巴，"10 号套餐，九点三十分，科勒尔尼斯夜总会 B1131 房间。"

"全部吗，先生？"

"全部。"说完，皮埃尔要了一个汉堡，一边往嘴里塞，一边迈开步子离开了快餐店。

171

当晚九点三十分，也就是艾琳在咖啡厅告知的行动时间到来前一个半小时，潜伏在马德里的德国特工，悄然从城市的各个地方，汇集到了科勒尔尼斯夜总会的这个不大的房间当中。待人们到齐之后，一个身影从中站了起来，他的头昂着，环顾了一下四周，轻声、但郑重地说道："先生们，建立功勋的时候到了。"

回到了住所，已经是晚上十点二十五分了，距离十一点还有三十五分钟的时间。在这三十五分钟的时间里，皮埃尔只不过是在幻想而已，无法按捺的喜悦充斥着皮埃尔的大脑。异常兴奋的神经使他心脏狂跳不止，他多么希望这个时候就坐上了飞机，这个时候已经到达了马赛。

十一点的钟声，震撼着脑子里兴奋的神经。一辆黑色的轿车准时停在了住所门口。皮埃尔迫不及待地冲了出去，不过来接他的人表情冷冰，这让他感到有些不适应。

坐进轿车，皮埃尔还是不能够遏制心中的喜悦，尽管他是多么老道的间谍，不过他还没有遇到过这样重大的任务。他开始同坐在前排的司机和副驾驶上的人攀谈，不过他们并不理会。这种不同寻常的气氛让他有些意外。很快，轿车赶到了军用机场，一架专机停在跑道上。看上去一切都已经准备好了，只等皮埃尔一人，只要他登上飞机，飞机便可以立马起飞送他到阿尔及尔，进而转机到马赛。

皮埃尔在两个带枪的军人护送下上了飞机。当他踏进飞机的一瞬，他立马惊呆了。眼前的一幕使他无法相信那是真的。

正当他无限地惊愕时，嘭的一声，飞机的舱门，紧紧地关了起来。

8 月 15 日凌晨零点整。盟军的登陆已经开始，几百架英国皇家空军的飞机呼啸着飞过了圣特罗佩上空。撕裂的声音震慑着大地。飞机过后，在圣特罗佩海岸线上的防空塔映着火光一个个倒落。附近的德军军用机

二战浪漫曲

场一片混乱，被盟军炸了个措手不及。

此时，德国的军事总部正在部署着怎样应付马赛盟军登陆。他们正在为破坏"铁钻行动"而忙得不亦乐乎。几个机动师已经在总部的指挥下，火速向马赛进发。然而与此同时，德军总部的电话却铃急促地响了起来。电话自然是圣特罗佩的德军打过去的，圣特罗佩的司令焦急而沙哑地咆哮着："报告，盟军突袭圣特罗佩，飞机近千架。德军总部这才意识到他们被假的情报欺骗了。而发出假的情报的不是别人，正是潜伏在盟军阵营里的"鼹鼠"皮埃尔。

在皮埃尔登上的飞机中，他见到了一大群被抓到的德国特工，一切都不必再多说，哈里斯早已经注意到了皮埃尔的可疑之处。艾琳会受到爱情的左右而一叶障目，但是，哈里斯的头脑是始终清晰的。他并没有被任何假象所蒙蔽，他就是要这样谋划计策将皮埃尔的间谍网一网打尽。之前艾琳说出来的一切任务都是诱捕皮埃尔的幌子，这一切都是哈里斯一手策划的，就是为了使这个希姆莱安插在哈里斯间谍网内部的德国反间谍特工弗朗西斯科露出水面，近而将他的间谍网连根拔起。载着皮埃尔的飞机驶离大陆后，到海上转了一圈又返回了马德里，而飞机上的所有间谍都已经不复存在了。

当哈里斯的飞机返航之后，"铁钻行动"已经完成。盟军的登陆部队已经完胜。德军此时还不知道，他们早已经知道的"铁钻行动"在暴露之后，在盟军的内部更名为"龙骑兵行动"，"铁钻行动"这一名称的保留就是为了不打草惊蛇，为了明修栈道、暗渡陈仓。

在登陆战场上，先前的飞机轰炸解决了德军的空军和防空炮塔，随后便开始了海陆两栖的登陆作战。已经被飞机炸得乱成一锅粥的德军部队不堪一击全线败退。登陆作战顺利完成，时间是 1944 年 8 月 15 日零点，而不是艾琳说的凌晨六点，空降部队被称为"龙骑兵"的勇士们空降的地点也不是马赛而是圣特罗佩的一个渔村。

一切都在变化与不变中完成了，在整个过程中，始终没有变的是艾琳对皮埃尔的那份爱。广播播出了胜利的信息。地点、时间都变化了，艾琳静静地听着……

电话铃声突然想起，打断了艾琳入神地思考。电话是哈里斯打来的，大意是告诉艾琳去参加庆祝酒会。

当电话挂断的那一刻，艾琳的目光凝固了。她站在窗前，远眺着远方冉冉升起的太阳。

收音机既能掩盖声音，又能制造声音。传递的是情报，事情却笔笔经心。与电话另一边的兴高采烈相对应的却不是这一边的喜悦，心悬着，总让人感到纠结。

在办公室的门外，艾琳并不急着进去，她之所以迟迟地不进去，并不是因为对于盟军在法国南部登陆状况还不了解，而恰恰是知道了盟军胜利登陆的消息，巧合的是听到了盟军不是在法国的马赛登陆，而是在圣特罗佩附近的一个渔村登陆。哈里斯作为马德里情报站的站长竟然让自己欺骗自己的组织成员、自己的爱人，说明皮埃尔就是德国的希姆莱安插在自己组织内部的那个让艾琳"失眠"的"狡猾的狐狸"。

爱是一座思慕的宫殿，千山望遍，尤觉躺在爱人身边是最美的依恋。与之相反，青春少女的初次相恋经不起背叛，真相在最初的那一刻的出现却也会有毒药的表现。艾琳那么爱恋、那么相信的皮埃尔竟然就是德国的间谍，就是隐藏在自己身边、假装成盟军间谍的潜伏者，而年轻人印象中的美好毕竟要经过时间和事件的考验，自己的上司哈里斯毕竟是老道的，原来哈里斯早就看出了皮埃尔的真实身份。

是的，艾琳开始回忆，过往的一幕千般，不停闪现。

那次在外面看到一个妙美的女子冲着皮埃尔不停地喊弗朗西斯科，而自己却被皮埃尔的谎言欺骗，那个被皮埃尔称作表妹的格洛里亚怎么会是皮埃尔的表妹呢？那亲昵的动作，甚至一个接着一个的香吻也足以证明皮埃尔就是真名叫做弗朗西斯科的大混蛋。他们才是一对真情人，也许吧，而自己对于皮埃尔的朝思暮想、牵肠挂肚又是什么呢？是被皮埃尔当作一个傻子来看待的粗鲁表现，或是一个是非不分的迷途羔羊的情迷意乱，亦或是主动送上门来的超级傻蛋，又或是……

欺骗，对，就是欺骗，艾琳已经不能再想皮埃尔究竟是一个什么样的人，关于皮埃尔的一切已经如秋日里掉落的叶，是自己的情感碎片，无法复原。

然而，艾琳却在此时闭上了眼，她要对涉及到这次行动的人，在自己的心中做一次浏览。而艾琳现在已经暂时地把哈里斯电话通知自己来参加的有关法国南部登陆胜利的庆祝酒会给放到了一边。毕竟在艾琳的内心中，各项事情的顺序都是有先后的。

在工作时，心灵的感受可以被放在第二位，但是它的承受力终究是有限的。对于艾琳来说，在西班牙的经历如同一场梦，无法逃避，但又追之不回。

正在艾琳坐在哈里斯办公室的门外进行回忆的时候，哈里斯推开了办公室的门，邀请艾琳进办公室小坐，一会再去参加庆祝酒会。

进到办公室后，哈里斯便先开口讲话了。"艾琳，我估计以你的聪明，已经可以想象出，谁是德国的希姆莱安插在我们组织内部的间谍了；已经可以想象出，皮埃尔的真实身份到底是什么了。一切就这样地摆在我们的面前。请你不要怪我，组织早就发现了皮埃尔的非比寻常，但是为了放长线钓大鱼，把整个皮埃尔所率领的间谍网统统地消灭，我们必须走过这个艰难的过程。为祖国、为人民，你都做出了贡献、做出了牺牲，我们由衷地感谢你。"哈里斯从来没有一口气说过这么长的话，艾琳站在哈里斯的对面，显出从来没有过的平静。为了盟军在法国南部登陆行动的胜利，艾琳和她的情报组织已经做出了最好的贡献，几万名士兵因此可以回到自己的家乡和自己的家人继续在战争之后、在不远的和平年代里即将开始的幸福生活，几万盟军士兵的生命因为艾琳和她组织的努力而免于受到死亡的威胁。平凡甚至是在看似微不足道的环境、条件中做出的事，往往更能配得上一个词——伟大。

回过神来，艾琳回应着哈里斯的话。"不用再多说了，我都明白了，我都能懂。在当前的复杂的战争环境下，这也是迫不得已的选择。"艾琳的话并不多，但却能以点带面，切中要害，艾琳的聪明，或者说是智慧，正是建立在其广阔的视野和对事物精确的分析能力上的。女孩子因为可爱而美丽，而艾琳却因为智慧、勇敢、乐观、无私、无畏而让人喜欢。

"那好，我们去干杯。"哈里斯的声音里有着鼓励，也有着提醒。她看了他一会儿，露出一个掩去一切痕迹的笑容，说道："当然。"

几十秒后，等待着艾琳的是情报站同事们的笑脸和频繁碰撞的酒杯。而在艾琳身边久久不去的大雾，这一刻已然消失。今天的任务已经结束，明天要开始新的征途。感伤属于内心中那个已经离今天的自己渐行渐远的小女人艾琳，活在这条战线上的，是坚强勇敢的"虎子"。

玛乔丽·布思

第二次世界大战期间，有一位英国的著名女中音歌唱家曾经在德国获得了很高的声望，她的歌声仿佛具有穿透灵魂的力量，能让观众忘记鼓掌，正是"此曲只应天上有，人间能得几回闻？"她的"粉丝"包括当时的德国陆军司令费迪南德·欧内斯特和一些纳粹高级将领。一次演出结束后，欧内斯特献上亲笔签名的一大束玫瑰表达爱慕之意。

然而令所有人都没有想到的是，这位美丽而优雅的歌唱家竟然是一名为英国效力的卧底间谍！当时，玛乔丽在纳粹软硬兼施的情况下，不得已到战俘营慰问演出，为那些英国战俘演唱，并劝说他们加入为德国服务的自由军团，她的间谍生涯由此拉开序幕。她协同另一名间谍将一批又一批的情报送到英国军情九处；在一次演出的前夕，她将匆忙中获取的情报藏在内衣里，就那样若无其事地站在费迪南德·欧内斯特和众多德国高级将领面前唱歌；她一次次冒着生命危险搜集在战俘营里兴风作浪的变节者的罪证，在第二次世界大战结束后，众多的变节者正是在她收集到的证据之下被送上军事法庭受到应有的惩罚的。

作为一个美丽而优雅的女中音歌唱家，一个善良而博爱的女人，玛乔丽有幸福美满的家庭，有钟爱的事业，而她却偏偏选择了以自己的一副柔弱之躯与暴虐残忍的德国法西斯对抗，这使她一直被各种风险所缠绕着。在战争即将结束时，她终于在一次间谍行动中不小心暴露了自己，被德国秘密警察局逮捕，受尽严刑拷打，然而她始终咬紧牙关，没有吐出一个字。在一次空袭中，她侥幸趁乱辗转逃回英国。

回到祖国的玛乔丽伤痕累累的不止是身体，在她被德国秘密警察追踪调查期间，她的丈夫为求自保和她解除了婚约，已经带着唯一的女儿远走高飞，她苦苦支撑的整个世界在瞬间崩溃坍塌了。伤心欲绝的玛乔丽甚至有过自杀的念头，但几经思虑，她还是坚强的活了下来。几经辗转，她终于回到威根的家中，等待着她的却是相似的境遇，年迈的母亲在睡眠中离开了人世，孤零零地剩下她一个人，原来所谓的命运的轮转不过如此，不过是一次又一次将她置于同样的境地！

第二次世界大战终于结束，人类重新迎来和平的曙光，然而这一切都已经与孤单的玛乔丽无关，此时，她已静静地长眠于威根小镇的一片墓园中。几乎没有人知道她为英国做出的贡献和牺牲，没有人知道她是一名潜伏的间谍，人们更坚信她是一名为纳粹卖唱的声名狼藉的女歌唱家。她的墓碑设计简洁优雅，遵照她的遗愿，墓碑上没有留下她的名字和生卒年月，只有一段线条优美的马蹄莲图案，图案上方深深镌刻着四个简单的词汇：忠诚、善良、勇敢、博爱。

玛乔丽的一生看似风平浪静，实则波诡云谲，一次次与狡猾诡诈的敌人周旋，有看似轻松随意的间谍手腕，有令人怵目的毛骨悚然的画面，她短暂而又命途多舛的一生，经历了太多太多，父母的相继离世，好友的背弃，婚姻破裂，唯一的视同生命的女儿也永远的与她分开。然而，她以自己的一副羸弱的双肩将这一切都扛了下来。到最后，饱受心灵与肉体折磨的玛乔丽几乎已经一无所有，她只身返回威根的家中，她的生命轨迹仿佛画了一个圆，又回到最初的原点，本以为生活可以重新开始，却在这时被查出身患不治之症，终于在一个满园玫瑰怒放的暴雨之夜，她生命的火焰悄然熄灭。

玛乔丽从未期待过自己会成为一名女英雄，她觉得自己只是遵循自己的良心做了应该做的。生前，她被人误解；死后多年，有关她的一切终于得以平反昭雪，越来越多的人们开始关注记录她的文字的片言只语，在一片散发着油墨芳香的字里行间深深浅浅的感怀和喟叹，仿佛正沿着她短暂而又波澜壮阔的生命的长河慢慢溯洄，沿途见证了所有细小的浪花，以及每一次的惊涛骇浪……

还在褪褓中的时候，小布思就表现出对音乐的兴趣，每当小布思无故啼哭不止，碧姬就会用音乐来缓解她的情绪，只要音乐声一响起，小布思就会逐渐止住哭声，不吵也不闹，静静躺在那里，小脚丫蹬啊蹬，将胖乎乎的小手握成拳头往嘴里塞；同时，她的碧蓝的眼眸会变得比平时明亮，仿佛正在很专心的谛听，初次发觉小布思的这种表现时，全家人都感到兴奋而激动。

或许这真的就是人们常说的天赋吧，但也有可能与碧姬的胎教有关，在小布思还没有出生的时候，碧姬就常常有意无意的听一些古典音乐和流行歌曲，碧姬相信，舒缓的乐曲不仅可以让自己的心情放松，也可以使腹中的胎儿受益。

为了让孩子渡过一段比较充实而有意义的学龄前生活，母亲为布思请来了一位家庭教师，这位教师名叫埃米莉，因为听说埃米莉也有一个和小布思一般大小的女儿安娜时，她便说服了埃米莉带安娜一起过来，在她的认识当中，两个孩子在一起会更有学习的兴趣，更重要的是，多一个小伙伴有利于小布思健康快乐的成长，她就不会时常感到被大人包围着的忧郁了。后来，无数的事实证明了碧姬的这一做法是多么的明智，小布思由此收获了人生第一个也是最重要的一个朋友。尽管年龄很小，但是在埃米莉的悉心教导传授之下，她们进步很快。渐渐地，两个孩子在这样的学习生活中慢慢长大了。

　　埃米莉是一位非常有深度的教师，她的教育随着孩子们的年龄增长而逐渐变得复杂和专业，并且在教授孩子们音乐知识的同时，她也引导着她们的思想层次和言谈举止上的仪态。就这样，还在上小学的两个小女孩已经初具艺人般雅致有矩的气质了。尤其是小布思，在数年的调教之下，更是锻炼出了一副圆润而明晰的嗓音，对各种歌曲的演唱能够处理得妥当自如，隐约显露出了她在歌唱方面的特殊天赋。

　　英国是一个崇尚音乐的国家，在威根小镇，每年都要举行歌唱大赛，获得优胜的少年少女将拥有进入英国皇家音乐学院的机会，这是所有在那个年代学习演唱的年轻人的终极梦想。在这一年比赛中，玛乔丽报了名，她的歌曲名是《星》，由埃米莉作词作曲，根据玛乔丽音域的特点为她量身打造的，在众多选手当中，她凭借着这首沁入了自身情感的歌获得了最多的掌声。

　　在比赛结束时，评委会发布了选手们的排名，结果如很多人预料的，玛乔丽获得了第一名，评委在最终点评时说道，玛乔丽的音质非常好，她的歌声饱含感情，大多数参赛者是用技巧来唱，而她是用真情来唱。出类拔萃的她，理所当然地获得了进入皇家音乐学院的资格。

　　英国皇家音乐学院是伦敦大学的独立学院，百多年来，为英国和欧洲培养出了不少有名的演唱艺术家和其他音乐方面的知名人物。学院的校园环境非常清幽而典雅，漫步在校园中，空气里充斥着浓郁的艺术气息。不仅装潢兼具了雅致和富丽，作为一所享誉世界的音乐学院，皇家音乐学院校内除了独奏音乐会大厅，爵士乐剧院，主音乐厅，还开设了新的排练场地和授课厅。学院图书馆收藏了丰富的历史文献和海量图书，使学生们可以尽情的畅游在知识的海洋。

在这里，荟萃了众多来自世界各地的音乐人才，这些莘莘学子的脸上洋溢着一种青春的朝气蓬勃的气息。但这些没有对玛乔丽造成什么改变，在继续努力学好音乐相关的课程之余，玛乔丽常常流连在图书管里，她的阅读范围很广泛，天文、地理、自然科学、文学等等，长时间的学习积累，玛乔丽在同学间显得十分渊博，笑谈间，她几乎无所不知。其实，这一点也大大的方便了她日后的间谍活动。

一转眼，玛乔丽已经在英国皇家音乐学院度过三载春秋。三年时间里，她凭借自己的努力和天分，在唱歌方面的技艺突飞猛进，一年一度的"校园之星大赛"上的冠军接连被她多的，师生眼中的玛乔丽不仅有着婉转如天籁般的歌喉，同时也兼具着美丽而高贵的气质。她像是一朵安静中盛放的昙花，不主动投入阳光之下，却掩饰不住香气的纷流。

有鉴于她在歌唱方面优秀的表现，学校的老师十分爱惜这个前途无量的姑娘，曾经推荐她在毕业后担任学校里的教师。对于一位刚刚毕业的学生获得这样一所名校的留校任教资格，确实是非常荣耀的事情。同时，这重身份也自然象征着非常丰厚的报酬。但是对玛乔丽来说，这并不是最能吸引她的事情。在少年时代，埃米莉老师曾经多次拒绝名校的任教邀请，只是专心教导着自己，引导出自己的歌唱天赋，同时也坚持在本身的歌唱造诣上不断钻研深入。她和自己一样，并不是因为歌唱天赋能为自己换来金钱和名声，而是都本着对音乐更高层次表现的追求才走上这条道路的。思虑再三，玛乔丽最终还是婉拒了老师和学校的邀请。

在毕业联欢晚会结束之后，便有一部分同学陆续离开了校园，玛乔丽望着身边的同学都在纷纷整理行装，心中涌起一种难言的寥落，这些相处了三年之久的熟悉的面孔，曾经共同走过了一千多个美好的日子。

此时的玛乔丽的心情并没有被离别的感伤太多的影响，她在学校里面的三年，收获的并不仅仅只有知识和成就。还有一份非常浪漫而真挚的爱情。在学校里，她认识了一位学习小提琴的德国小伙子，名叫凯德森。到了毕业时，两个人的关系已经非常亲密了，两个年轻人私下里约定：毕业之后，先由凯德森陪同玛乔丽回到家中与她的家人见面并争得他们同意之后，他们两个人再一同前往德国见对方的父母，并商量他们的婚事。

甜蜜伴随着火车的吭哧前进一路被两个热恋中的年轻人带回了玛乔丽的家，见到了数年未见的女儿，碧姬非常高兴。对这个文静稳重的德国小伙子，她也很有好感，对玛乔丽的恋情表示了默许和支持。玛乔丽非常高兴，只等还在外面做生意的父亲米尔顿回来向他转告这个消息。然而，过了很长时间，父亲却一点音信都没有。觉得事情不对的母女俩开始联系父亲的同事和朋友确认他的动向，但是所有人都表示不清楚。在这种情况下，她们越来越感到不安。

又过了几天，这种不详的预感终于应验了，玛乔丽接到航空公司的通知，让她们去殡仪馆认领尸体。与此同时，当地报纸也迅速报道了这一让人震惊的消息，原来米尔顿乘坐的这趟航班在从苏格兰飞往威根的途中，由于发动机停止运行而不幸坠毁，机上人员全部罹难。

飞机失事后，大部分遇难者遗体已经去向不明，现场剩下的许多都是零碎的肢体和内脏。仅有的几具完整尸体被送到殡仪馆里面，但是也因为已经血肉模糊而使得他们的身份几乎已经无从辨认，很多闻讯赶来认领遗体的人因辨认不出只得作罢。最后玛乔丽看见其中一具遗体的手腕上带着的手表，才认出这是她的父亲。

残酷的事实如同天塌一样落在了碧姬和玛乔丽母女的身上，悲痛已极的玛乔丽在很长一段时间都无法从失去父亲的痛苦当中恢复过来。于

二战中的谍海之花

此期间，身为男友的凯德森对玛乔丽照顾得无微不至，几乎是寸步不离地在身边安慰和陪伴着伤心的她，为她调解心情提供了动力。

经历这一变故，玛乔丽并没有一蹶不振，她的内心反而变得成熟和坚定起来，不再像之前那样处于一种混沌蒙昧的状态，对自己的生活自己的未来没有任何规划。成长仿佛在这短短的日子当中来到了她的身上。而与她相对的是。似乎是一夜之间，失去了丈夫的碧姬就变得憔悴了下来，无论什么样的事情，无论谁对她说的话都无法进入她的心灵当中，结发爱人的故去占据了她精神的全部。

母亲的精神状况让玛乔丽十分担忧。父亲遇难，玛乔丽的心情也是十分悲痛和沉重的，但她在心中告诫自己一定要坚强，因为她还要抚慰同样悲痛的母亲，她要用自己羸弱的双肩肩负起一个家庭的责任和重担。她暂时打消了去德国的念头，每天在家中陪母亲说话散步，陪她喝下午茶。渐渐地，母亲的心情终于有所好转。玛乔丽的内心也经历了激烈的思想斗争，很多时候，她甚至想过不去德国了。母亲这个样子，她怎么能放心将她独自留在英国。玛乔丽向凯德森说出了自己心中的这一想法。

她原以为凯德森会很沮丧和失落，但出乎意料地，凯德森很理解她的想法，最后两人经过反复权衡和商议决定按原定计划先一起去德国，等一切安顿下来之后，马上将母亲还有玛丽接过去。爱人的通情达理让玛乔丽非常感动，三个月后，见到碧姬已经能够自己照顾自己，玛乔丽暂时告别了母亲，和凯德森一起前往了德国。

时间来到了 1933 年，这一年对德国而言是政治变动频繁的一年，发生的最大事件是阿道夫·希特勒当选德国总理。换届选举对德国人而言是很寻常的事情，他们并没有意识到这个严谨寡言的总理的上台执政对整个德国意味着什么、对世界会带来什么影响。

自从玛乔丽和凯德森结婚后，他们像所有寻常的夫妻一样，生活变得五味陈杂，不仅有烛光晚餐的浪漫，也有柴米油盐的平淡，不仅有缱绻缠绵的花前月下，也偶有争执冲突。但不管怎么说，他们还是非常幸福的，尤其在有了小女儿贝蒂之后，玛乔丽几乎将自己的注意力都转移到了孩子身上。

不过，尽管生活事务十分繁忙纷乱，但是夫妻二人仍然在为年轻时的梦想而努力着。凯德森正在柏林市的一家剧团担任小提琴手，而作为一名女中音歌唱家，玛乔丽则在一个歌唱团找到了属于自己的位置。并逐渐以出色的演唱技艺赢得了人们的认可，不仅常常活跃在音乐节等一些重大节日或各种演出的舞台上，并且经常去孤儿院、疗养院、养老院等场所，用她动听的歌声去抚慰这些社会上的弱势群体，使这些处于悲伤、疼痛、孤独中的人们获得心灵上的慰藉。

时光静好，岁月安稳。玛乔丽在德国的生活幸福而平静，唯一美中不足的是虽然她几次相邀，但她的母亲碧姬始终不愿离开英国——那里有她一生全部的回忆，而德国对她而言是一片未知的空白。如同叶落归根一样，人一上了年纪就会对故土有种难解难分的眷念，对陌生的地方有种本能的抗拒和排斥，玛乔丽对此无可奈何，唱歌之余，守着丈夫女儿安静度日，倒也恬淡足意。

岁月并没有在玛乔丽身上留下太多的痕迹，虽然经历了婚姻和生育，但她依然美丽而优雅。她感谢生活赐予她的一切，包括苦难和悲伤，经历这些使她成长和坚强。人们常说一个女人在有了孩子之后，会变得更加温柔和富有爱心。每次怀抱着小贝蒂，体味她温暖的、正在日渐长大的小身躯偎依在肩膀上的感觉，玛乔丽心中都会油然生出一种感动，觉得这个天使般的小家伙是上天赐给她的最好的礼物。她因此而感激着整个世界，并将这份满足变为歌声的一部分，分享给自己的听众们。

　　他们所生活的柏林位于一个可以说是欧洲最为核心的地带，东西欧的风景、文化、民族和自然地理标示都在这附近相互交汇或一起出现。柏林不仅是德国的首都和最大的城市，它还承载了历史的沧桑，是一座完美地融合了古典和现代，浪漫与严谨的城市，这里记录着古老的德意志土地躯体上发生过的种种记忆。

　　作为当时欧洲乃至世界最重要的都会城市，柏林在欧洲有着文化之都的称呼。自 17 世纪发展成为地方性的政治、经济和文化中心以来，柏林经济、文化事业均非常发达。而应这种趋势，各种各样的文化艺术活动也在官方和民间的组织之下纷呈迭现，每年都会有许多不同的文化节会分时期在柏林举行，而其中与玛乔丽关系最为密切的，自然就是德国的音乐节了。

　　德国歌剧院自建立以来几经易名。如今，在纳粹掌握了政权后，歌剧院由戈培尔接管。这座歌剧院一直以来的组织传统非常有特色，它的舞台只对拥有最高技艺和公众认可的艺术家开放。高傲、严谨理性而又个性十足的规矩，加上采用巴洛克风格打造的外形和内部装饰，使这座艺术殿堂从内到外给人以一种精美森严的感觉，从外形到内部装饰充分体现了德国民族建筑风格和艺术形式。这一年的音乐节上，已经在德国音乐界颇有名气的玛乔丽再一次受到了邀请，担任压轴的贵宾之一，来到这座殿堂般的舞台上展示自己的歌喉。然而让她没有想到的是，在这一年的表演当中，她却遇到了一件令她感到非常棘手的事情。

　　因为出色的演唱技巧和秀气美丽的相貌，在来到德国并经常出面参加各种演出后，水涨船高的并不只有玛乔丽的名气和演艺团体邀请加盟所开出的价格，还有大把为她优美歌喉与高雅气质所打动、不惜对这位

二战浪漫曲

有妇之夫展开疯狂追求的仰慕者的数量。对于这种遭遇，她总是婉转而坚定地拒绝对方，但这一天，她所遇到的是一位难以用像对待这些普通人一样的方法对待的对象，他就是纳粹德国的陆军司令——费迪南德·欧内斯特。玛乔丽在台上演唱的时候，偶然来观看表演的他立刻注意到了这位唱功卓越的女人。演出一结束，身着便服的他就携带鲜花前来与玛乔丽搭讪，并邀请她共进下午茶。玛乔丽以前听说过这个在德国国内也是出名专横的将领的事迹，但不想引起双方的不愉快，便勉强答应敷衍了过去。

大多数女人都是不擅长、也不关心时政的，玛乔丽对国际国内形势变化缺少清醒而深刻的认识。她还像以前一样在歌剧院唱歌，也定期去疗养院、儿童救助中心义务演唱，每天处理一些庸常琐碎的家务，从中感受到一种充实和快乐，她的个人生活丝毫没有受到影响，日子就这样一天天在平静幸福中缓慢而又飞快的逝去。渐渐地，连她自己也忘记了那天随口答应欧内斯特陪他喝下午茶的事情。

不过事情没有那么简单，自那天之后，每逢玛乔丽演唱时，欧内斯特便来捧场，一曲终了，便有人奉命跑上来献花，依然是娇艳的玫瑰，玛乔丽接过花，出于礼貌而不得不向坐在最前排的欧内斯特点头微笑。欧内斯特体格强健，坐在座位上十分显眼，他隔着镜片含笑望着玛乔丽，显得慈和而深沉。原本以为对方会因为自己的爽约而恼羞成怒，但是欧内斯特表现得如此绅士，让玛乔丽也多少因为自己内心对对方的猜忌而产生了一些内疚感。

站在舞台上，玛乔丽向欧内斯特报以感激的一笑，欧内斯特一边鼓掌一边也用微笑来回应她，虽然没有言语的表达，但他们对这样的精神交流都已经习惯和熟稔，玛乔丽常常在心中期待着，两人之间能一直维持这样的现状也好，她觉得这样的距离恰到好处，她不希望欧内斯特打扰和入侵到自己的生活。

然而现实生活往往与人们所期望的相反，越是担忧的事情也越容易发生。玛乔丽唱完向后台走去，有人在身后一路尾随过来。玛乔丽感觉到这一点，站定，转过身来，最先映入眼帘的是一束红玫瑰，那持花的年轻人，她并不陌生。

"您好，我是哈里。"虽然在欧内斯特身边见过他几次，但玛乔丽这时才知道他的名字。"您好，有什么事情吗？"玛乔丽一边接过哈里手里的花，一边微笑着问道。以往，他总是在玛乔丽一唱完便在听众的掌声中跑上舞台，在玛乔丽接过花后，再跑下去，今天却一反常态。凭直觉，她感到这次欧内斯特大概不是单单向她献花这么简单了，恐怕自己为之担忧的事情就要发生了。

果然，下一刻，哈里开口说："元帅很喜欢听您唱歌，对您仰慕已久，一直都希望有时间能和您探讨并向您学习一下音乐方面的知识。"哈里脸上带着谦恭的笑容说道，惯于察言观色的他在说这番话的同时，很轻易便捕捉到玛乔丽眼里闪过的一丝为难的神色。他知道眼前这端庄优雅的女人一定在想怎么拒绝掉自己。必须先发制人。因此，不等玛乔丽开口，哈里连忙又笑着补充道："因为您之前答应过元帅，元帅知道您一定不会食言，所以派我来接您过去，车子正在外面等我们。"玛乔丽知道自己无论如何是推不掉了，虽然心中十分不情愿，也只好笑着应道："好吧！"

由哈里在前面引路，随他一起走出剧院，径直来到一辆黑色轿车前。车子载着她一路飞驰，来到了一家豪华酒店，在酒店的一间餐室里，欧内斯特接待了她，并对她说明了自己的主要意图。

原来在欧洲战场上，德军经过和英军的交战，抓获了很多战俘。但这些战俘让德国人很头疼，不能随意杀掉，但是这样关押下去，不仅需要消耗很多食品和药品，而且也是一个留在后方的隐患。难以保证这些人会不会在什么时候打破牢笼逃出来对德军后方造成威胁。为了消除这种麻烦，欧内斯特想到了一个主意，那就是利用这些战俘的思乡之情，请这位歌唱名媛去集中营为战俘们表演并劝说他们接受德国人的改编，作为德军的一部分去和自己的同胞作战。

对于这种荒谬的要求，玛乔丽愤然表示了拒绝，欧内斯特并不恼怒，只是平静地提醒她：这里是德国，如果不予合作的话，那么不仅是这些战俘早晚面对着死路一条的结局，她本人和她的家人也都会受到来自纳粹的"特别关照"。这句话，无疑戳中了玛乔丽心中的弱点。她着实不能接受因为自己的原因而让爱人和孩子受到牵连。

自这次交谈后，玛乔丽的心就再也没有能够平静下来，时常陷入两种念头之间激烈的斗争当中。而欧内斯特却彷佛什么事都没发生一样，在玛乔丽演出的时候照常来捧场，依然坐在最前排眼里带着慈和的笑意注视她。大庭广众之下，玛乔丽不得不像以前一样接受他的献花，但她拒绝像以前那样用眼光和他交流。一曲终了，她径自优雅的走向后台，视他为无物。玛乔丽始终不能看透这个男人，但她知道在他看似平和的外表下隐藏着一颗嗜血的心，如今，她终于明白欧内斯特接近自己的目的。以他的权利和行事作风，他完全可以用武力威逼她，但他没有，玛乔丽不明白他心中到底作何打算，也不知自己该如何抉择。答应他，那实在有悖自己的初衷；不答应他，惹恼了，只消他一句话，自己全家人都将陷入万劫不复的地步。

在哈里的护送下，玛乔丽第一次来到了战俘们所住的集中营。隔着牢房的栏杆，她见到了自己的同胞们。那些战俘身上都穿着残破的英国军装，玛乔丽看在眼中感到既亲切又心酸，在这样的特定场合里，她不觉得他们是陌生人，而觉得他们是她的亲兄弟。是的，她与他们是被同一片土地所孕育，是属于同一个民族，在这样的情况下，彼此之间不需要语言上的交流就已经在无形中拉近了距离。

望着这一出乎意料的场面，哈里心中很满意，他想欧内斯特元帅果然高明，玛乔丽无疑是最合适的说客，恐怕只有她才能劝说动这些英国士兵服从德军调遣。却不知玛乔丽心中另有打算，这一场景更加激发出她的爱国情怀和民族使命感，无论如何，她觉得自己都不能让这些英国士兵白白去替德国人送死。可是到底要怎样做呢？前路茫茫，前途未卜，她在这里又会有一番怎样的际遇呢？

对于这些长期呆在战俘营里的士兵而言，玛乔丽的出现无异于女神突然降临人间。玛乔丽端庄而大方的站在那里，脸上带着带着淡淡的诚挚而温雅的微笑，她的皮肤白得不可思议，修长的玉颈上依稀可见淡青色的血脉，一如远处萦绕着淡蓝色雾霭的连绵起伏的山峦。

"安静！"忽然传来一声颇具穿透力的男声，玛乔丽和那些战俘同时循声望过去，看见一个穿着德军军装的年轻人，双手插在军裤的口袋里悠然地走过来，他的马靴擦得铮亮，神色间一抹玩世不恭的意味。

他径直来到玛乔丽面前，微笑着点了一下头，然后伸出右手："您好，我是约翰·布朗！"

"你是英国人？"玛乔丽没有理会他的握手礼，惊讶地反问道。

"他是个叛徒，是个败类！"还没等约翰回答，铁栏里，一名衣衫破烂的战俘高声骂道。

"住嘴！你这粗鲁的家伙，不想活了是不是？"一旁的哈里恫吓地大叫了一声，而约翰眼里一直微带着笑意望着玛乔丽，看都没看旁边的铁栏一眼，似乎一点也不好奇是谁在咒骂他。玛乔丽望着约翰的眼光很快由最初的惊讶转为愤怒。约翰伸出的右手一直停在那里，见玛乔丽不回应他，他微笑一下，将手放下了，然后转过身。

"现在，我来介绍一下，"约翰望着战俘们说道，然后将目光转向玛乔丽："我身边这位是德国歌剧院最有名的歌唱家玛乔丽·布思女士，她奉欧内斯特元帅的指令前来慰问演出，希望她的歌声能给大家带来快乐！"

说完，约翰率先鼓起了掌，但响应者却寥寥，那些战俘们一听玛乔丽是欧内斯特派来的，心中先前滋生出来的好感很快荡然无存——原来眼前这看似优雅端庄的女人和约翰·布朗一样是一名变节者。

场面一时变得有些滑稽，先前的几个响应约翰鼓掌的人，见同伴们都面无表情，怕自己成为众矢之的，反应过来之后，也将双手放下了。一时之间，偌大的战俘营里，只有约翰和哈里两人噼噼啪啪地拍着手。

在战俘们抗拒的眼神当中，玛乔丽在战俘营中搭建起来的舞台上开始了自己的演唱。作为第一首曲目，她选择了一支平和淡雅的民间小调，没用多久，她优美的声音就让台下的战俘们的目光开始改变了，带有乡音的演唱方式让他们感到了久违的亲切。一曲终了，不少人都自发鼓起掌来。到了第二首，玛乔丽报上了一支英国最著名的爱国歌曲，这让哈里和约翰又惊又怒，德国人为了让这些英国战俘心甘情愿上战场为他们卖命，拼命给他们洗脑还来不及，又岂会容许玛乔丽唱这样的歌？哈里走上台来，强横地要求她更换曲目。但是玛乔丽针锋相对地表示如果不允许演唱这一首，那么演唱就到此为止。

两人僵持了一会儿，哈里慑于司令对玛乔丽的态度，不得不做出了让步。很快，战俘营里再次响起玛乔丽的歌声，她甜美的嗓音仿佛不含任何杂质，歌声在战俘营里萦绕着，盘桓着，而玛乔丽的灵魂已经于歌声融为一体。

身在异国的战俘营里，耳边听闻这庄严的爱国歌曲，战俘们的心很快静下来，脸上渐渐有了肃穆之色，渐渐地不由周身热血沸腾，感觉浑身充满了力量和不屈不挠的斗志，在他们的心中汹涌澎湃着的是同一片爱国情怀，而这深厚的爱国情怀后似乎蕴藏着无穷的能量，使他们觉得自己足以穿越一切障碍，排除一切艰难险阻，什么也不能阻挡他们葆有一颗忠于祖国的心。

哈里见战俘们脸上一片肃穆庄严之色，终于忍不住再次喝叱阻止。此时这首歌已接近尾声，玛乔丽不顾哈里的大声咆哮和他越来越难看的脸色，坚持唱完了最后一个音符。这一曲结束之后，瞬间的沉默之后，早已热血沸腾的战俘们炸开了锅，纷纷叫嚷起来，一时之间，铁链声，叫喊声，撞击铁栏的声音，各种声音交织在一起。约翰对天放了两枪，将群情激沸的战俘们发出的各种嘈杂声被渐渐压了下去。

这次的事情，让玛乔丽深刻的看清了德国法西斯丑恶的嘴脸，他们为满足自己征服世界的野心，肆意践踏残害他人的尊严和生命，她在心中暗暗发誓，自己誓死也不会屈从纳粹，她要与他们顽抗到底。而像约翰这样的败类，自己更是耻于与他以同胞相论。

回到家中后，一连几天德军都没有来找过她。乐得清闲的玛乔丽在歌剧院没有演出的时候，她便像以前一样，经常去疗养院、儿童救助中心等场所，她很同情这些生活在苦难中的弱势群体，尤其是那些无家可归的孩子，他们大多年纪都很小，和贝蒂差不多大，因为种种的天灾人祸，使他们不幸成为了孤儿，还有一些残障儿童，玛乔丽仿佛切身感受

二
战
浪
漫
曲

着他们的痛苦。每次去疗养院义务演唱之余，她会给这些孩子讲故事，帮他们洗头发，洗脸，孩子们都非常喜欢她，常常送她手工制作的小礼物、衣服、稚拙的画，或者精心折叠的铅笔套等等，虽然没有什么太大的价值，但其中蕴含的纯朴而真挚的感情却让玛乔丽感动不已。她更愿意与这些普通人一起生活，远离丑恶的政治阴谋。

然而事情的发展却远非她所能预料的，一天下午，玛乔丽回到居住的公寓时，在楼道里与约翰不期而遇。约翰对她提出了再次前往战俘营的要求，但是被玛乔丽严词拒绝了。数言不和之下，约翰便作势想要对玛乔丽动粗，毕竟身为女性力气较弱，玛乔丽被约翰牢牢抓住。情急之下，她大叫了一声哈里的名字，骗得约翰分散了一下注意力，挣脱了对方的束缚。正准备和约翰拼命，对方却停止了攻击，露出了一个神秘的笑容。向她透露了自己的真实身份，原来，他是一位服务于英国军情九处的间谍。他受命充当一个变节者的角色，以打入敌人内部，为英军提供各种帮助。

面对惊疑不定的玛乔丽，约翰仔细地讲述了自己潜伏至今的任务和经历，终于让玛乔丽确认了他所说的并不是谎言。约翰诚恳地对玛乔丽做出了合作的邀请，希望她能够继续为战俘们演唱歌曲，从心理上为这些落入敌手的同胞们提供支持，并寻机帮助自己带出交给组织上的各种情报。

约翰选择玛乔丽并不是没有理由的，在这样的非常年代，很多国家都广泛建立了自己的谍报网。但约翰明白，这其中的谍报人员若从头脑和手段，几乎可以说，个个都是千里挑一，但在道德水准上却是良莠不齐，他们中有的是出于一片爱国情怀，有的仅仅是为了那份高额的薪水，这些间谍的人生观价值观很直接——为了钱什么都可以做，还有一部分

二战中的谍海之花

人，仅仅是因为喜欢这样的刺激和冒险，当然，高额的回报也是他们乐此不疲的动力。

相比之下，根据他的观察，玛乔丽的动机要简单纯粹得多，从她在战俘营的表现，约翰便断定她是那种关键时候可以为国家抛头颅洒热血的人，对于一个时刻处于无形的刀光剑影中的谍报人员而言，一颗忠贞不渝的爱国心，才是源源不绝的动力和真正强大的后盾。

当然，做什么事情都不可能光凭一腔热血便轻易取得成功。虽然玛乔丽有不可否认的优点，但与此同时，作为一名谍报人员，她也有很明显的缺陷，正如她自己所说：她没有经验，没有技巧，并且她的思维过于直接和单纯，关键时刻，虽也懂得变通和转圜，但其程度毕竟有限，这是约翰深感担忧的。但转念又一想，凡是危险的刺探和盗取情报的过程都由自己来完成，而玛乔丽只起到一个协助的作用，帮他把情报送出去，应该不会出现什么问题。

这一想法当然是最接近万无一失的，但包括约翰在内，谁又能想到，以后的事情会完全朝着一个主次颠倒的方向发展，在间谍的角色扮演中，玛乔丽由事先拟定的仅是作为一名协助者，逐渐变成了真正的主角。

谍海帷幕缓缓拉开，英军战俘营里，一切都在看似无波无澜却又惊心动魄的上演。

在玛乔丽重新回到战俘营演唱的时候，战俘营的负责人已经变为了另一个为德国卖命的英国人艾默里。他向约翰和玛乔丽转达了受命出征的欧内斯特的命令：在出征前，她要为参加这次征讨的德国士兵和将领演出一次作为送别。然而在临演之前，约翰却为她带来了一份情报，要求她在演出之后带出战俘营并送往英国领事馆。接到情报后，距离上场已经没有几分钟时间了，时间紧迫之下，别无选择的玛乔丽只得将写有情报的纸条藏进了内衣当中，并带着情报为德国人完成了这次演唱。

作为一名女歌唱家，玛乔丽进出领事馆并不会引起别人留意，她如愿见到了约翰让她找的那名官员。这名官员年约四十岁左右，高鼻梁上架着一副眼镜，笑容谦和，玛乔丽装作来这里办理一些事情，他们之间只隔着一张办公桌，尽管周围不时有人来人往，并没有人特别注意到这里，但玛乔丽还是很谨慎，他们很自然的互相握手问候，在此之前这名官员以为玛乔丽只是一个来这里办理事务的普通女人，直到两只手握到一起，玛乔丽握手的力度使他心中感到微微讶异，他眼里带着一抹复杂的意味开始重新审视眼前的女人。玛乔丽向他微微一点头，不需要更多的言语，彼此便已会意。握手后，两人相对在办公桌旁坐下来，玛乔丽简单的询问了一些事情，在这期间，他们的言行和举止都很得体，没有一丝一毫的细节引起别人的怀疑。

几分钟后，玛乔丽起身离开了领事馆，方觉外面天高云淡，和风送爽，心灵上真正放松下来。看似复杂的事情有时候往往很简单。那份情报就一直隐藏在她的手心里，在和威廉握手的时，她很自然地同时神不知鬼不觉的将情报转送到他手里。情报终于顺利的传送出去，这一瞬间，她心中感到了如释重负。

这一次虽然没有经历太多波折，但玛乔丽心中明白，如果以后就这样频繁出入领事馆的话，很快就会引起别人怀疑，同样的方式只能采取一次，这样才能最大限度的减少她暴露的几率。不时有汽车从身边驶过，烟尘滚滚，玛乔丽对周边的环境充耳不闻，她习惯性的裹了裹肩上薄薄的丝质披巾，心中思忖着下次要用什么办法传递情报呢?

在约翰和玛乔丽明暗之中的努力下，绝大多数的英国战俘们始终没有向德国人妥协，不少重要的情报也借玛乔丽之手传到了英国。但是眼

二战中的谍海之花

前的形势并不算十分值得乐观，根据约翰打探来的消息，有一些英国战俘已经暗中投靠了德国人和真正的变节者艾默里。为了消除这些人在战俘营里可能造成的不良影响，约翰和玛乔丽想出了一个办法。

在复活节这一天，夜幕中的俾斯麦大街被装点得霓虹璀璨，玛乔丽化了一副淡妆，从家里出来，转上一条最繁华的街道，很快，她来到了目的地——豪威斯娱乐城。

豪威斯娱乐城是柏林最大的娱乐场所，几乎和柏林歌剧院一样，一度成为上流社会的专享。出入这里的大多是政府要员、一身戎装的军官、一掷千金的豪客，尤其在复活节之夜，这些人自然免不了来此齐聚欢娱一番，即便是在时局动乱战火纷飞的时期，也没有什么能够阻挡他们歌舞升平，醉生梦死。

德国人有复活节围着彩蛋树起舞的习俗，因此玛乔丽一走进来就看见每隔一段距离就有一颗打扮的花团锦簇的彩蛋树，是将蛋壳涂满各种缤纷的色彩和图案，然后串成像项链一般的形状，环绕在彩蛋树上，玛乔丽一走进来，充斥眼帘的不是那些舞池中的衣香鬓影，不是昏昧的忽明忽暗的彩灯，而是这一大棵一大棵花枝招展的彩蛋树——它们才是今夜的主角。

曼妙的古典音乐如水一般流淌，玛乔丽看见围着彩蛋树起舞的人们擦得锃亮的皮鞋灵动而飞快的变换着不同的舞步，其中一人，舞步非常娴熟而优雅，尽管顺着锃亮皮鞋和笔直的裤线望上去，看到的是一座大腹便便的"肉山"。此人叫布劳恩，是德国军事档案室的二等秘书，也是玛乔丽今晚的目标人物。她站在彩蛋树下脸上带着温雅的笑容，神情恬淡自如，装作无意中的一瞥，将眼光游移过去。被这样一位美丽而优雅的女士注目，惯于声色犬马的布劳恩自然喜不自禁。

很多时候，往往越是与众不同的人越容易引起别人的注意，这是一种低调的张扬。与周围一派歌舞生平的景象相比，几乎只有玛乔丽一人孤独的站在那里，那棵彩蛋树恰到好处的衬托出她曼妙却形只影单的姿影。

众里寻他千百度，蓦然回首，那人却在灯火阑珊处。此时，玛乔丽站在那里的姿影非常生动的勾勒出诗句里的这种美妙意境，布劳恩自然没有听说过这句古词，却也觉得自己的一颗心在玛乔丽看似无意的惊鸿一瞥间被撩拨得痒痒的。而这整个过程不过是发生在几秒间的事情，布劳恩舞步微滞，惊艳过后，再定睛细看时，那棵璀璨的彩蛋树下已空无一人，使他不由心中有微微的讶异，只疑自己方才是神魂出窍产生了幻觉。

假作真时真亦假，无为有处有还无。布劳恩依旧和着乐声跳着，舞步却明显不像刚才那样空灵优雅，他有些心不在焉，又有些怅然若失，脚下方寸微乱，唯一起伏有致的是他明显凸现出来的肚腹，随着舞步一上一下的动着，显得有些滑稽。

而此时，玛乔丽正坐在稍远些的一个寂寥的角落里，眼光落在布劳恩有些懵懂的脸上，随后又移到他随着舞步忽扇不定的肚子上，忍不住微微发笑。这时，一名男侍应生礼貌的走过来，玛乔丽收敛起笑容望着他，两人之间做了简短的言语交流，似乎玛乔丽点了一杯红酒，侍应生非常礼貌地转身离去。静待美酒的间隙，玛乔丽姿态优雅的坐在那里，目光从布劳恩身上收敛回来，竭力装出一副云淡风轻的非常自然的神情望着别处。

此时每一分钟对玛乔丽而言都是非常漫长的，渐渐地，她的思绪有些乱，心中想道，万一一会儿布劳恩没有寻过来怎么办？或者舞厅这么大，他没有找到自己也是完全有可能的。

"您好，尊贵的女士，我可以坐下来吗？"正当玛乔丽心中略带着几分忐忑乱想的时候，浑厚的男声在身旁响起，使她不由一惊，待看清眼前来人的时候心中又不由一喜。

"当然。"玛乔丽微笑着非常自然的答道，仿佛他们是一对相识多年的老朋友。紧接着，布劳恩便也毫不客气的在玛乔丽对面坐下来。

"您是柏林歌剧院的一名歌唱家，对吗？我记得听过你的演唱。"布劳恩说道，其实刚才在他第一眼见到玛乔丽的时候，他就有种似曾相识的感觉，却一时没想起来她是谁。现在，隔着如此近的距离，他望着她轮廓清丽的脸庞上温雅的笑容，终于使他想起那个舞台上风致娟然的女歌唱家。

"您说得一点都没错，能被您记得我感到非常荣幸，同时我也感到很抱歉，我并不记得我的每一名听众。"玛乔丽说道，脸上绽放出笑容，露出编贝一般闪着淡淡光泽的牙齿。布劳恩也笑起来，笑声很快使初相识的两个人之间的陌生感和距离感消失，玛乔丽与布劳恩兴致渐浓的交流起来，气氛非常融洽。

借着越来越热的气氛，玛乔丽觉得语言铺垫已经差不多到位了，于是假借做游戏的借口，将布劳恩身上一枚重要的钥匙骗到了手，由扮演成侍应生的约翰掉了包。这样一来，那枚真的钥匙就落入了约翰的手中。

按照既定计划，约翰开始第二步行动。因为不确定玛乔丽能将布劳恩拖住多久，最多两个小时之内，如果他还没有赶回来的话，事情或许就会变得很麻烦。

紧要关头，时间总是显得仓促和宝贵。一走出娱乐城，约翰站在车如流水的长街旁，拦了一辆的士。在约翰的催促下，司机一边无奈的叹息着一边将车子开得飞快。为避免引起怀疑，他在距离目的地还有一段距离的地方，就让司机停下车。约翰从口袋里抽出一张钞票，他甚至来不及细看，凭直觉那张钞票面额应该很大，足够付车钱，约翰将钞票扔给司机。司机翻出钱夹准备找钱，等他手里捏着几张零钱抬起头时，发现乘客已踪影全无。司机一怔之后，脸上浮现出笑意，将手中的零钱放回钱夹。这笔意外之财总算弥补了他之前玩命般的车速所带来的恐惧感，但对于给他带来这笔收益的乘客，他并未生出丝毫感激，他一面心情愉悦的哼着小调，一面重新发动车子，只当今夜遇到了一个疯子。

夜色中的德军办公大楼于雄伟中更显出几分森严。楼前有很多树木和花草，在有些黑暗的光线中分辨不出品种和颜色，望去只见一些黑乎乎的高低错落的一团阴影。办公大楼中只有个别房间亮着灯光，在这复活节的夜晚，很多人都会出去欢庆一番，今晚是难得的好时机。虽然楼前依然有警卫把守，但怎么说约翰也曾经是一名皇家炮兵军需官，他的能力非同一般，知道哪里可能有埋伏和机关，从哪里潜入会相对比较安全。约翰很轻易地避开了那几个对他而言几乎是形同虚设的警卫，从灌木丛中很小心的潜到大楼前。

再尽职尽责的人也难免开小差。两名离约翰最近的守卫中的一个张嘴打了个哈欠，另一个从口袋里摸出烟草，将其中一根儿扔给自己的同伴，两人凑在一起，借着同一根火柴点燃烟草。但见烟草的前端红光一闪，两缕淡淡的若有似无的青烟徐徐向上升腾，最后消失在茫茫夜空。吹灭了火柴，两人分别站回原位，并没有看到刚才就在他们身后，约翰将一条长绳轻轻往上一扔，绳子前端鹰爪状的铁钩轻巧的"抓住"了阳台，他飞快的顺着绳子灵巧敏捷的爬了上去，爬到四楼，他一侧身便潜了进去。在这次行动前，他已经做足了准备工作，早已摸清，档案室在几楼几室。他进到室内，取出挂在腰间的手电筒，为避免被外面的人发觉，他必须很仔细的控制光照的方向，很快他看到那个装有自毁装置的保险柜，他知道对付它不能采取强攻的方式，否则后果不堪设想，这也是为什么约翰明明对开锁技巧略知一二却要费尽心机拿到这把钥匙的原因。约翰取出钥匙，打开保险柜，在保险柜里他看见了很多德军机密资料，来不及仔细分析哪些才是有价值的，他取出微型照相机，一一拍摄了一遍，其中自然包括一些战俘加入自由军团的入伍文书，因为数量并不少，时间又实在仓促，他不由心中有些急迫和烦躁。随便拍了几张后，约翰从中特别找出艾默里的入伍文书，对着它连拍数张，对他而言，这才是最重要的。

拍好照片后，约翰将那些被他弄得有些凌乱的文件简单整理了一下，尽量使它们恢复原来的样子，重新锁好保险柜。做完这一切，前后不过经历了几分钟的时间，约翰很满意的来到窗前，就在那两名警卫的身后顺着那条绳子悄无声息的滑了下去。双足轻巧的落到地上时，恰巧其中一名警卫微晃脚步轻轻挪动了一下，约翰一惊，急忙将身体像一只壁虎一样紧紧贴在墙上，右手轻轻按在腰侧，在那里插着一把消音手枪，被外衣巧妙地遮盖住了。约翰的思维和反映一向迅捷，他看到那名警卫的动作时，便想如果他下一秒钟回过头来，一定要在他发现自己之前将其干掉，他做人的一贯原则很简单，即先发制人。所幸，最终只是虚惊一场。警卫没有发现他的存在，约翰顺利回到了酒吧当中，让玛乔丽用真钥匙换回了那枚假钥匙。自此，艾默里这个可恶的变节者的证据被牢牢掌握在了英国人的手中。

漫长的等待总是很容易让人失去耐性，渐渐的，艾默里终于有些按捺不住了，似乎事情的发展总是和他作对。原本他以为自由军团的筹建

二战浪漫曲

是一件很容易的事情，而他作为将来的自由军团的指挥官，在这之前，他的精神一直处于跃跃欲试的亢奋状态，他急于率领自己招募的自由军团到东方战场上施展自己的军事才能。尤其是在有了玛乔丽的加入之后，在约翰看来自由军团的建成更是一件指日可待的事情，如今虽然已经有将近三百人在入伍文书上签了字，但这其中的质量很成问题，艾默里很清楚，他们中有很大一部分人是投机者，或酒鬼，痨病鬼，他们加入自由军团不过是为了烈酒，烟草和女人。而去掉这些人之后，真正靠谱的人的数量实在少得可怜。

事情的发展远远没有达到艾默里的期望值，因此这些日子以来，他越发的气急败坏。约翰看在眼中，自然明白他的这种情绪的原因，在他看来艾默里不过是一个自大的空想家。因为手里已经掌握了他作为一个变节者的证据，所以约翰懒得跟他计较，早晚有一天他要为自己的恶行付出代价。

坏情绪总是很容易传染和殃及到周围的人，就这样，艾默里心里的坏情绪开始疯狂的滋长和蔓延，战俘营里的那些英国士兵一时遭了殃，接二连三的有人莫名其妙的失踪。显然，他们的去向只有一种可能性。那就是遭到了德国人的毒手。

战俘营里弥漫着一种诡异的气息，使玛乔丽隐隐感到有什么可怕的事情将要发生，尽管知道其中凶险，但她还是想亲手撩开那面神秘的幔纱，看个究竟。

战俘营里的那些英军士兵自然也感到这种可怕的状况，很多的同伴被带走，便一去不复返。战俘营里的饭食也越来越差了，战俘们变得更加瘦弱而憔悴不堪，大多时候他们就那样长时间靠在铁栏上，眼神迷茫，一语不发，虽然没有向德国人屈服，但长期处于被囚禁的状态，他们中

二战中的谍海之花

的大多数，刚心志气几乎已经消耗殆尽。

这种状况使玛乔丽看在眼里心中难受不已，一面为德国法西斯的行为感到愤怒，一面为自己同胞的遭遇感到心痛，可是她能做什么呢？玛乔丽感到一种深深的无力感。眼看战俘营里的士兵越来越少，不断有德军将他们带走，玛乔丽知道，那些被成批带走的一定是在入伍文书上签了字的，被带走参加各种体能训练，只待时机一成熟就被输送到东方战线；而那些单独被带走的，经过玛乔丽的观察都是一些一向对加入自由军团报以深恶痛绝态度的人，他们很有可能是被带走秘密处决了，当然也不排除其他的可能性。想到此，玛乔丽在震怒的同时越发感到惊心，她暗下决心一定要弄明白着件事，尽管约翰并不赞成她参与这件事。心中做好了这样的打算，玛乔丽的机会也快来了。

这一天，玛乔丽照例在战俘营中进行着"宣传"工作。约翰近几日行踪不定，颇有些神出鬼没的感觉，但玛乔丽知道他一定也是在暗中忙着同样的事情。约翰和玛乔丽同是做战俘们的宣传动员工作，但相比之下，约翰的自由度要大一些，因为原本艾默里和德国人便是将期望更多地寄托在玛乔丽身上。然而就在这段时间，发生了另一件让玛乔丽惊怒交加的事情。

一天，她还留在战俘营中的时候，几位德国士兵走进来，提出了一个大个子的英国战俘。见到来者不善，这位战俘奋力反抗，但仍然被陆续赶来的其他德国人制服。德国人取出一管针剂注入他体内，让这位战俘渐渐丧失了力量和知觉，然后就要将他抬走。

"看在上帝的份儿上，你们折磨得这些人还不够吗？"玛乔丽情绪非常糟糕，说话时已经变了腔调。虽然不指望他们能告诉她，她还是脱口问道："你们打算带他去哪儿？"

"我们也是奉命行事，并且这件事和你一点关系都没有，同时我要提醒你的是，至少直到现在，我们还并不想找你的麻烦。"德国士兵回过头来，对玛乔丽警告道。言外之意已经很清楚，玛乔丽若再和他们纠缠下去，尽管对方只是两名普通的士兵，但也不是玛乔丽能惹得起的。

望着三人的身影在眼前渐行渐远，玛乔丽无助地站在原地，听着锁链拖在地上发出的沉闷的撞击声，玛乔丽的心底涌起一种深深的悲凉和愤怒。同时，她不由默默想着，要是约翰在该有多好啊，他不经意的一句话，一个动作，常常能收到四两拨千斤的功效，若是约翰在场，恐怕善于变通的他早已将这件事轻易化解。如今，在这样的紧要关头，这家伙不知道跑到哪里去了，约翰不在，更加让玛乔丽心中感到一种无助。

为什么要指靠别人呢？很多时候很多事情的解决，最终只能靠我们自己，玛乔丽呆呆站在原地，意念一转，很快想到这一层。望着那两名士兵拖着那位战俘即将要消失的身影，玛乔丽忽然明白自己应该做什么了？她悄悄跟了上去，她想看看那些德军到底在对这些战俘们做着什么样的事情。

走出战俘营方知，外面的天气和人的心情一样布满阴霾，不见明晃晃的日光，却有淡淡的雾气萦绕着，战俘营四围的远山和树木显得朦朦胧胧，不远处那三个人的身影，在玛乔丽的视野中只是模糊的一团，她很仔细的和他们保持适当的距离，在不暴露自己同时，睁大眼睛，以免跟丢目标。

那两名士兵因为拖着人，行走的速度并不是很快，渐渐有些气喘吁吁起来，期间一直没有发觉一路尾随在身后的玛乔丽。玛乔丽见他们向战俘营后方的荒僻处走去，心想难道他们是打算将这些反抗的战俘带到没人的地方再将他枪决？德国法西斯一向猖狂，若真这样，他们大可明

二战中的谍海之花

目张胆而用不着搞得这样低调神秘。想到此，玛乔丽不由否定了自己的想法，同时心中越发惊疑。

走着走着，玛乔丽发现那两名士兵的速度明显慢了下来，似乎已经到达目的地的样子，仔细看去，她果然发现在他们停留的地方有一座水泥小屋，看去像新建成不久的样子。玛乔丽隐隐感到那些被带走就再没回来的战俘和这小屋有关。

很快，那扇门便被从里面打开了，一个面相斯文和善的年轻人走出来，对两个士兵点点头，士兵带着昏过去的战俘进了屋子。年轻人站在门口脸上依然带着笑容，双眼警觉地四下扫视了一番。玛乔丽忙将自己藏身在一棵大树后面屏住升息，等她再探出头来望向那座小屋时，那名年轻人已走了进去，并且将门紧紧关上了。

在好奇心的驱使下，玛乔丽弯下腰潜身到小屋附近，这时的玛乔丽似乎已经忘记了害怕，感到自己和那真相只有一墙之隔，心中急欲探个究竟，可是这座水泥小屋似乎壁垒森严，虽然是一扇木门，但也丝毫没有任何缝隙可供窥伺，玛乔丽站在屋外不由心中暗暗焦急。她转来转去，来到小屋的另一面，原先以为这座小屋是没有窗的，此时她非常惊喜的发现这座小屋在设计建造的时候，可能是故意要违背常理，它的门窗并不在同一面墙壁，而是分布在完全相对的两面墙壁上，同样是木格的窗子，做工有些简陋，正好可以透过木格的缝隙看到里面的情况。

屋内的桌子上和地上摆满了瓶瓶罐罐，里面装着各种颜色的妖姬，一派浅绿淡黄扑入眼帘，说不出的诡异。这到底是什么地方呢？他们究竟要把战俘怎样呢？玛乔丽心头惴惴的想着的同时感到心中的迷惑马上就会被揭晓。

年轻人对两名士兵在吩咐着什么，三个人在一个敞口的水泥大槽内注入了一种不明液体，伴随着液体的注入，一种诡秘的味道弥散开来，这种略显刺激的味道传到屋外，使玛乔丽不由微微皱眉，想着那三人隔得那样近怎么忍受得了，想是平时经常做这样的事情已经习惯了吧！

时间一分一秒的过去，玛乔丽看见那名战俘双眉微皱，接着他的眼帘抬起，望着面前的三个人，他混沌无神的眼光逐渐转为明亮，很快又充满一种愤怒和敌视的意味。他这样望着眼前的三个人，全身却一动不动，显然他仅是意识恢复了清醒，体力却丝毫没有回复。

年轻人脸上依然带着淡淡的笑，两个士兵架起了瘫软的战俘，在战俘被投入水泥槽之前，那个年轻人并没有看他一眼，而是神色从容地走到一边，在一堆不明事物中翻了几下，抽出一个用夹子夹着的笔记本和一支笔，重新来到水泥槽旁。这时，那个人已经被那两名士兵投进水槽，屋内的三个人望着水泥槽内勉力挣扎的战俘，眼神透出一股兴奋之色。

玛乔丽清楚地看到，几乎只用了几秒钟的时间，战俘的衣服已经化掉了，他眼睁睁看着自己裸露出来的肌肤逐渐转为黑褐色，却无能为力，想必他此时一定感受到一种烈火焚烧般的痛苦，却连出声宣泄的力气都没有。玛乔丽看着那位痛苦不已的战俘，他眼里的愤怒的光芒早已退去，终于有了惊骇之色。看到这里，玛乔丽终于明白他们在做什么了，他们在用活人研究化尸水！

望着小屋内发生的一切，玛乔丽在悲痛愤怒之余，只觉一阵天旋地转万念俱灰，她恨这些毫无人性的纳粹分子，恨自己只是手无缚鸡之力的一介女流，否则她一定会冲进去将这三人碎尸万段。忽然，她想起随身带着的照相机，她双手抖抖擞擞的从包里拿出相机，努力使自己的情绪平复一些，双手终于不那么剧烈的抖动了，她才对着小屋里发生的事情按下了快门。

水泥槽表层很快浮了一层血沫，一种强烈的烧焦和腐烂的味道迅速弥散开来，伴随着反应的加剧，水泥槽内开始产生大量的气泡，噼噼啪啪迸溅着，混合着鲜血的红褐色液体不时溅出来。剧烈的腐蚀作用很快就吃透了皮肤，侵入了这名战俘的体内，肌肉、筋腱、内脏和血脉直接暴露在这些液体当中，快速分解破碎的痛苦让池中的人很快就断气死亡。

当然，这一过程都被玛乔丽拍了下来，她忍受着内心的剧痛和悲愤做着这一切时，心中想着早晚有一天他们会为自己这不可饶恕的恶形付出代价，她要让全世界的人们都知道德国法西斯是怎样的暴虐残忍。

"浓硫酸效果之所以比较好是因为它除了强氧化性、强酸性之外，还有强的吸水性和脱水性，因此可以先脱去组织中的水分，再进行氧化。王水是酸性，氧化性和配位性强，里面主要起作用的硝酰正离子和硝酸的机理差不多，高氯酸的活化能比较高，较硫酸相比惰性一些。"小屋内，那个年轻人像是刚做完一场无害的科学实验一样一边详细解说着一边在笔记本上飞快地记录。那两名士兵一边听着他的话语，一边用一种类似于铁叉的东西将水泥槽内残留的骨骼叉了起来。年轻人拿起一枚针状物体在上面扎了扎，原本应该很坚硬的骨骼此时竟很轻易的被洞穿，他的脸上露出满意而残忍的笑容。

在窗外偷听的玛乔丽悲愤交加，一想到在未来将会有更多的异国战士和平民死在这种肮脏残忍的方式之下，恐惧和憎恨充满了她的心中。她收藏好装着法西斯罪证的相机，悄悄离开了这间小屋。但是不幸的是，她的行动惊动了屋子里的几个人。两名士兵出来查看，慌不择路的玛乔丽在野地里行走不便，却恰好被看到她人没有在战俘营而出来寻找的约翰看到。两个人假扮成了在附近拍照欣赏风景的样子，骗走了前来追赶的士兵，为了取信两人，玛乔丽还忍住悲痛以战俘营为背景为约翰拍了一张照片。经过这件事情之后，玛乔丽更加坚定了自己身为间谍的工作决心，发誓要用行动为这些惨死的同胞和无辜的人报仇雪恨。

1944 年春天，春和景明，一派生机勃勃的气象。德国这只霸气四溢的苍鹰，折断了羽翼，逐渐显露出力不从心的颓势。昔日那些投靠法西斯的通敌者嗅到这丝敏感的气息，开始动摇了，费尽心机地想要转变自己的立场。

当年 1 月的时候，所谓的自由军团总算挂牌成立了，然而指挥官并非是一直以来上蹿下跳的艾默里，而是一位真正的纳粹德国军官韦勒。而在这件事上算是"出力"最多的前者，最终只捞到了一个无关痛痒的少尉军衔。想当初，为自由军团的成立，他可谓费尽心机受尽屈辱，常常到战俘营，试图招募英军和英联邦国家军队的战俘，但他遇到的大部分是嘘声，那些爱国的战俘常常拿他的宣传单擦屁股。如今，艾默里却不得不将自己的劳动成果拱手让人，这让他格外窝火。

在希特勒 55 岁生日那天，这支"自由军团"穿着被往日敌人安排的军服，拿着敌人给予的武器在希尔德斯海姆粉墨登场，当着这位纳粹元首的面被检阅了一番。紧接着，就被丢向了消耗最大的东线战场，和这支军团被建立之初指定的敌人——苏联红军对抗。不过这些叛徒也不是傻瓜，形势不利，即使原本忠诚的人也要为自己的未来考虑一番，眼见纳粹形势日渐糟糕，有一名叫罗伊·尼古拉斯·考兰德的士兵，在开赴浅显的过程中逃离部队来到比利时布鲁塞尔，然后就找了个地方向英国军队投降，成为自由军团最先被捕的成员。

英军对他进行了审讯，考兰德为英国方面提供了一大批变节投敌者的名字。第二次世界大战欧洲战事结束后，英国政府根据考兰德的供词以及玛乔丽和约翰的证据，迅速抓获了变节者，昔日那些通敌叛国的人无一漏网。

这些叛国者都根据情节的轻重被或多或少的判了刑，其中艾默里被判处绞刑，尽管他有着非同一般的背景。同时处以绞刑的还有那个用战俘为德军研制化尸水的前英国军医和威廉·乔伊斯，丹尼尔自不消说，而威廉·乔伊斯是何许人也呢？或许可以这样说——玛乔丽的最后一次行动就是栽在了此人身上。

作为一个法西斯主义政客，一个纳粹宣传播报员，威廉·乔伊斯对很多德国人而言并不陌生，虽然他们也许并不知道这就是他的本名，但提起"山楂山楂阁下"，便会使很多人眼前一亮，这实在是一个如雷贯耳的代号。

当时乔伊斯在柏林电台工作，一度以"山楂山楂阁下"为名，鼓吹战争，为纳粹唱赞歌。其中最为经典的是德国广播的宣布词"德国叫，德国叫，德国终于开始了叫"，这类广播的用意无非是敦促英国和其他一些反法西斯国家的人民投降，并且这个化名"山楂山楂阁下"的男人的邪恶口气是出了名的，他惯常用一种懒洋洋的姿态和嘲弄轻蔑的口吻。

战争即将结束的前夕，尽管很多叛国者都在拼命转变自己的立场，但乔伊斯依然负隅顽抗，他对纳粹的忠诚简直有些不可思议，甚至远远超过了他的祖国英国。

无论战火怎样纷飞，无论战事变得对德国多么的不利，"山楂山楂阁下"的播报从未间断过，他努力工作的势头似乎丝毫没有受到干扰。这个既可恶又顽固的家伙自然早就引起玛乔丽和约翰的注意。当然，他们更感兴趣的是他播报室的那些资料而非他本人，那些资料看似不起眼儿却往往隐藏着很多重要的信息。虽然他们看不出什么端倪，但随便搞到手几张，送到伦敦的情报专家手中，他们便极有可能据此推断出非常有价值的信息，而这些信息将在某种程度上缩短战争的时间。

在一个春日晴和的下午，乔伊斯悠然地坐在播报室里，将双腿架在桌子上，嘴里叼着一根烟徐徐地喷云吐雾，桌子上散乱堆放着各种文件资料，这个从右耳垂到嘴角有一条深深的疤痕的家伙，生活中一向是一个邋遢而随性的人。

虚掩的播报室的门忽然响起有节奏的敲击声，乔伊斯眼皮也不抬的懒洋洋发出一个拉长了的声音："进——"

随即，一男一女走了进来。"您就是山楂山楂阁下？"女的操一口流利的德语问道，说话间拿出自己的记者证在乔伊斯面前恭谨而飞快的示意了一下。

"没错，您二位有何贵干？"乔伊斯依旧用一副懒洋洋的腔调说道，同时斜眼向女人的记者证上瞟了一眼，态度极为轻慢。

"非常抱歉打扰到您，我们已经对您慕名已久，知道您为德国做了很多工作，在不久的将来战争胜利了，您必然是功不可没的。"女记者流畅而清晰的说道，她的一番话使乔伊斯听得十分舒心悦耳，对他们的态度也有了转变。

"眼下像您这样有见地的女性已经不多了，请坐！"乔伊斯的双腿依然没有从桌面上拿开，说话间，用夹着烟草的右手向旁边的椅子一示意，两名记者微微点头致谢后坐下来。至此，最初的僵冷的局面似乎打开了，接下来的事情应该会很顺利吧！没错，这两名记者便是玛乔丽和约翰冒充的。

"非常荣幸您能给我们这次采访的机会，我们主要想请您谈谈您对当前国际国内形势的看法，以及这场战争的发展趋势。"玛乔丽知道在目前的情势下谈及战争会引起乔伊斯的不快，于是又言不由衷地补充了一句：

"当然，从战事发展的长远角度来看，德国的胜利是必然的。"

"您说的没错，那些盟军简直就是不知死活，他们非要拿鸡蛋往石头上撞谁都没办法。"乔伊斯双手摊开一耸肩，语气里充满了嘲讽，神情极其夸张。他刚才的那番话以及他说话的腔调和样子，使约翰看在眼里心中十分恼恨，恨不能冲上去揍他几拳。

但人毕竟是一种能够进行理性思考的高等生物，尤其像约翰这样高智商的高等生物，关键时刻绝不会让本能的意识控制自己的行为。就像当初他听到有人用他的同胞做活体化尸水的研究，那时他是何等的血脉贲张悲愤难抑？相比之下，这种小场面忍忍也就过去了。约翰很平静的拿出笔记本和笔，竭力装出一副专心致志的样子对乔伊斯的话做了详细记录。

这是一个很适合他的角色，从进来到现在，约翰充当的都是一个不太引人注目的小角色。自始至终，除了礼貌而必要的肢体语言外，约翰没有开口讲一句话，如果他开口的话，他那不太地道的德国口音一定会在第一时间出卖他。

"虽然眼前局面对德国有些不利，但这只是暂时的，我们伟大的元首希特勒必将以他那无上的智慧和坚定的意志为德国，乃至整个欧洲带来光明的火种。在此之前，或许会不可避免的经历一些小小的坎坷，任何事情的发展都不可能是一帆风顺的，但是一切都将在曲折中朝向一个光明的目标前进。"乔伊斯滔滔不绝地说道，夹在手指间的烟草烟灰已经很长，他的情绪有些激动，一贯的嘲讽懒洋洋的语气也有所改观。

"您说的太好了。事实上，从这场战争一开始，我就坚信我们终将胜利，日耳曼民族具有最高贵的血统，只有日耳曼民族才配统治全世界。"玛乔丽望着乔伊斯，眼里流露出坚定而自信的光芒，这光芒将乔伊斯的双眼瞬间点亮，他目光灼灼开始重新审视眼前的女人。

"我早说过，像您这样有见地的女性不多了，现在我相信，放眼德国，也许只有一个，很高兴能够结识您，这真是一个非常美妙的下午。"乔伊斯说着眼里露出赞赏而会心的笑容。

"同样我相信，放眼德国，也只有一个山楂山楂阁下！"玛乔丽顺水推舟不漏痕迹地将乔伊斯也大大恭维了一番，随后她蓝色的眼眸里流光一转，"现在最美妙的莫过于一杯威士忌加冰，算是庆祝我们的相识，好吗？"

酒逢知己千杯少，如此情景下，怎么能没有美酒来助兴呢？乔伊斯闻言终于将双腿从桌面上拿下来，站起身向播报室后面的小隔间走去，在那里一些必备的生活用品一应俱全，相当于他的私人厨房和储藏室。

机会终于来了，约翰迅速拿出照相机动作麻利地对着桌上散佚的一对资料拍了起来，时间仓促，他们来不及整理，以最快的速度胡乱拍了几张。玛乔丽手忙脚乱的将桌上弄得更乱的资料整理了一下，心中有点儿可惜，这些资料堆放得实在混乱，并且毫无章法，约翰在拍的时候一定漏掉了不少。

一丝清冽的威士忌特有的醇香由远及近，乔伊斯回来得刚刚好，玛乔丽和约翰正好趁他离开的空当做完了这一切，此时他们彬彬有礼的坐在那里。玛乔丽面带微笑望着迎面走来的乔伊斯，他的双手分别持着一杯威士忌，透明的酒杯里，冰块微微闪烁着洁净而清新的光，一望之下，便似有一种凉爽沁入心脾。

"您的威士忌加冰。"乔伊斯简短地轻轻说道，将酒杯递给玛乔丽，自己持着另一杯回到桌前坐定，再次旁若无人地抬起双腿放在桌子上，当不礼貌已经成为一种习惯的时候，当事人是丝毫不会注意到这一点的。

因此，乔伊斯一点儿都不觉得自己的行为看上去非常轻慢而倨傲。

此时，约翰十分无趣地轻轻转动着手中的笔，眼前的两人正共享美酒，而他竟被有意无意的忽略掉了，这样的情况使他在饱受冷落之余心中更增添了几分对乔伊斯的厌恶。他这一微妙的心理感受虽然没有流露出来，但玛乔丽却可以感觉到，她轻轻品了一口酒，不由心中感到几分好笑。

又过了大约十几分钟的时间，其间玛乔丽象征性地提了几个问题，约翰在旁做记录。乔伊斯对玛乔丽的问题给予了热情而详细的答复。这次"采访"终于结束了，玛乔丽拿过约翰记录的笔记本，非常敬业的扫了几眼，放下，一缕清凉的风从窗口吹进来，那本笔记本被随意放在桌上散佚着的其他资料上面，前面的几页被风掀起来，微微发出声响，正是"清风不识字，何故乱翻书"。

"再次感谢您给了我们这次采访的机会，"玛乔丽脸上带着礼貌而矜持的微笑站起身："希望以后有机会能真正坐下来和您喝一杯，与您畅谈是人生中一件非常快慰的事情。"

"能和一位如此美丽而又富有智慧的女性倾谈畅饮，我会一直期待着这一天。"乔伊斯也站起身站在玛乔丽面前笑着说道。

就这样，玛乔丽与乔伊斯简短道别后，和约翰走出了播报室。当然，临别之际，她没有忘记拿走那本放在桌子上的笔记本。

"哈哈，你刚才的表现太意外了，那家伙简直把你当成人生中难得一见的知己了。"一走到僻静处，约翰大笑道。当了这么半天的"哑巴"，他终于可以畅快的开口说话了。想到玛乔丽刚才的言辞，约翰不由对她佩服不已。不仅恰到好处的掌握对方的心理，并且一语中的，她的精彩"表演"，使任何人看在眼中都会觉得她和乔伊斯是鼓吹战争支持纳粹的

二战浪漫曲

212

一丘之貉。

这次行动，对玛乔丽而言不像以往那样惊险刺激，却也充满了趣味性。听了约翰的话她也不由和他一起笑了起来。

有时候之所以容易出错，就是我们把事情想象得太简单。而这次，显然约翰和玛乔丽都低估了一件事情。

凉风退去，播报室里的气氛再次显得闷滞。乔伊斯依然保持着刚才的姿势，仰头一口饮尽了杯中最后一口威士忌，随手将酒杯放在桌子上。他无意中瞥到桌上的一堆资料，不由心中一惊，它们好像被人动过，这种感觉使乔伊斯触电般迅即站了起来，迅速而忙乱的将桌上的资料翻阅了一遍，发现果然少了很重要的一张。其实，乔伊斯是一个外表散漫而心思缜密的人，为人极其狡诈，但玛乔丽和约翰同时低估了他的这一特质，这就难怪他们这次要败走麦城了。桌上堆放的一沓资料看似凌乱不堪，但对乔伊斯而言却是乱而有序的，他几乎可以闭着眼睛随手抽出自己想要的一张，此时这堆被翻动过的资料自然无法逃过乔伊斯的眼睛。

一丝轻柔的凉风再次钻进来，挠痒痒似的在乔伊斯的脖颈处做了短暂的逗留，片刻之后消失无踪，乔伊斯站在原地，心情平复下来，唇角勾起现出一丝狡诈的笑容，在这个特殊的年代遭逢这样的奇事，他很快明白这大概是怎么一回事了，现在他可以断定，无论刚才那对男女是否是记者，至少他们中有一个是一名间谍！

联想起他们临别之际的言行，乔伊斯大致猜到，他们是怎样将其中一张很重要是资料偷走的了。

玄机就在约翰手里的那本用来记录的笔记本，后来玛乔丽很自然而随意地将它拿到自己手中，装出一副很仔细地看采访记录的样子，同时她快速而神不知鬼不觉地在记录本的后面涂了一种特质的胶水，然后将它随手放在桌上那张资料上面，起身离去时，她拿起记录本，那张资料就这样被很巧妙地被粘走地。当时，她玩弄这一把戏时，甚至连约翰都骗过了，事后当约翰知道这一点，内心很快产生一种不祥的感觉，他觉得玛乔丽这一"贪心"的举动很可能给他们带来麻烦，殊不知，即便没有玛乔丽后来的这一举动，狡诈的乔伊斯也已看出端倪。

这是约翰和玛乔丽的最后一次间谍行动。这次行动之后，一向聪明机警的约翰带着所有获取的情报返回了英国，临别之际，约翰劝说玛乔丽和他一同离开，因为他怀疑这次行动很可能已经使他们暴露。但玛乔丽不比约翰孑然一身，她是一个男人的妻子，更是一个孩子的母亲，虽然自己有可能已经临近危险的深渊，但让她一时之间又如何说得清、如何撇的下，难道要她忽然告诉凯德森她其实是一名一直为自己的祖国服务的间谍，如今，事情有可能败露，不得不连累全家人和她一起出逃？

就这样，怀着一丝侥幸的心理，玛乔丽还是留在了德国，终日在惶恐不安中度过，她变得比以前更加消瘦了，同时感到自己身体状况似乎也出现了问题，但这些她并没有放在心上，只在心中暗暗祈祷着希望这次的事件能够风平浪静的过去，她可以重新振作起来继续为军情九处服务，无论如何她只希望能为战争为自己的祖国尽一点绵薄之力。

但很快，玛乔丽就为自己当初的犹疑和侥幸的心理感到了后悔，那天，她和往常一样站在歌剧院的舞台上倾情演唱，一曲终了，伴随着听众雷鸣般的掌声，几名身穿制服的秘密警察冲上舞台，在众目睽睽之下，没有给玛乔丽任何解释和分辨的机会就将她带走了。

德国秘密警察局由党卫队控制，在1933年纳粹掌权后成立，后加入大量党卫队人员，他们分布极广，渗透极深，无处不在，无恶不作，只要对维护纳粹政权有利，秘密警察屠杀无辜，坏事做尽。

德国秘密警察局成员数以万计，渗透并控制着德国社会的各个领域和德占区，控制大量监狱和集中营，利用特权，大肆迫害和残杀犹太人、共产党人、民主人士和无辜居民。秘密警察参与制造大量恐怖事件，导致德国很多政府要员和高级军官去职；制造波兰进攻德国假象，为德国入侵波兰提供借口；在奥地利和捷克斯洛伐克的吞并过程中推波助澜；组织实施对犹太人的所谓"最后解决"，在欧洲范围内制造全面恐怖，纳粹德国战败后被取缔。1947年，德国秘密警察局被纽伦堡国际军事法庭宣判为犯罪组织。

集中营里的环境极其恶劣，比起战俘营来有过之而无不及。虽然玛乔丽以前经常出入战俘营，对类似的环境并不陌生，但相形之下，事情却有着本质的不同，以前她是在外面，而今她也被关在了冰冷潮湿的铁栏里。她纤弱的双手被铁链缚在铁架上，冰冷的水泥地上一双赤裸的双脚同样被铁链锁住，已经酸痛麻木不堪，在略显灰暗的光线中显得越发惨白。玛乔丽垂下头，连日的严刑拷打使她的意识处于半清醒半朦胧的状态，但此时她依然清晰的听到一片由远及近的脚步声。

一双擦得锃亮的马靴出现在眼前，玛乔丽感到自己的头异常沉重，几乎无法抬起，但不用看她也能想象出出现在眼前的这个衣冠禽兽的嘴脸。

"怎么样？还是招了吧！你这又是何苦呢？"哈尔登说道，嘴角噙着一抹残忍的笑容。

集中营里很安静，哈尔登说完，等了许久，也没听到玛乔丽的回答，他终于失去了忍耐力，脸上的笑容退去，粗暴地伸出手，一把捏住玛乔丽的下巴，猛然将她一直低着的头抬起，使他得以清晰的看清玛乔丽的表情。

四目相对，玛乔丽眼里折射出一种凛然不屈的光芒，这光芒像利剑一样，刺得哈尔登身体微微向后一滞，眼前的女人让他感到十分震惊。此时的玛乔丽遍体鳞伤，他们在她身上留下了无数鞭痕，她的破碎的裙衫上染着鲜血，有的地方已经紧紧贴在肌肤上，表层结了一层血痂，饶是如此，她依然坚贞不屈，在抬起她的头之前，哈尔登以为自己会看见一种绝望的面如死灰的表情，但他错了，他们可以折磨她的肉体，却丝毫不能打垮她的意志。

　　"你这愚蠢的女人，我劝你你还是醒醒吧？"哈尔登捏着玛乔丽的下巴，盯着她的眼睛，同时逐渐加大了手上的力度。玛乔丽依然用一种凛然坚拒的目光望着他，蓝色的眼睛几乎一眨不眨。尽管感到面颊处生疼，但比起这些天来所遭受的，这点痛苦对她而言实在微乎其微。

　　"你是想当一个活着的女歌唱家，还是想当一个死了的女英雄？"哈尔登见采取强硬的措施丝毫不能将玛乔丽的势头压下去，便准备对她晓之以情动之以理，态度也稍微缓和下来。

　　"就算你宁死不屈，又能怎样呢？现在在整个英国，凡是知道你的人都相信你是一个为德国人卖唱的女人，一个煽动英国战俘加入自由军团的变节者，这已经是既定的事实，永远无法改变，无论现在，还是将来，也都不会有人给你作证，所以你现在最好还是识相的招供。"哈尔登说道。这番话虽然有些绝对，但在当时这种情况下并不夸张。对于生活在暗无天日的刀光剑影中的间谍，功，不能言说；过，却有可能搭上自己的性命。同时，间谍的活动具有极高的危险性和极强的隐蔽性，即使战争结束，他们中的大多数也不会被当做无名英雄而受到应有的礼遇和优待，有关他们的所有档案都将被封存，而他们的事迹将从此被湮没在历史的长河。

"你无论付出再多，就算为之牺牲性命，也改变不了什么，自始至终你只会受到英国人的唾弃。而人生最重要的是保全自己，你明白吗?"哈尔登在玛乔丽耳边幽幽说道。听了他的一番话，玛乔丽苍白的脸上倏然露出一丝凄凉的笑容，如同黯淡了一冬的野地里，一朵苍白孤单的小花迎风恍绽。

"怎么样，终于想通了吗?"哈尔登望着玛乔丽的神情，以为自己的三寸不烂之舌终于奏效，脸上出现一丝得意的笑容。但下一刻听了玛乔丽的一番话，他的笑容很快逐渐消散，面部表情也变得冰冷僵硬。

"我从来没想过要当什么英雄。"玛乔丽脸上带着微笑，目光和语气却十分坚定："但是无论如何，我都不可能背叛我的祖国。"

"来人!"玛乔丽话音方落，哈尔登怒吼一声，随即两名秘密警察来到面前，"让她再吃些苦头，我就不相信秘密警察局的刑具连一个女人都征服不了。"哈尔登狞笑着说道，同时退到一旁，做出一副准备看一场好戏的样子。

望着在自己面前行动起来的两名秘密警察，玛乔丽心中不由涌起一丝未知的惊恐，她不知道这群禽兽还打算用怎样残忍的方式折磨她。只见两个警察动作娴熟而规范地拿出一个小铁盒并打开，小铁盒里并排放着数枚类似于钢钉的东西，但它们比常见的钢钉要细一些，微微闪烁着寒芒。玛乔丽看在眼里不由心中也一寒，紧接着，一名秘密警察走过来，按住了她的右手，还没有反应过来，玛乔丽只觉一阵锥心蚀骨般的疼痛自指尖侵入。

"啊——"玛乔丽不由失声尖叫，幽长而又饱含无限的痛苦，将集中营里地狱一般死气沉沉的气氛生生撕破。

叫喊过后，又过了半晌，玛乔丽睁开眼睛看了一眼自己的右手，看见一枚细长的钢钉深深的楔在指甲的缝隙间，分外怵目，鲜血正一滴一滴的兀自滴落。

"你要是现在想招供还来得及，否则接下来有你受的！"哈尔登狞笑道。十指连心，玛乔丽正忍受着一种常人几乎无法忍受的剧痛，嘴里发出极微弱的呻吟，像没有听到哈尔登的话一般，神情里没有丝毫屈服的迹象。

"谁让你们停下来的，继续用刑，直到她屈服为止！"玛乔丽的态度令哈尔登感到一种深深的挫折感，他向那两名秘密警察大声咆哮。

很快，第二枚、第三枚钢钉楔进玛乔丽的指甲里，每一次，她的身体都会不由随之痉挛震颤，发出一声幽长的疼痛欲绝的叫喊。

钢钉继续被楔进指甲中，玛乔丽的金棕色的头发凌乱不堪的被冷汗粘在脖子上、额头和脸颊上，微带着一丝咸涩的汗水几乎浸润全身的每一寸肌肤，与累累鞭痕相接触，她很快又感受到另一种难以忍受的痛楚。

集中营里冰冷潮湿，鲜血顺着玛乔丽的指尖不停的滴落在地上。此时，心中所有感觉都消失，她能感受到的只有无穷无尽锥心蚀骨般的痛楚，这疼痛如此锐利，如此明晰，将她的整个身心和灵魂深深攫住。她真希望此时能有什么事物可以转移自己的注意力。

忽然，哈尔登听见眼前几已经奄奄一息的女人嘴里发出微弱的声音，他的心中再次燃起一丝希望，她终于承受不住要招供了吗？这样想着，哈尔登背着手慢慢踱到玛乔丽面前，低下头来倾听。听着听着，他的面部表情微微痉挛起来，似乎有种种复杂的情绪在他内心激烈的冲突着、碰撞着，那两名用刑的秘密警察见哈尔登的神情感到很奇怪，也不由减缓了手上的动作，留心听了起来，片刻之后，他们终于听清了从玛乔丽嘴里发出的声音——

"伦敦桥要塌下来，

我美丽的淑女。

用铁栏把它建筑起来，

铁栏杆，铁栏杆。

用铁栏把它建筑起来，

我美丽的淑女。

用银和金把它建筑起来，

银和金，银和金……

　　她竟然在唱歌！尽管声音有些微弱，但唱腔依然甜美而温柔，玛乔丽唱得非常专注，这首幼年时代埃米莉老师教给她的童谣现在唱起来词句依然清晰，或许这歌声能减缓她的痛楚，暂时转移一下她的注意力。玛乔丽的头深深的垂下来，嘴角噙着一丝微笑，如同一只濒死的天鹅在发出生命最后的吟唱。

　　在这歌声里，她仿佛回到了远在威根的家乡，回到了遥远的童年，看见儿时的自己和另一个小女孩，并排站在教室里，用童稚的嗓音歌唱着，明媚的春光透过玻璃窗照在她们天真的脸庞上，那时的生活多么单纯多么快乐啊！可惜快乐的日子总是很短暂，一转眼就成了回忆。

　　唱着唱着，不知过了多久，玛乔丽终于感到了一丝倦意，声音越来越微弱，终至停了下来。随着歌唱的停止，无边的痛楚仿佛潮水一般汹涌过来，再次将她攫住。玛乔丽不由颤抖了一下，带动身上的锁链一阵轻响，之后，全身又遍布一层冷汗。

　　感觉到周围一片安静，玛乔丽缓缓地睁开眼睛，发现那几个秘密警察不知道什么时候已经离开了。四周空旷寂静，沿着指尖不停滴落的鲜血已经在地上积了红黑色小小的一滩，疼痛一波一波的袭来。

如此生命不能承受之痛，玛乔丽一直苦苦支撑起来的坚强终于瞬间坍毁，眼泪肆意流过脸庞，她太疼，太痛，被孤身囚在集中营里，她的内心不由涌起一种旷古无依的恐惧。

自己会独自一人孤零零死在这里吗？她想起凯德森，想起可怜的女儿，她好想回家，无论是回到柏林的家还是回到威根的家。

夜幕已经开始降临，昏暗冰冷的集中营里，传出玛乔丽嘤嘤的哭泣声，她的内心无限哀伤。向铁窗外望去，暮色中的柏林霓虹璀璨，一片流光溢彩。然而着所有的热闹和浮华都是别人的，她被一扇铁窗隔绝在外，和外面的一切没有任何关系，玛乔丽透过铁窗望向远处，深蓝色的天幕中有几颗几乎微茫不可见的星星，显得黯淡而寂寥，她的内心不由涌起一种对祖国的思念，对母亲的思念，她想念那里的所有亲友和同学，还有埃米莉老师。

此时在英国，大概又到举行花展的时候了吧！

在英格兰，会按照不同类型花卉的花期举行花展。届时如同鲜花的海洋，吸引如潮的人群赶来参观，人声鼎沸，摩肩接踵。

像大多数英国人一样，玛乔丽从小爱花，曾经参加过的无数次花展，一直是心中很美妙的记忆，然而更加隆重的是伦敦皇家艾伯特音乐厅的散步场音乐会。

时至今日，玛乔丽依然一直记得，那时她还很小，和妈妈还有埃米莉老师、安娜一起去听音乐会的情景。两个大人，两个小孩，静静地站在那里，美妙动听的音乐平缓的流淌，轻轻的漫过每个人的心田，她看见做惯了鬼脸的安娜的神情此时竟流露出一种很难得一见的恬静，这样的安娜，让她小小的敏感的心灵里生出一丝陌生的感觉。

从昏睡的幻觉中醒来，心灵长期处于心灰意冷的绝望状态，玛乔丽早已失去了时间概念，她已经记不清自己被关在集中营里有多少天，只觉这样的日子似乎永远没有尽头，自己会死在这里吗？若真如此，她倒不畏惧死亡，可是贝蒂怎么办？她还那么小……

　　正胡思乱想之际，玛乔丽听到一阵铁门开启的声音，不知这群禽兽这次又想出什么方法来折磨自己？算了，由他们折腾吧！玛乔丽这样想着，她早已对自己的前景不抱任何乐观的心态，但这次的事情却有些让她意外。

　　脚步声由远及近，站在自己面前的依然是哈尔登，身后跟着一名年纪不大的秘密警察，态度恭谨严肃，在哈尔登的示意下走到玛乔丽面前。玛乔丽不知他们这次又要玩什么新花样，一颗心先提到了嗓子眼，接下来，她有些难以置信的望着那名小警察从腰间摘下一串钥匙，一声轻微的金属响动的声音后，锁在玛乔丽腕上的锁链"哗啦"一声掉在地上，随后脚是的锁链也被打开了。被禁锢已久的四肢终于重获自由，玛乔丽不由在心中长舒一口气。他们是要将自己释放了吗？这帮可恶的家伙，不会有这样便宜的事吧？这样想着，玛乔丽很快将自己的想法否定了。下一刻，她的心忽然被一种极致的惊恐攫住，他们该不是想将她押赴刑场枪决吧？

　　想到此处，玛乔丽抬眼望向哈尔登，目光中充满惊恐和犹疑。而哈尔登狞笑着望着她，他的表情十分复杂，有几分不甘，几分落寞，还有几分挫折感。没有想到这个看似柔弱的女人会如此的坚强，他白白折腾了这么久，竟没能从她嘴里撬出任何有价值的信息，没有确凿的证据，她的间谍罪名就无法成立，碍于德国几名高级军官和政府要员的压力，他现在不得不将她无罪释放。但直觉告诉他，这个女人一定是一名间谍。这种直觉使他被迫决定将她释放时心中格外恼火。

"好了，你可以走了，你这愚蠢而走运的女人！但我相信你不会一直走运的。"哈尔登望着玛乔丽，眼里闪着凶恶的光芒，语气里有种嘲讽和警告的意味。

真的可以走了吗？玛乔丽本来已经抱定了必死的信念，没想到自己还会有出去的一天，她简直不敢相信这是真的，不是在做梦吧？

其实她哪里知道，正是她平时的行为救了她，很多的德国军官和官员都听过她唱歌，她以一贯美丽而优雅的形象给他们留下了深刻的印象，他们不太相信这样一个柔弱而温婉的女人会是一名间谍。在闻听玛乔丽被秘密警察逮捕之后，他们感觉这一次秘密警察的行为实在有些荒唐可笑。一连严刑拷打多日，果然没有问出任何结果，便开始有一些平时对玛乔丽印象不错的官员为她说话，而哈尔登又却实没有掌握确凿的证据，因此只得悻悻地将玛乔丽释放。

就这样，玛乔丽内心带着一丝重获新生般的惊怯，脚步踉跄走出了集中营。她抬头看了看广袤无垠的碧蓝色天空，心中有种前所未有的舒展和欢悦。明媚的阳光淡淡的洒在羸弱的肩头，一片温暖熨帖。长时间仰望的姿势使她的脖子有些酸痛，玛乔丽收回眼光向出口处望去，一望之下，她不由呆住了。丈夫凯德森正站在那里，胳膊上搭着她的一件风衣，他整个人似乎瘦了一圈，下巴上有凌乱疯长的胡茬，不知多久没有刮过了。他知道自己是间谍的事情了么？他的心中会作何感想呢？玛乔丽望着凯德森喉头一阵哽咽，心中百感交集的想着。

"走吧，回家吧！"两人默默对望了一会儿，凯德森走上前，轻轻地将那件风衣披在她破烂肮脏的裙衫外面，没有多问她一句话，揽过她瘦弱的肩，两人默默无言的向家走去。

好多天没有回来，望着至为熟悉的家中的一切，玛乔丽的心中涌起一种前所未有的亲切感。"贝蒂呢？还没放学吧？一会儿我去接她。"玛乔丽将脱下的风衣挂在衣架上问道，看着穿衣镜中凌乱而血迹斑斑的样子，她想着好好的将自己收拾一下去接女儿。想着一会儿就可以见到女儿，她的心情越发愉快，不由轻轻的哼唱起来。

"我们离婚吧！"

仿若阳光明媚的大好晴天，蓦然响起一声惊雷，玛乔丽闻听此言心中一惊，洗漱的动作也随即定格在那里。她抬起头，脸上扑满水花，透明的珍珠般顺着白皙的脸庞轻轻滑落，从眼前的镜子里，她看见凯德森宽阔的后背，他半低着头背向她而立。看不清脸上的表情，但那句话却掷地有声。玛乔丽知道他一定是深思熟虑了很久才做出这样的决定。结婚多年，玛乔丽非常了解自己的丈夫，他是一个从不轻易做决定，一旦做了决定绝不会轻易改变的人。

"为什么？"玛乔丽依然保持刚才的姿势，眼睛怔怔的盯着镜子里凯德森的背影，用一种略嫌颤抖的哭腔问道。

长时间的沉默，凯德森只亮给她冰冷的后背，似乎在用这种方式告诉她：你应该知道答案，何必问我呢？玛乔丽依然凝望着镜子等待他的答案。她感到此时的凯德森就像一堵冰冷坚硬的铜墙铁壁，她绝不可能改变他的意志，扭转他的思想，"离婚"这两个字从他嘴里说出的那一刻，就已经成为既定的事实。

为什么会这样？

这一刻，玛乔丽感到自己仿佛瞬间被宣判了死刑。她昏昏沉沉地跌坐在地上，心底里涌起深深的不甘。她觉得自己自始至终从未做错过什么，为什么上帝要给她以如此惩罚？这么长时间以来，她的间谍身份使她心里承受着巨大的压力，却无法言说。为了不打破家中平静幸福的气氛，她一个人默默承受着。为了保全家人的性命和安危，她不得不违心的去战俘营慰问演唱，一次又一次，她冒着生命危险搜集和传递情报，她尽自己最大的努力，无论怎样的艰难她都扛过来了，无论怎样的压力她都独自默默承受了。

本以为可以"守得云开见月明"，一朝战争结束，她可以遵循自己的内心平静自如的生活。没想到，战争还没有结束，她的梦想就提前破灭了。

这就是自己拼死拼活换来的结果？玛乔丽脖子上淡蓝色的筋脉如蜿蜒的小蛇般蠕动，喉结部位也间歇性地一上一下滑动，心中的情绪难以自抑。她感到命运对自己是如此的不公，虽然没有夺去她的生命，却夺了自己不惜用生命去守护的东西。此时，她望着凯德森，心态近乎偏执的想到，他简直和那些德国法西斯没有什么分别。她又想起，当年他用一个小小的阴谋最终骗取了她的芳心，而她从未怪过他，时隔多年，她到今日今时才因为这件事对他生出几分恼恨。因为在她最落魄最无依的时候，他竟绝情的提出离婚！玛乔丽的肩膀轻轻颤抖起来，她再也控制不住自己的情绪。

"你这个大骗子，自私鬼！"玛乔丽转过身向凯德森叫道，一面脑海里回想起凯德森追她时的那些海誓山盟甜言蜜语。

"你才是真正的自私，你以为我一直都不知道你做的那些事情吗？你有没有想过有一天事情败露的结果？"凯德森回过头来，同样情绪激动地叫道。这番话传到玛乔丽的耳中格外刺痛了她的心。他的口气和措辞，仿佛她做了什么见不得人的事情，也使她忽然意识到，他是德国人，在这件事情上他们有着截然不同的立场，自然也就不会觉得她冒着生命去做的事情是一件光彩的壮举。

"这一次，秘密警察只是没有找到证据而已，但下一次，你还会这么走运吗？你还能轻易的逃脱吗？"凯德森盯着玛乔丽咄咄逼人地问道。

"不要再说了，既然你提出离婚那就离吧！"玛乔丽忽然感到自己很累，颓然低下了头，她起来坐在沙发上，用右手支着脑袋，闭上了眼睛。她知道凯德森已经铁了心，自己再怎么努力挽回也是无济于事，索性干脆直接答应他。她恨不能让他立刻在自己眼前消失，她再也不想见到他。

"我同意离婚，但前提是贝蒂不能和我分开。"玛乔丽睁开眼睛，坚定地说道。然后，她听到凯德森更为坚定的回答。

"这正是我要离婚的理由，为了女儿的安全着想，她必须和我在一起，否则一旦秘密警察掌握了你的罪证追究起来，我们的女儿就会受到牵连，你要知道那帮混蛋是什么事都做得出来。"

"那又怎样呢？即便在他们眼里我有天大的罪过，我的女儿是无辜的。"玛乔丽望着凯德森反驳道。

"别傻了，女儿如果跟着你，她的母亲是一名英国间谍，这对她不会有任何好处。"凯德森继续说道："而她的父亲是一名奉公守法的德国公民，只有我们离婚，她从此和我生活在一起，才能最大限度的确保她不受到牵连。"

这番话终于使玛乔丽沉默了，再一次疲惫的闭上了眼睛，似乎已经放弃了最后的坚守。凯德森望着她，她虽然依然不失美丽优雅，但毕竟已经不再年轻，如今，更被无情的命运剥夺得一无所有。凯德森不由心中一阵酸痛，慢慢向玛乔丽的方向走过来。

望着移步向前的凯德森，玛乔丽知道他要过来安慰自己，于是站起身走到窗前避开了他，还有什么可说的呢？在真正的痛苦面前，任何安慰的语言都是苍白无力的。

远处灰蒙蒙的而天空和高耸入云的建筑楼群映入眼帘，玛乔丽心中油然生出一种哀戚和无助之感，任由眼泪夺眶而出，肆恣地流过脸庞，无限悲伤之际，忽觉腰腹间一紧，一片熟悉的温暖贴在自己的背部，凯德森从后面将她抱住。

　　"对不起……"凯德森喃喃地在她身后不断重复着这句话。毕竟在一起生活多年，虽然今天向她提出离婚，但心中的爱意却未必已经消磨殆尽。知道这样的结局对她是不公的，但作为一个严谨得有些顽固的德国人，他无法逾越自己心灵上的障碍，他不能看着她的行为侵犯到自己国家的利益而无动于衷，有时，他甚至非常矛盾地觉得这是她应该受到的惩罚。除此之外，更重要的是他要保全他们的女儿，为此他可以不惜付出任何代价，甚至自己的生命。

　　他们就这样站在窗前，玛乔丽脸上泪水滔滔，身体僵硬而麻木。身后凯德森一遍一遍的说着抱歉的话语，温热的气息一浪一浪的扑进玛乔丽的耳朵里，使她感心中也愈加难受，终于她抬起手将凯德森扣在她腰间的手指一根一根掰开："我求你不要再说了，凯德森，我的心已经碎了，你走吧!"

　　昔日美满幸福的家庭就这样生生被拆散，从此，玛乔丽将孑然一身。有一种洒脱随意的说法"人生何处不可以为家"，但没有亲人的陪伴，便不能称其为家，家的概念不是一所房子，而是亲人之间柴米油盐的依持和相互照料。办理完离婚手续之后，很快凯德森便带着贝蒂搬出去了，一时人去楼空，玛乔丽感到自己的一颗心似乎也变得终日空落落无处安放。

　　虽然只剩下自己一个人，但生活也还是要继续下去的。偶尔外出走在街上，玛乔丽望着周围的繁华和热闹，车如流水马如龙，直插入云霄的建筑楼群，所有场景她至为熟悉，似乎在她来德国的这些年里从来没有变过，这一切似乎亘古不变而又麻木不仁，唯一变的是她自己。念及此，玛乔丽不由凄凉一笑，上帝竟为她的人生设下诸般劫难！

人生一世，往往会有很多无可奈何的处境，更有许多人会遭逢生命不能承受之打击，凡此种种，很多人都想过自杀，当然对于大部分人，这只是一个一闪即逝的念头，只有极少数偏执者才将这种极端的想法真正付诸实施。生命是一场奇迹，想到生的艰难与不易，又怎能如此轻易的将自己的生命了解！

时光一天一天过去，玛乔丽心中的哀伤也得以逐渐减缓。正当她理清自己的心绪，准备重新振作起来再次投入到间谍工作中时，她很快发觉一件事情，上次虽然被释放，但德国秘密警察局并未停止对她的怀疑，继续对她进行跟踪和调查，希望发现蛛丝马迹。玛乔丽无论走到哪里，只要稍加留意，就能感到身边不远不近的地方如影随形的跟踪者。不过这种情况并未引起她的惊惧。如今自己孑然一身，不比从前做什么事情都要考虑家庭，事先做好最坏的打算，如今她已没有任何后顾之忧。她并不惧怕警察局的强大势力和他们的一贯残暴做派，唯一担心的是长期处于这样的监控状态，无疑会使她的间谍活动受到很大的影响和束缚。

这样过了一些时日，玛乔丽在情报搜集方面一直没有任何收获，而秘密警察对她的盯梢却越来越紧，他们似乎已经失去了耐性。玛乔丽觉得如果这种局面若再持续一段时间的话，不排除他们会采取极端强硬的措施。他们的手段之残忍，她是体验过的，为避免再一次落入魔爪，玛乔丽决定返回英国，但困难的是，她怎样才能避开那些如附骨之蛆般的秘密警察呢？

1944 年 6 月，盟军经过精心准备，发起诺曼底登陆战役。希特勒一着不慎之下，被盟军在诺曼底抢滩成功，恼怒之下撤换西线总指挥，同时大量增兵法国战场企图阻止盟军，但最终失败了，德国法西斯的嚣张气焰被大大削弱了。

　　而对于奋战了几年的盟军而言，此刻终于看到了胜利的曙光。诺曼底登陆使盟军士气大振，他们一鼓作气乘胜追击，于是便有了接下来这场事先毫无预兆的空袭行动。

　　空袭前的柏林，风和日丽，一切和往日并没有什么不同，街上车辆人流依旧，玛乔丽也兀自在街上走着，肩上裹着一块薄薄的丝质镂空披肩，一点儿都没有预感到即将要发生的事情。

　　忽然间，仿佛是世界末日的来临，伴随着一阵巨大的轰响，建筑倾斜着倒塌下来，空气里弥漫着硝烟和尘土，锐利的刹车声，人们绝望的呼喊声，所有的声音交织在一起，让人无限惊恐绝望，而空中仍不时有炸弹被投下来。和所有人一样，玛乔丽在反应过来眼前发生的这一切时，立刻陷入巨大的恐慌和无助中，她随着人流奔跑，东躲西藏，四处寻找着安全的蔽身之处。

　　采用这种突然性强而破坏力极大的空袭战术，盟军的目标就是使德军的防空指挥部瘫痪，他们想要达到这一目的并不是很困难。渐渐地盟军空袭的势头开始减弱，而最后几次的空袭也没有造成太多的伤亡，大部分居民都在闻讯赶来的德军的指挥下被疏散到了安全的地方。除了防空指挥部被摧毁以外，还有部分建筑被夷为平地，只有极少数居民在这次空袭中不幸死去。这主要是因为盟军方面从根本上所使用的就不是和德军攻击伦敦一样的无差别轰炸。而另一方面，纵观整个二战期间，空袭作为一种出其不意的方式被很多国家广泛应用。为防患于未然，德国对城市防空高度重视，在纳粹执政后成立了成立了全面系统的"防空指

二战浪漫曲

挥部"，并以严格的程序化规范来组织民间防空措施。尽管盟军方面的主要目标是德国的重要部门，但是因为轰炸精度在二战时代始终非常有限，德国的这套防空办法也算比较有效地避免了盟军炸弹对平民的误伤。

一切渐渐平息下来，硝烟逐渐散去。半个小时左右的空袭，许多工厂，交通干道等设施都停止了正常运行，街道上一片狼藉，被摧毁的楼房的碎石、人们在奔跑时丢下的鞋子随处可见。很多人在废墟上呼喊着，寻找自己的亲人。

如同时势造英雄，战乱在给人们带来灾难的同时，也在某种程度上成全了另外一些人。此时，一架国际航班有如一只白色巨鸟，自由翱翔在广袤无垠的蓝天。飞机上，很多原本素不相识的乘客讨论着刚才的这场空袭。玛乔丽坐在飞机上，闭着双眼靠着舒适的座椅，表情非常平静，仿佛什么都没有经历过一般，心中却涌起一丝庆幸的感觉，要不是这场空袭，恐怕她不会这么轻易的走脱。

飞机在高空中飞速而平稳的飞行着。人生很多时候就像一场赌博，人们不得不做出选择，而结局往往是一个迷茫的未知数，答案只有到了最后一刻才会揭晓。当初没有选择听从约翰的劝告离开，玛乔丽已经后悔了一次。如今在得知秘密警察仍对她紧追不舍之后，她终于下定决心要伺机离开这里。与其束手待毙，不如奋力一搏。这一次的空袭终于使玛乔丽找到机会，她趁乱摸到机场。好在机场的位置离柏林市中心较远，并没有遭到太大的损毁，工作人员简单疏通之后，一点也没有耽误国际航班正常起飞时间，而玛乔丽的一口流利的德语再一次帮助了她，使她几乎没费什么心机就通过了层层关卡和检查。

想到很快就可以辗转回到日思夜想的祖国，玛乔丽心中一阵激动，想自己自从当初离开去德国后就再也没有回来过，一转眼将近十年的时光就这样过去了，也不知母亲怎样了，玛乔丽想着心中无限感慨，在德国居住期间，虽然战前也时常与母亲通信联络，但毕竟已经那么长时间没有见过面，在这段漫长的时间里发生了太多的事，玛丽早已去世，母亲孤身一人一定更加苍老了吧！玛乔丽想着内心一阵酸楚，当初离开时，她和凯德森一起，如今她孤身一人飞回，不知母亲见到她会作何感想。

从中立国瑞士转机。一路上玛乔丽思绪万千，不知不觉间，飞机已经降落到英国伦敦机场。一踏上祖国的土地，心中一片舒爽，仿佛心中连日的阴霾也去了大半。在伦敦短暂休息后，玛乔丽便迫不及待地想要回到家乡探望母亲，经过两天的铁路旅程，她终于回到了威根的家中，见到了久违的母亲的面孔。直到这一刻，她才真心地感到了如释重负。

一切都暂时安稳下来，玛乔丽每天陪伴在母亲身旁，一起喝下午茶，一起散步，向母亲学习怎样种植玫瑰，努力营造出一种表面的平和幸福。在母亲身边时，她不得不竭力掩饰自己的情绪，她并没有向母亲提起自己的婚变，但离家将近十年的女儿，一天突然孤身一人回来，碧姬心中又怎能没有猜疑，只是见玛乔丽强自隐忍克制的样子，她不忍心开口询问。就这样，玛乔丽和母亲生活在这种幸福平和的假象中，各自心中的苦痛只有自己明白。

三个月后的一天早晨，晴空万里，明媚阳光洒向大地。玛乔丽起得很早，给后园的新长出来的玫瑰松完土后，她迈着轻快的步子往回走。经过母亲的卧房的时候，发现母亲还没有起床。这实在不太符合母亲的日常习惯，玛乔丽心中有些诧异，又转念想到或许是母亲年纪大了变得有些贪睡吧。她走到客厅独自用完了早餐，发现母亲还没有下来，便端着餐盘，想把早餐给母亲送到房间里去。她轻手轻脚地走进去，将餐盘放在母亲床头的小几上。母亲面容安详的躺在床上，玛乔丽轻轻呼唤了两声，发现母亲没有任何醒转的迹象，不由一边唤着一边伸手抚上母亲的额头。一摸之下，玛乔丽心中一惊，手触电般缩了回来——母亲的额头一片冰凉。这样的感觉似曾相识，很多年前，她抱着父亲的尸体时，也曾有过这种冰冷麻木的触感。玛乔丽带着几分不可置信和几分侥幸的心理，将手指探到母亲的鼻端，发现母亲已经没有了呼吸。

在这个阳光明媚，天朗气清的早晨，玛乔丽失去了身边最后一位亲人。阳光透过窗子洒在身上，她却感觉不到一丝的温暖，只觉手足发冷，心中无限哀痛。她伏在母亲身上放声大哭，直哭得肝肠寸断，似乎把这三个多月拼命隐忍压抑的情绪也一起哭了出来。

处理完母亲的后事，玛乔丽整个人都瘦了一圈。一连几天，她的神情有些恍惚，神情麻木而迟钝的在家中各个房间里游荡，她再次体验到在柏林的家中时那种空茫无依。她照常喝下午茶，但这对她而言，已经不是一种享受，而只剩一种虚空的形式。茶香袅袅的升腾、弥散，将她寂寥的身影笼罩在其中，暂时减缓了她心头的孤寂。这样的时刻，她常常长时间的盯住窗外某一处出神，原来所谓的命运的轮转不过如此，不过是一次又一次将她置于孑然一身的境地。

后园的玫瑰长势喜人，作为英国的国花，很多人都喜欢在房前屋后种上玫瑰。玛乔丽闲来常会在后园走走。时间是医治伤痛最好的良药，随着时光的流逝，她心中的伤痛逐渐平复下来。尽管此时的玛乔丽已经不再年轻，但她看上去依然是美丽的，而她的人生实在已经经历了太多的坎坷，太多的磨难，原本脆弱的心灵在一次又一次的打击之下，结了一层有一层的痂，如今它已变的非常坚韧，似乎再也没有什么事情能将她打垮或摧毁。

一场细雨过后，世界变得异常清新洁净。玛乔丽漫步后园，惊喜地发现枝叶间露出几个粉嫩的花苞。想到再过一些日子，就会有满园硕大娇艳的玫瑰绽放，她呼吸着新鲜的空气，不由心情一片大好，觉得自己的生活还可以重新开始。

一星期后，后园一片花草碧树间果然有红色玫瑰绽放。一场暴雨过后，仿佛顷刻之间，一片猩红的势头呼啦啦燃烧了满园，遮没了所有光彩，使园中所有其他花草都黯然失色，而玛乔丽再也看不到这样热烈勃发的景象了。在满园玫瑰怒放的这一天，她永远的合上了双眼，三天之后，她的遗体才被亲友们发现。这位从声名显耀到默默无闻的歌星间谍就以这样的方式与世长辞了。

时光荏苒，到了 1971 年，英国伦敦的一处拍卖场里，敲定买家的锤子落下，现场一片欢声雷动，经久不息的掌声中，一张第二次世界大战时期的老照片以一百万英磅的天价竞拍成功。

这是一张在德国战俘营附近拍摄的人物照片，照片上，是一个穿着德国军服的年轻士兵，随同照片一起拍卖的，还有一本书——《在监禁中》，这是一本由二战时期英军间谍约翰·布朗所撰写的回忆录，书中详细记录了为传送情报，他和另一名女间谍与纳粹分子斗智斗勇的经历。经过媒体报道，一时间引起了无数人的关注。

玛乔丽的功绩，就这样走入了人们的视线当中，让人们了解到了这位经历复杂的女间谍所做出的贡献和努力。在去世多年之后，一直默默无闻甚至被错冠以骂名的她，终于取回了自己应得的那份历史评价。